Die Kommune
als Telekommunikationsunternehmer

Europäische Hochschulschriften
Publications Universitaires Européennes
European University Studies

Reihe II
Rechtswissenschaft

Série II Series II
Droit
Law

Bd./Vol. 3279

PETER LANG
Frankfurt am Main · Berlin · Bern · Bruxelles · New York · Oxford · Wien

Reinhard Steuer

Die Kommune als Telekommunikationsunternehmer

PETER LANG
Europäischer Verlag der Wissenschaften

Die Deutsche Bibliothek - CIP-Einheitsaufnahme

Steuer, Reinhard:

Die Kommune als Telekommunikationsunternehmer /
Reinhard Steuer. - Frankfurt am Main ; Berlin ; Bern ; Bruxelles ;
New York ; Oxford ; Wien : Lang, 2001
(Europäische Hochschulschriften : Reihe 2,
Rechtswissenschaft ; Bd. 3279)
Zugl.: Augsburg, Univ., Diss., 2001
ISBN 3-631-38404-1

D 384
ISSN 0531-7312
ISBN 3-631-38404-1

www.peterlang.de

Meinen Eltern

Vorwort

Die faktische Monopolstellung der Deutschen Telekom AG bei Ortsgesprächen fordert geradezu ein kommunales Engagement auf dem lokalen Telekommunikationsmarkt. Diese wissenschaftliche Erörterung beschäftigt sich im Hauptteil mit den rechtlichen Fragestellungen, die sich kommunalen Telekommunikationsunternehmen stellen. Hierbei werden die Probleme, die sich aus dem Verfassungs-, Telekommunikations- sowie dem privaten und kommunalen Wirtschaftsrecht in diesem Zusammenhang ergeben, intensiv diskutiert. Zudem werden auch die wirtschaftlichen Rahmenbedingungen der Kommunen auf dem lokalen Telekommunikationsmarkt untersucht.

Die vorliegende Arbeit wurde im August 2000 abgeschlossen und im Sommersemester 2001 als Dissertation von der juristischen Fakultät der Universität Augsburg angenommen. Neuauflagen und Neuerscheinungen zum Thema wurden für die Ducklegung soweit möglich noch bis Juni 2001 eingearbeitet.

Mein Doktorvater Prof. Dr. Thomas Vesting unterstützte die Arbeit in jeder Hinsicht und erstattete das Erstgutachten. Vielen Dank für die Betreuung der Arbeit! Herr Prof. Dr. Johannes Masing erstellte das Zweitgutachten.

Zu großem Dank verpflichtet bin ich der Hanns Seidel Stiftung für die Gewährung eines großzügigen Promotionsstipendiums aus den Mitteln des Bundesministeriums Bildung und Forschung.

Meinen Lektoren Frau Else Stark, Frau Gisela Makowski, Frau Nicole Kleinknecht und Herrn Christoph Jell schulde ich besonderen Dank für stundenlanges Korrekturlesen. Für die Erstellung der Druckvorlage möchte ich mich zudem bei Herrn Dipl.-Kfm. Johannes Biberacher bedanken.

Dieses Buch ist meinen Eltern gewidmet. Ohne ihre selbstlose Unterstützung wäre meine Ausbildung nicht möglich gewesen.

Die unveröffentlichten Seiten dieser Dissertation widme ich Frau Rechtsassessorin Nicole Kleinknecht. Sie war während des ganzen Promotionsverfahrens mein Rückhalt.

Landsberg, im Juli 2001 *Reinhard Steuer*

Inhaltsübersicht

Inhaltsverzeichnis

Abkürzungsverzeichnis

a.A	anderer Ansicht
a.a.O.	am angegebenen Ort
abgedr.	abgedruckt
Abs.	Absatz
ArchPT	Archiv für Post- und Telekommunikationsrecht (Zeitschrift)
a.F.	alte Fassung
AfP	Archiv für Presserecht (Zeitschrift)
AG	Die Aktiengesellschaft (Zeitschrift), Aktiengesellschaft
AktG	Aktiengesetz
allg.	allgemein
Alt.	Alternative
Anl.	Anlage
Anm.	Anmerkung
AöR	Archiv des öffentlichen Rechts (Zeitschrift)
AOL	America Online
Art.	Artikel
Aufl.	Auflage
AZ	Augsburger Allgemeine Zeitung
bay.	bayerisch(e)
BayVBl.	Bayerische Verwaltungsblätter (Zeitschrift)
BB	Betriebsberater (Zeitschrift)
bbg.	brandenburgische
Bd.	Band
BGB	Bürgerliches Gesetzbuch
BGBl.	Bundesgesetzblatt
BGH	Bundesgerichtshof
BR-Drucks.	Bundesrat-Drucksache
BT-Drucks.	Bundestag-Druchsache
Bürgm.	Bürgermeister
BVerfG	Bundesverfassungsgericht
BVerfGE	Bundesverfassungsgerichtsentscheidungen
BVerwG	Bundesverwaltungsgericht
BVerwGE	Bundesverwaltungsgerichtsentscheidung
bw	Baden-württembergisch
bzw.	beziehungsweise

CR	Computer und Recht (Zeitschrift)
ca.	circa
DB	Der Betrieb (Zeitschrift)
ders.	derselbe
d.h.	das heißt
dies.	dieselbe(n)
Diss.	Dissertation
DÖV	Deutsche Öffentliche Verwaltung (Zeitschrift)
DVBl.	Deutsche Verwaltungsblätter (Zeitschrift)
EG	Europäische Gemeinschaft
EG ABl.	Amtsblatt der Europäischen Gemeinschaft
EGV	Vertrag zur Gründung der Europäischen Gemeinschaft
Einf.	Einführung
ET	Energiewirtschaftliche Tagesfragen (Zeitschrift)
EU	Europäische Union
EuGH	Gerichtshof der Europäischen Gemeinschaft
EuZW	Europäische Zeitschrift für Wirtschaftsrecht
f., ff.	folgende, fortfolgende
Fn.	Fußnote
FS	Freistaat, Festschrift
Fst.	Fundstelle
FStrG	Bundesfernstraßengesetz
GG	Grundgesetz für die Bundesrepublik Deutschland
GmbH	Gesellschaft mit beschränkter Haftung
GmbHG	GmbH Gesetz
GO	Gemeindeordnung
GWB	Gesetz gegen Wettbewerbsbeschränkungen
hess.	hessisch
HkWP	Handbuch für kommunale Wissenschaft und Praxis
h.L.	herrschende Lehre
h.M.	herrschende Meinung
Hrsg.	Herausgeber
HStR	Handbuch des Staatsrechts
i.d.F.	in der Fassung
i.S.d.	im Sinne des
ISDN	Integrated Services Digital Network
i.V.m.	in Verbindung mit
JR	Juristische Rundschau (Zeitschrift)
JurA	Juristische Arbeitsweise (Zeitschrift)
Jura	Juristische Ausbildung (Zeitschrift)
JuS	Juristische Schulung (Zeitschrift)

JZ	Juristenzeitung (Zeitschrift)
Kap.	Kapitel
Komm.	Kommentar
KV	Kommunalverfassung
LAN	Local Area Network
Lit.	Littera, Buchstabe
Losebl.	Loseblatt
m.E.	meines Erachtens
meck-vorpomm.	mecklemburg-vorpommerische
min.	Minute
MMR	MultiMedia und Recht (Zeitschrift)
m.w.N.	mit weiteren Nachweisen
nds.	niedersächsisch
NJW	Neue Juristische Wochenschrift (Zeitschrift)
Nr.	Nummer
NW-VBl.	Nordrhein-westfälische Verwaltungsblätter (Zeitschrift)
nw	nordrhein-westfälisch
NZV	Netzzugangsverordnung
OLG	Oberlandesgericht
ONP	Open Network Provision
rh-pf.	Rheinland-pfälzische
PostG	Postgesetz
Post-UmwG	Postumwandlungsgesetz
RdE	Recht der Energiewirtschaft (Zeitschrift)
Rdnr.	Randnummer
Rspr.	Rechtsprechung
S.	Seite
sa.	sachsen-anhaltinische
saarl.	saarländisch
sächs.	sächsische
sh	schleswig-holsteinische
Slg.	Sammlung des EuGH
SZ	Süddeutsche Zeitung
TEntgV	Telekommunikations-Entgeltregulierungsverordnung
TK	Telekommunikation
TKG	Telekommunikationsgesetz
TUDlV	Telekommunikations-Universaldienstleistungsverordnung
Tz.	Textzeichen
u.a.	und andere

UPS	Umwelt- und Planungsrecht (Zeitschrift)
usw.	und so weiter
UWG	Gesetz gegen unlauteren Wettbewerb
v.	von, vom
VEBA	Vereinigte Elektrizitäts- und Bergwerks Aktiengesellschaft
VG	Verwaltungsgericht
VGH	Verwaltungsgerichtshof
vgl.	vergleiche
VIAG	Vereinigte Industrie-UnternehmungenAktiengesellschaft
VKU	Verband kommunaler Unternehmen
VO	Verordnung
VVDStrl	Veröffentlichungen der Vereinigung der Deutschen Staatsrechtslehrer (Zeitschrift)
VwGO	Verwaltungsgerichtsordnung
VwVfG	Verwaltungsverfahrensgesetz
WiVerw.	Wirtschaft und Verwaltung - Vierteljahresbeilage zum Gewerbearchiv (Zeitschrift)
WRV	Weimarer Reichsverfassung
WuW	Wirtschaft und Wettbewerb (Zeitschrift)
z.B.	zum Beispiel
ZG	Zeitschrift für Gesetzgebung (Zeitschrift)
ZGR	Zeitschrift für Gesellschaftsrecht
ZUM	Zeitschrift für Urheber- und Medienrecht (Zeitschrift)

1.Teil: Chancen der Kommunen auf dem Telekommunikationsmarkt

A) Rahmenbedingungen für kommunale Telekommunikationsunternehmen

Deutschland wird sich zu einer weltweit vernetzten "Informationsgesellschaft" entwickeln[1]. Die Information ist zum vierten großen Wirtschaftsfaktor geworden - so wichtig wie Rohstoffe, Arbeit und Kapital[2]. Die Telekommunikation gilt dementsprechend als ein Schlüsselfaktor für die wirtschaftliche Entwicklung der Industrieländer[3].

I. Strukturanalyse

1.) Der Telekommunikationsmarkt gilt bereits jetzt als eines der bedeutendsten Wachstumsfelder. Der jährliche Wertzuwachs wird auf ca. 8% bei den Telekommunikationsdienstleistungen geschätzt[4]. Am Ende des 2. Jahrtausends entfallen auf den Telekommunikationssektor 6% des europäischen Bruttosozialprodukts[5]. Prognosen gehen davon aus, dass in Deutschland im Jahre 2000 108 Milliarden DM und im Jahre 2005 bereits 155 Milliarden DM auf dem Telekommunikationsmarkt umgesetzt werden[6]. Der Umsatz auf dem Telekommunikationssektor wird weltweit im Jahr 2000 die magische Grenze von einer Billion US $ erreicht haben[7]. Motor dieses Innovationsschubs war in erster Linie die Europäische Gemeinschaft. Laut mehrerer von ihr im Jahre 1992 durchgeführter Studien wäre bei Beibehaltung der Telekommunikationsmonopole ein nur halb so großes Wirtschaftswachstum möglich gewesen. Ihre Politik war daher von

---

1 Siehe hierzu Bundesministerium für Wirtschaft (Hrsg.), Die Informationsgesellschaft - Fakten, Analysen, Trends, BMWi-Report, 1996

2 *Pünder*, DVBl. 1997, 1353, 1353

3 So soll nach dem 10. Hauptgutachten der Monopolkommission die Telekommunikation in wenigen Jahren die volkswirtschaftliche Bedeutung der Automobilindustrie erreichen. BT - Drucks. 12 /8323, S.19

4 *Ludl/Ludl*, DZWir 1997, 170, 170; *Moraing*, Beiträge zur kommunalen Versorgungswirtschaft, (Hrsg.: VKU), 1995, Heft 84, S. 1, 1

5 *Gersdorf*, AfP 1998, 470, 470

6 Der deutsche Markt umfaßte 1999 etwa 100 Mrd. DM, der europäische 400 Mrd., vgl. *Zedick*, in: "Internet-Ökonomie", Hrsg.: ders., 1999, S. 15 ff; *Giesen/Gerbrand*, Stadt und Gemeinde 1996, 15, 15

7 *Stopka*, Jahrbuch Telekommunikation und Gesellschaft 1996, 65, 65

vornherein darauf gerichtet, den Bereich der Telekommunikation vollständig zu liberalisieren[8].

Auf dem Telekommunikationsmarkt herrscht also "Goldgräberstimmung", von der sich auch Deutschlands Kommunen anstecken lassen. So titelte das Handelsblatt: "Deutschlands Städte im Telekom-Rausch"[9]. Mit Blick auf die zu erwartenden Wachstumsraten und mit Blick auf die Finanzmisere der öffentlichen Haushalte ist es kein Wunder, dass sich auch Städte und Kommunen auf dem Telekommunikationsmarkt tummeln und sich ein möglichst großes Stück vom Kuchen sichern wollen.

2.) Diese kommunalen Bestrebungen sind allerdings nicht revolutionär neuartig. Schon Ende des 19. Jahrhunderts versuchten die Gemeinden, aufgrund ihres Eigentums an den Ortsstraßen die neuen Fernmeldeleitungen ebenso von ihrer Zustimmung abhängig zu machen wie die Stromleitungen, um sie den Zielen und Finanzbedürfnissen der örtlichen Selbstverwaltung dienstbar zu machen[10]. Dies scheiterte damals an der ausschließlichen Fernmeldehoheit des Reichs. Das Telegraphenwegegesetz von 1899 sprach dem Reich das Recht zu, seine Fernmeldeleitungen kostenlos durch alle öffentlichen Wege zu verlegen[11]. Die Gemeinden mussten sich also damit begnügen, im Zuge des Aufbaus eines straff zentral gesteuerten Fernmeldenetzes ihre örtlichen Interessen zu Gehör zu bringen[12].

Etwa hundert Jahre später gab der Bund am 1.1.1998 die letzten Reste des ererbten Fernmeldemonopols mit der endgültigen Liberalisierung dieses Sektors auf[13]. Hierauf stellen sich mehr und mehr auch die Kommunen ein. Sie wollen für ihre Regionen die Chancen der Telekommunikation nicht verpassen. Ihre Chancen sind dabei sehr groß, ja sogar weitaus besser als die ihrer Konkurrenz.

3.) Die Kommunen verfügen mit ihren Versorgungsunternehmen über weitverzweigte, im Verbund stehende und bis zum Bürger reichende Netze für Strom, Gas, Wasser, Abwasser oder Fernwärme, zudem über Leerrohre entlang der Leitungstrassen und Verkehrswege und vielfach auch bereits über eigene Nach-

---

8 *Lerche*, in: "Maunz/Dürig/Herzog/Scholz (Hrsg.), GG-Komm.", Art. 87f Rdnr. 25 m.w.N. in Fn. 45

9 Handelsblatt vom 19./20.8.1995

10 ArchivPT 1899, 347, 354 f.

11 *Ludl/Ludl*, DZWir 1997 170, 173

12 *Bullinger*, FS für Zacher, 85, 85

13 *Müller*, DVBl. 1998, 1256, 1256

richtennetze zur Verteilung von Bild- und Tonsignalen[14]. Das Kommunikationsnetz umfasst heute in vielen Städten, insbesondere in den Großstädten, mehrere 100 Kilometer Kupferkabel und zusätzlich Lichtwellenleiter- und Koaxialkabel sowie Funknetze[15]. Es liegt daher nahe, diese technische Infrastruktur zum Zwecke der Telekommunikation zu nutzen. Die überirdische Verlegung von Lichtwellenleiterkabeln stößt auf keinerlei technische Schwierigkeiten. Aber auch die unterirdische Nachverlegung von Glasfaserkabeln bereitet keine besonderen Probleme. Steht ein Kabelschutzrohr bereits zur Verfügung, so lassen sich in diesem mittels modernster Einblastechniken ohne besondere Schwierigkeiten Glasfaserkabel verlegen. Doch auch die Verlegung neuer Kabelschutzrohre, durch die dann Glasfasernetze bis zu 2000 Meter hindurchgeschossen werden können, bereitet angesichts neuartiger Kabelflug-, Preß- und Rammtechniken keine nennenswerten Schwierigkeiten mehr. Aufwendige Grabearbeiten können auf diese Weise vermieden werden[16].

Zudem können die Kommunen und ihre Unternehmen im Telekommunikationssektor auf Synergieeffekte bei der Verlegung von Leitungen, ihren langjährigen Kundenkontakt und ihr Know-how hinsichtlich Planung, Bau und Betrieb von Netzen und anderen langlebigen Investitionsgütern zurückgreifen[17]. Die Kommunen sind also infrastrukurell in einer sehr guten Ausgangsposition, um auf dem Telekommunikationsmarkt als Unternehmer zu bestehen.

II. Gründe für ein kommunales Engagement auf dem Telekommunikationsmarkt

Grundsätzlich stellt sich die Frage: Welches Interesse könnten Kommunen an einer Teilnahme am Telekommunikationsmarkt haben? Eine schnelle Antwort auf diese Frage liefern die Schlagworte: Wirtschaftsförderung/Standortsicherung, effizientes Stadtmanagement, krisen- feste und ungestörte Versorgung der Bevölkerung, Wettbewerbssicherung, Verbesserung der Finanzausstattung der

14 *Backhaus/Stadie/Voeth*, in: "Was bringt der Wettbewerb im Telekommunikationsmarkt", S. 35; *Gersdorf*, AfP 1998 470, 470; *Weiland*, Der Bayerische Bürgermeister 1998, 380, 380; *Moraing*, Der Städtetag 1995, 513, 513; *Moryson*, Jahrbuch Telekommunikation und Gesellschaft 1996, 75, 75 f.

15 *te Reh*, Der Städtetag 1997, 361, 362; *Lohmann*, Jahrbuch Telekommunikation und Gesellschaft 1996, 81, 82

16 *Hoeren*, MMR 1998, Heft 1, 1, 2 f.

17 *Moraing*, Der Städtetag 1995, 513, 513

Kommunen, Schaffung von Arbeitsplätzen und Berücksichtigung ortsspezifischer Belange[18].

1.) Kommunale Kommunikationsunternehmen ermöglichen es den Gemeinden, sowohl wirtschaftsfördernde Zielsetzungen zu verfolgen, als auch zur Verbesserung der örtlichen Infrastruktur beizutragen. Jede Kommune steht in unmittelbarer Konkurrenz zu ihrem Umfeld um Standort- und Investitionsentscheidungen potentieller Investoren. Die Qualität eines Wirtschaftsstandortes wird dabei künftig stärker als bisher vom Zustand der Telekommunikationsinfrastruktur, der Verfügbarkeit von Diensten und dem Niveau der mit Telekommunikation verbundenen Kosten bestimmt[19]. Der Ausbau der Telekommunikationsinfrastruktur wird damit zu einem maßgeblichen Faktor für die Beurteilung der Standortqualität einer Kommune[20]. Aus Sicht der Stadt kommt dabei eine besondere Bedeutung bedarfsgerechten Angeboten für kleinere und mittlere Unternehmen zu, die damit die Chance erhalten, ihre Wettbewerbsfähigkeit im nationalen und internationalen Maßstab zu verbessern[21]. Dadurch werden aber auch die Voraussetzungen zur Ansiedlung neuer Unternehmen, vor allem solcher der Informations- und Kommunikationstechnologie, geschaffen.

Wirtschaftswachstum und Standortsicherung sind wichtige wirtschaftliche Aspekte zur Betätigung der Kommunen auf dem Gebiet der Telekommunikation, insbesondere aber auch das da- raus resultierende erhöhte Steueraufkommen in den betreffenden Kommunen[22].

2.) Daneben ist ein kommunales Engagement auf dem Telekommunikationssektor für die Modernisierung der Verwaltung förderlich. Bei der Entwicklung hin zu mehr Bürgerfreundlichkeit und einem schlanken Verwaltungsmanagement, das ohne Technikunterstützung nicht realisierbar ist, kommt den Kommunikationsnetzen der Kommunen eine Schlüsselrolle zu[23]. Die Kommunen sollen sich künftig als Dienstleistungsunternehmen begreifen und organisieren. So sollen mittels der kommunalen Tätigkeit auf dem Telekommunikations- und Multimediasektor künftig die Informationsangebote für die Bürger, z.B. Terminankündigungen von kulturellen und sportlichen Veranstaltungen, verbessert werden. Die

---

18 *Ludl/Ludl*, DZWir 1997, 170, 172; *Giesen/Gerbrand*, Stadt und Gemeinde 1996, 15, 15 f.; *Stopka*, Jahrbuch Telekommunikation und Gesellschaft 1996, 65, 69

19 *Backhaus/Stadie/Voeth*, in: "Standortfaktor Telekommunikation und Multimedia", S. 97 f.; *Stopka*, Jahrbuch Telekommunikation und Gesellschaft 1996, 65, 69

20 *Büssow/Schönershofen*, Der Städtetag 1997, 231, 231

21 *Lohmann*, Jahrbuch Telekommunikation und Gesellschaft 1996, 81, 85

22 *te Reh*, Der Städtetag 1997, 361, 362

23 *Moryson*, Jahrbuch Telekommunikation und Gesellschaft 1996, 75, 75

Online-Abwicklung von Verwaltungsangelegenheiten, z.B. die Bearbeitung von Bauanträgen, Kfz-Zulassungen, Volkshochschulanmeldungen, Stadtbücherei-online, das Meldewesen usw., in Kommunikation mit dem Bürger ist ebenfalls vorstellbar[24].

Durch die Schaffung neuer Medienangebote und deren leichtere und billigere Nutzung wird daher die Stadtverwaltung effizienter und vor allem bürgernäher[25]. Die negativen Auswirkungen einer vielerorts bestehenden bzw. erwünschten Dezentralisierung der Verwaltung werden zudem durch ein kommunales Telekommunikationsengagement ausgeglichen[26].

Das Stadtmarketing profitiert von kommunalen Multimediadiensten am meisten. So kann die Kommune via Internet Stadtinformationen, Veranstaltungskalender, Hotel- und Gaststättenverzeichnis weltweit Interessierten anbieten, ja sogar Zimmerbuchungen ermöglichen[27].

3.) Durch kommunale Telekommunikationsunternehmen können die Gemeindebürger gegen die Ausnutzung einer Monopolstellung geschützt werden. Zudem kann eine krisenfeste und ungestörte Versorgung der Bevölkerung gewährleistet werden[28].

Derzeit ist die Telekom de facto bei Ortsgesprächen Monopolist, da dieses Marktsegment für ihre Konkurrenten mangels verfügbaren Netzes unrentabel ist[29]. Das Fehlen einer ernstzunehmenden Konkurrenz bei den Ortsgesprächen erlaubt der Telekom eine äußerst bequeme Preisgestaltung. So kommt es, dass für Telekommunikationsdienstleistungen, auf die die Unternehmen ebenso angewiesen sind wie die Bürger, bis zu zehnmal höhere Preise als international üblich verlangt werden können[30].

---

24 Näheres hierzu bei *Krahn/Stenner/Werthmann*, in: "Kommunen und Multimedia", S. 34 ff.

25 *Nordwig/Kemming*, Jahrbuch Telekommunikation und Gesellschaft 1996, 86, 89 u. 95; FAZ vom 8.7.1997; Der Städtetag 1997, 580, 580

26 *Nordwig/Kemming*, Jahrbuch Telekommunikation und Gesellschaft 1996, 86, 93f.; Bei einer Umfrage unter den Kommunen in NRW plädierten 51% der befragten Kommunen dafür, mit Hilfe der Telekommunikation die Verwaltung zu dezentralisieren

27 *Lohmann*, Jahrbuch Telekommunikation und Gesellschaft 1996, 81, 81

28 *Moraing*, Der Städtetag 1995, 513, 514

29 *Weiland*, Der Bayerische Bürgermeister 1998, 180, 180

30 *Büssow/Schönershofen*, Der Städtetag 1997, 231,231

Kommunale Kommunikationsunternehmen können dagegen auf bestehende Netze bzw. leicht ausbaubare Netze zurückgreifen. Sie haben damit bessere Voraussetzungen als andere überregional tätige Anbieter von Telekommunikationsnetzen, gegenüber der Telekom selbst oder in Zusammenarbeit mit einem anderen privaten Telekommunikationsunternehmen, als wirksamer Wettbewerber aufzutreten[31]. So können sie die Preisbildung für lokale Telekommunikationsdienstleistungen positiv für die Kunden beeinflussen[32]. Somit sind kommunale Kommunikationsunternehmen notwendig, um das Ziel der Liberalisierung des Telekommunikationsmarktes, einen freien Wettbewerb zu schaffen[33], auf lokaler Ebene zu ermöglichen. Eine Vielzahl von kleineren und mittleren Unternehmen belebt zweifelsfrei den Wettbewerb.

Eine krisenfeste und ungestörte Versorgung der Bevölkerung wird durch ein kommunales Engagement ebenfalls gewährleistet. Dies erscheint erwähnenswert, da die Telekom wie ihre überregionalen Mitbewerber ein reines Wirtschaftsunternehmen ist und eher an Gewinnmaximierung als an einer flächendeckenden Versorgung mit Telekommunikationsdienstleistungen gleicher Qualität interessiert ist. Erschreckender Vorbote dieser Tendenz ist die massive Reduzierung öffentlicher Telefonzellen, insbesondere im ländlichen Raum[34]. Die kommunalen Telekommunikationsunternehmen können daher ein wertvolles Mosaiksteinchen beim Erreichen des vom Gesetzgeber angestrebten Ziels sein. Das Gesetzesziel ist nämlich die Gewährleistung einer flächendeckenden Grundversorgung durch Sicherung der aus Sicht der Benutzer angemessenen und ausreichenden Dienstleistungen[35]. Ansonsten besteht die Gefahr, dass ländlich strukturierte Gebiete nicht an der sprunghaften Entwicklung im Telekommunikationsbereich partizipieren können. Die Folge hiervon wäre, dass sich die Polarisierung zwischen Ballungsgebieten und ländlichem Raum verschärfen würde[36]. Kommunale Telekommunikationsunternehmen sorgen daher für eine Verbesserung der Bedingungen für die peripheren Räume[37].

---

31 *te Reh*, Der Städtetag 1997, 361, 366; *Giesen/Gerbrand*, Stadt und Gemeinde 1996, 15, 19; *Moryson*, Jahrbuch Telekommunikation und Gesellschaft 1996, 75, 75

32 *Backhaus/Stadie/Voeth*, in: "Standortfaktor Telekommunikation und Multimedia", S. 98 f.

33 BT-Drucks. 12/8108 S. 1 u. S. 5

34 *Giesen/Gerbrand*, Stadt und Gemeinde 1996, 15, 16

35 BT-Drucks. 12/6717, S.4

36 *Giesen/Gerbrand*, Stadt und Gemeinde 1996, 15, 17

37 *Nordwig/Kemming*, Jahrbuch Telekommunikation und Gesellschaft 1996, 86, 89

Zudem wird eine krisenfeste Versorgung der Bevölkerung durch ein eigenes unmittelbares Direktionsrecht in Krisensituationen, als Vorteil eines eigenverantwortlich betriebenen Telekommunikationsnetzes, gewährleistet[38].

4.) Einer der wesentlichen Gründe für Kommunen sich auf dem Telekommunikationssektor unternehmerisch zu engagieren, ist zweifelsfrei der Versuch, eine neue Einnahmequelle zu erschließen[39]. Dies wird umso verständlicher, wenn man die prekäre Finanzsituation der deutschen Kommunen kennt. So haben die kommunalen Haushalte seit 1990 keine Überschüsse, sondern nur Defizite aufgewiesen. Das Defizit in den Gemeindekassen in den alten Bundesländern betrug 1995 10 Milliarden DM und 1996 7,6 Milliarden DM. Die Deckungslücke der bayerischen Gemeinden betrug 1998 allein 1,6 Milliarden DM.[40]

Dass die Telekommunikation eine Geldquelle sein kann, beweist der Umsatzerlös der 26 bereits tätigen kommunalen Telekommunikationsunternehmen von insgesamt 101 Millionen DM im Jahr 1998. Der Umsatzerlös soll im Jahr 2000 sogar 282 Millionen DM betragen[41].

Daneben bewirken kommunale Kommunikationsnetze eine aktive Wirschaftsförderung und eine allgemeine Stärkung der Wirtschaftskraft eines Standortes (siehe oben)[42]. Damit geht natürlich auch eine Sicherung bzw. Erweiterung der gemeindlichen Steuereinnahmen einher, vor allem in Gestalt der Gewerbesteuer und der Beteiligung der Gemeinden an der Einkommenssteuer.[43]

Ein kommunales Telekommunikationsengagement kann nicht nur die Einnahmen steigern, sondern auch zu Einsparungen führen. Durch optimale Ausnutzung aller Möglichkeiten der Datenverarbeitung und der modernen Kommunikationstechniken können in kommunalen Haushalten enorme Einsparungen erzielt werden[44]. Zudem sind die kommunalen Verwaltungen meist die größten Kunden der Telekom. Diese Kosten fallen bei einem eigenen Telekommunikationsunternehmen weg[45].

---

38 *te Reh*, Der Städtetag 1997, 361, 362
39 *Stopka*, Jahrbuch Telekommunikation und Gesellschaft 1996, 65, 69
40 bayerische Gemeindezeitung v. 22.4.1999, S.1; *Büssow/Schönershofen*, Der Städtetag 1997, 231, 231
41 Der Städtetag 1997, 289, 291
42 FAZ vom 4.8.1994; Der Städtetag 1995, 663, 668
43 *Moryson*, Jahrbuch Telekommunikation und Gesellschaft 1996, 75, 76 u. 78
44 *Lohmann*, Jahrbuch Telekommunikation und Gesellschaft 1996, 81, 84 f.
45 *Lohmann*, Jahrbuch Telekommunikation und Gesellschaft 1996, 81, 81f.

5.) Im Jahr 1997 waren in 23 kommunalen Telekommunikationsunternehmen ca. 600 Personen unmittelbar beschäftigt. Diese Zahl soll laut einer Umfrage des Verbandes kommunaler Unternehmen bis ins Jahr 2000 auf 1200 verdoppelt werden[46]. Allein NetCologne will bis zum Jahr 2005 130 Mitarbeiter beschäftigen[47]. Diese Arbeitsplätze sind zudem zukunftsfähige, hoch qualifizierte und krisensichere Jobs[48].

Diese Unternehmen werden allerdings auch bis zum Jahr 2005 ca. 1,55 Milliarden DM investieren. Diese Gelder fließen vornehmlich in Tiefbaumaßnahmen. Somit stellen sich auch indirekte Wirkungen auf dem Arbeitsmarkt ein[49]. Die Sicherung von Arbeitsplätzen wird ferner durch die wirtschaftsfördernde Wirkung von kommunalen Telekommunikationsunternehmen (siehe oben) generell verstärkt[50].

6.) Ein weiteres Argument für kommunale Kommunikationsunternehmen ist die gute Kenntnis der ortsspezifischen Belange. Die Art der anzubietenden Telekommunikationsaktivitäten kann von Ort zu Ort sehr unterschiedlich sein: eine Stadt mit hoher Altersstruktur hat möglicherweise einen erhöhten Bedarf an Altennotrufsystemen. In einer Universitätsstadt kann der Internetzugang besonders gefragt sein. In einer vom Tourismus geprägten Stadt ist es sinnvoll, einen City-Informationsdienst einzurichten usw..

Nur ein lokal operierendes Unternehmen bietet die Gewähr, die spezifischen Besonderheiten zu erkennen und ein marktnahes Angebot hervorzubringen[51]. Bundesweit agierende Unternehmen haben diese Kenntnisse in der Regel nicht. Darin ist auch eine Marktlücke zu sehen, die am effizientesten von kommunalen Anbietern geschlossen werden kann.

Daneben bietet nur die kommunale Beteiligung eine Gewähr für die Einflussnahme der Städte und Gemeinden auf den Ausbau der Netze und die Berücksichtigung der gemeindespezifischen Interessen. Im Besonderen können die städteplanerischen Gesichtspunkte, die für die am Gemeinwohl ausgerichteten

---

46 VKU Umfrage, Der Städtetag 1997, 289, 291

47 *Stopka*, Jahrbuch Telekommunikation und Gesellschaft 1996, 65, 73

48 *Nordwig/Kemming*, Jahrbuch Telekommunikation und Gesellschaft 1996, 86, 90

49 *te Reh*, Der Städtetag 1997, 361, 366

50 *Nordwig/Kemming*, Jahrbuch Telekommunikation und Gesellschaft 1996, 86, 90

51 *Backhaus/Stadie/Voeth*, in: "Was bringt der Wettbewerb im Telekommunikationsmarkt", S. 35

Kommunen ein bedeutendes Kriterium darstellen, dadurch angemessen berücksichtigt werden[52].

Das Verbleiben von solchen strategischen Entscheidungskompetenzen ist nicht hoch genug einzuschätzen. Daneben spricht die marktgerechte und sehr effiziente Umsetzung lokaler Belange eine deutliche Sprache für ein kommunales Engagement auf dem örtlichen Telekommunikationsmarkt.

7.) Abschließend muss festgehalten werden, dass hauptsächlich die ökonomischen Argumente der Wirtschaftsförderung, der Standortsicherung, der Schaffung von Arbeitsplätzen und vor allem der Verbesserung der Finanzausstattung der Kommunen das Interesse der Gemeinden an der Telekommunikation begründen.

Die positiven Faktoren eines effizienten Stadtmanagements, einer krisenfesten und ungestörten Versorgung der Bevölkerung, der Wettbewerbsicherung und der Berücksichtigung ortsspezifischer Belange verdeutlichen zusätzlich die Bedeutung kommunaler Kommunikationsunternehmen [53].

Im Interesse der Kommunen, aber auch des Allgemeinwohls, erscheint daher ein kommunales Engagement auf dem Telekommunikationsmarkt sinnvoll und notwendig.

III. Unternehmerische Betätigungsmöglichkeiten für Kommunen auf dem Telekommunikationsmarkt

Die Kommunen, die aus den genannten Gründen Interesse an einer Teilnahme am Telekommunikationsmarkt haben, müssen sich zunächst über die vielfältigen Betätigungsfelder auf diesem Sektor informieren.

Ein auffälliges und sehr einfach zu bewirtschaftendes Betätigungsfeld ist dabei die Vermarktung des Wegerechts[54]. Die Gemeinden können daneben Trassen und Leerrohre entgeltlich für den Aufbau von Telekommunikationsnetzen zur Verfügung stellen und Netzbetreibern Planungs-, Beratungs-, Wartungs- und

52 *Büssow/Schönershofen*, Der Städtetag 1997, 231, 232; *te Reh*, Der Städtetag 1997, 361, 362

53 *te Reh*, Der Städtetag 1997, 361, 365 f.

54 *te Reh*, Der Städtetag 1997, 361, 363 f.

andere Netzmanagementdienste anbieten. Darüber hinaus können die Kommunen und ihre Unternehmen ihre eigene Aufgabenerfüllung verbessern und - soweit sie dafür ein eigenes Telekommunikationsnetz aufbauen - dieses vermarkten, sowie selbst gewerblich Telekommunikationsdienste durch Sprach-, Daten- und Bildübertragungen, sowie Multimediadienste anbieten[55].

1.) Für die Kommunen wäre es ein Leichtes, ihr Wegerecht auf gemeindeeigenem Grund und Boden bei der Wegenutzung anderer Telekommunikationsunternehmen durch bereits bestehende oder durch neu zu verlegende Kabelnetze entgeltlich zu vermarkten. Gemäß § 50 Abs. 1, S. 1 TKG[56] steht das Wegerecht für Verkehrswege öffentlichen Zwecken dienender Telekommunikationslinien unentgeltlich dem Bund zu. Dieser wiederum kann dieses unentgeltliche Recht nach § 50 Abs. 2, S.1 TKG an die privaten Lizenznehmer übertragen. Dadurch ist der Kommune nach derzeitiger Rechtslage jede Möglichkeit verwehrt, ihr Wegerecht zu vermarkten. Diese Rechtslage wurde jüngst durch einen negativen Annahmebeschluß des Bundesverfassungsgerichts bekräftigt.[57] Zehn Kommunen hatten zuvor am 13. Mai 1997 eine Verfassungsbeschwerde diesbezüglich beim Bundesverfassungsgericht eingereicht[58], weil sie darin einen massiven Eingriff in das kommunale Selbstverwaltungsrecht erkannten[59].

Im Umkehrschluss bedeutet dies aber auch, dass alle Netzbetreiber, die nur für geschlossene Benutzergruppen Telekommunikationsdienste anbieten oder sonstige, nicht lizenzpflichtige Dienstleistungen offerieren, hierzu einen kostenpflichtigen Gestattungsvertrag mit der jeweiligen Kommune schließen müssen[60].

2.) Wirtschaftlich interessanter ist dagegen bereits die Vermarktung von Trassen und Leerrohren[61]. Als Trassen für die Kabelverlegung stehen in erster Linie die in der Verfügungsgewalt der Kommune stehenden öffentlichen Straßen und Wege und hier vornehmlich die Bürgersteige zur Verfügung. Des weiteren

---

55 *Backhaus/Stadie/Voeth*, in: "Was bringt der Wettbewerb im Telekommunikationsmarkt", S. 40 f.

56 Telekommunikationsgesetz (Satorius Nr. 920)

57 BVerfG, Beschluß v. 7.1.1999 – 2 BvR 929/97-, abgedruckt in: MMR 1999, Heft 6, 357, 357 f.

58 BayGTZeitung 1998, 128, 128

59 *Giesen/Gerbrand*, Stadt und Gemeinde 1996, 15, 18; *Moryson*, Jahrbuch Telekommunikation und Gesellschaft 1996, 75, 77 f.

60 *te Reh*, Der Städtetag 1997, 361, 363

61 *Stopka*, Jahrbuch Telekommunikation und Gesellschaft 1996, 65, 73

kommen Kanäle der Stadtentwässerung, der Fernwärmeversorgung, U-Bahn-Tunnel und sonstige Trassen der Nahverkehrsbetriebe in Betracht[62].

Sowohl unter dem kommunalrechtlichen Aspekt der "wirtschaftlichen Betätigung"[63], auf den später ausführlicher eingegangen wird, als auch mit Blick auf wirtschaftliche Überlegungen der Telekommunikationsunternehmen erscheint dieses Vermarktungssegment lohnend[64]. Denn die Neuverlegung von Telekommunikationslinien bedeutet für die Telekommunikationsunternehmen einen erheblichen Investitionsaufwand. Es kann daher nur jeder Kommune bzw. jedem kommunalen Unternehmen empfohlen werden, bei Tiefbauarbeiten jede sich bietende Möglichkeit zu nutzen, Leerrohre zu verlegen, um diese ggf. später gewinnbringend vermarkten zu können. Unter dem Gesichtspunkt der Kosten bei Straßenaufbrüchen für die Kabelverlegung wird es in der Praxis nämlich darauf hinauslaufen, dass Telekommunikationsunternehmen eher auf die im Ergebnis wesentlich kostengünstigere und vor allem schneller verfügbare Mitbenutzungsmöglichkeit bereits vorhandener Einrichtungen zurückgreifen werden, als selbst zu bauen. Wohl dem, der dann etwas anzubieten hat.

In diesem Zusammenhang können die Kommunen bzw. deren Unternehmen den Netzbetreibern zusätzliche Serviceleistungen wie Planungs-, Beratungs-, Wartungs- und andere Netzmanagementdienste anbieten[65]. Dadurch wird ein zusätzliches Marktsegment von den Kommunen abgedeckt. Für die Vermarktung von Trassen und Leerrohren bedarf es außerdem keiner Lizenz nach dem Telekommunikationsgesetz, vgl. § 6 TKG[66].

3.) Der qualitativ nächst höhere Schritt kommunaler Betätigung im Telekommunikationsbereich ist die Vermarktung von Übertragungsstrecken an andere regionale bzw. überregionale Telekommunikationsunternehmen[67]. Dabei wird zweckmäßigerweise zunächst die Vermarktung von Übertragungsstrecken, die Dritten als sogenannte nackte Kabel bzw. Fasern für "Punkt zu Punkt Verbindungen" überlassen werden können, im Mittelpunkt des kommunalen Interesses stehen. Aber auch vorhandene Telekommunikationsnetze oder -leitungen, die beispielsweise die kommunalen Einrichtungen bereits miteinander verbinden,

---

62 *te Reh*, Der Städtetag 1997, 361, 364
63 *Moraing*, in: "Möglichkeiten und Grenzen kommunalwirtschaftlicher Betätigung unter besonderer Berücksichtigung der Telekommunikation", S.19
64 *te Reh*, Der Städtetag 1997, 361, 364
65 *Pünder*, DVBl. 1997, 1353, 1358;
66 *Weiland*, Der Bayerische Bürgermeister 1998, 380, 381
67 *Stopka*, Jahrbuch Telekommunikation und Gesellschaft 1996, 65, 73

können von den Kommunen schnell und effektiv Dritten zur Mitbenutzung angeboten werden.

Diese Art der Teilnahme am Telekommunikationsmarkt ist für die Kommunen mit geringen Investitionen- ca. 1500 DM pro Anschluß[68] - verbunden, verspricht aber eine gewisse Gewinn-erwartung[69]. Nach Berechnungen des Verbandes Kommunaler Unternehmen (VKU) würde es einen privaten Anbieter 40 Milliarden DM kosten, alle 40 Millionen Haushalte in Deutschland an ein Netz anzuschließen[70]. Vom volkswirtschaftlichen Irrsinn eines solchen Versuchs abgesehen, ist es nur logisch, dass man deshalb auch unter betriebswirtschaftlichen Gesichtspunkten auf bereits vorhandene Netze zurückgreifen will, die von den Kommunen schon bereitgehalten werden. Solange es um die Vermarktung vorhandener Infrastruktur geht, begegnen dem kommunalen Telekommunikationsunternehmen kaum rechtliche Probleme[71].

Zulässig sind solche Nebentätigkeiten unter dem Gesichtspunkt der Annexkompetenz, weil die wirtschaftliche Betätigung nicht isoliert angestrebt wird, sondern sich nur anlässlich der Durchführung einer nicht wirtschaftlichen Aufgabenstellung, hier der Bedienung von Verwaltungsbedürfnissen, oder bei Gelegenheit einer durch öffentlichen Zweck gerechtfertigten wirtschaftlichen Betätigung, etwa bei Energie- und Wasserversorgung, ergibt[72]. Bei der Neuverlegung von Telekommunikationsnetzen und deren Vermarktung stellen sich dagegen einige rechtliche Fragen, die später explizit erörtert werden.

Festzuhalten bleibt, dass Kommunen in diesem Marktbereich sehr lukrativ am Telekommunikationsmarkt teilhaben können. Für die Vermarktung von Kabeln und Übertragungsnetzen bedarf es zudem keiner Lizenz nach dem Telekommunikationsgesetz, vgl. § 6 TKG[73].

4.) Die Vermarktung von kompletten Übertragungswegen einschließlich der Abschluss- und Übertragungseinrichtungen, der Bereitstellung von Vermittlungs- und Netzdiensten sowie das Angebot eines vollen Services stellt naturgemäß die wirtschaftlich interessante Alternative zu den bisher erwähnten Betäti-

---

68 *Backhaus/Stadie/Voeth*, in: "Was bringt der Wettbewerb im Telekommunikationsmarkt", S. 53

69 *te Reh*, Der Städtetag 1997, 361, 363 u. 364.

70 *Büssow/Schönershofen*, Der Städtetag 1997, 231,231

71 *Pünder*, DVBl. 1997, 1353, 1357

72 *Schmidt-Jortzig*, HkWP V, S.63; *Ehlers*, Verwaltung in Privatrechtsform, 1984, S. 205

73 *Weiland*, Der Bayerische Bürgermeister 1998, 380, 381

gungsmöglichkeiten dar[74]. Dieses Leistungsangebot kann in vollem Umfang erst seit dem 1.1.1998 nach dem Wegfall des Sprachübertragungsmonopols aufgenommen werden. Für das Erbringen solcher Leistungen sind außerdem erhebliche Vorinvestitionen in die Vermittlungs- und Übertragungstechnik und hohe Aufwendungen für den Betrieb und das Netzwerkmanagement erforderlich, so dass dieser Bereich nur für besonders leistungsfähige und mit entsprechenden Infrastrukturen bereits ausgestattete kommunale Unternehmen interessant ist[75].

Wenn Kommunen und kommunale Unternehmen die gesamte Palette der genannten Telekommunikationsdienste für die Öffentlichkeit anbieten wollen, muss ein rechtlich selbstständiges Unternehmen gegründet werden, das die Lizenzen der Klasse 3 für Datenübertragung und zusätzlich der Klasse 4 für Sprachübermittlung nach § 6 II Nr. 1. c) und II Nr. 2. TKG beantragen und von der Aufsichtsbehörde erhalten muss[76].

Einen besonders spannenden Bereich innerhalb der Telekommunikationsdienstleistungen stellen die Multimediadienste dar. Dadurch soll u.a. der Internetzugang für alle erleichtert werden. Darüber hinaus werden dadurch unzählige Möglichkeiten für Informations- und Serviceangebote (siehe oben) für die Kommunen und deren Bürger eröffnet[77].

Entscheidend für ein kommunales Engagement in diesem Bereich ist die hohe Gewinnerwartung. So rechnet allein NetCologne im Jahr 2000 mit einem Umsatz bei der Vermarktung von Vermittlungs-, Netz- und Mehrwertdiensten von 200 Millionen DM[78].

IV. Risiken für kommunale Telekommunikationsunternehmen

Hauptrisiko für die kommunalen Telekommunikationsunternehmen ist, dass weder die Kommunen selbst noch die kommunalen Versorgungsunternehmen sowie Nahverkehrsbetriebe über ausreichende Erfahrungen in freien Märkten

---

74 *Stopka*, Jahrbuch Telekommunikation und Gesellschaft 1996, 65, 73

75 *te Reh*, Der Städtetag 1997, 361, 364.

76 *Weiland*, Der Bayerische Bürgermeister 1998, 180, 181

77 *Krahn/Stenner/Werthmann*, "Kommunen und Multimedia", Hrsg.: Hoeren/Holznagel, 1999, S. 34 ff.

78 *Stopka*, Jahrbuch Telekommunikation und Gesellschaft 1996, 65, 73

verfügen. In ihrer bisherigen Geschäftstätigkeit waren sie mehrheitlich mit einer Situation konfrontiert, die ihnen die Kunden automatisch zuführte[79].

Stadtwerke beispielsweise erfüllen öffentliche Versorgungsaufgaben für die jeweilige Gemeinde nach gemeinwirtschaftlichen Grundsätzen. In diesem Geschäftsfeld kommen die Kunden zu ihnen, stellen einen Antrag und werden versorgt. Es herrscht in dieser Beziehung kein Wettbewerb. Im Telekommunikationsmarkt hingegen weht der rauhe Wind der Konkurrenz. Der Kunde ist König und kann sich seine Partner beliebig auswählen.

Die Vermarktung privater Kommunikationsnetze bedeutet den Eintritt der Kommunen in ein Dienstleistungsgewerbe mit Marketing, Kundenakquisition, betriebswirtschaftlicher Kostenkalkulation, Bereitschaft zur Investition mit vollem unternehmerischen Risiko usw.. Diese neue Aufgabe stellt eine völlige Abkehr von der bisherigen kameralistischen Haushaltsführung in einer quasi Monopolsituation dar[80]. Darin ist ein sehr hohes Risiko zu sehen, da die Kommunen ein völlig unbekanntes Terrain betreten. Zudem verfügen die Kommunen kaum über das technische Know-how für den Betrieb eigener Telekommunikationsnetze[81].

Diese bestehenden Defizite können aber durchaus durch Einstellung geeigneter Mitarbeiter und durch geeignete Weiterbildungsmaßnahmen kurzfristig ausgeglichen werden[82].

Außerdem wird das Finanzrisiko die Überlegungen der Kommunen bei der Gründung eines eigenen Telekommunikationsunternehmens oder einer kommunalen Beteiligung an einem derartigen Unternehmen beherrschen, denn die meisten Kommunen haben eine äußerst angespannte Haushaltslage[83]. Insbesondere der erwartete Marktanteil und die mittelfristige Unternehmensentwicklung sind nur schwer vorhersehbar. Man kann jedoch generell sagen, dass das Risiko mit der Wertschöpfung zunimmt[84]. Höherwertige Dienste wie z.B. die Sprachtelefonie bedingen einen hohen finanziellen und personellen Aufwand und sind daher

---

79 *Stopka*, Jahrbuch Telekommunikation und Gesellschaft 1996, 65, 69

80 *te Reh*, Der Städtetag 1997, 361, 362 u. 367

81 *Backhaus/Stadie/Voeth*, in: "Was bringt der Wettbewerb im Telekommunikationsmarkt", S. 56 f.; a. A. *Moryson*, Jahrbuch Telekommunikation und Gesellschaft 1996, 75, 75

82 *Weiland*, Der Bayerische Bürgermeister 1998, 180, 180

83 Die durchschnittliche Pay-back-Zeit für Investitionen beträgt 8-12 Jahre und es ist mit Anlaufverlusten in Millionenhöhe zu rechnen, vgl. *Backhaus/Stadie/Voeth*, in: "Was bringt der Wettbewerb im Telekommunikationsmarkt", S. 53 f.

84 *Weiland*, Der Bayerische Bürgermeister 1998, 380, 381

tendenziell mit einem höheren Risiko behaftet als z.B. das Vermieten von Leitungen[85].

Besonders schwierig ist es, daneben die Preisentwicklung und damit auch die Entwicklung der Einnahmesituation vorherzusehen, da auf dem Telekommunikationsmarkt seit dem Wegfall des Übertragungswegemonopols am 1.1.1998 ein harter Preiskampf herrscht[86].

Ebenso muss beim Eintritt in dieses neue Geschäftsfeld die hohe Dynamik und die kurze Innovationszeit im Telekommunikationsmarkt bedacht werden, die mit hohen Investitionen verbunden ist, wenn man konkurrenzfähig bleiben will[87].

Diese finanziellen und wirtschaftlichen Risikobereiche können aber ggf. durch eine partnerschaftliche Zusammenarbeit mit einem national und/oder international tätigen Telekommunikationsunternehmen oder mit anderen finanzkräftigen Teilhabern abgeschwächt werden[88]. Generell müssen die Kommunen darauf achten, dass die Art und Weise ihres Engagements im Telekommunikationsmarkt in einem angemessenen Verhältnis zu ihrer Leistungsfähigkeit steht[89].

Die aufgezählten Risiken eines kommunalen Telekommunikationsengagements zeigen, dass eine "schnelle Mark" auf dem Telekommunikationsmarkt nicht verdient werden kann.

V. Fazit

Eine allgemeine Aussage über Chancen und Risiken einer kommunalen Betätigung im Telekommunikationsmarkt kann abschließend nicht gemacht werden. Zu verschieden sind die technischen, wirtschaftlichen und nicht zuletzt die politischen Rahmenbedingungen, die von Kommunen und kommunalen Unternehmen beachtet werden müssen. Eine genaue Analyse der Marktchancen und -felder sollte daher der Startpunkt aller Aktivitäten sein[90]. Dabei sind vor allem die be-

---

85 *Backhaus/Stadie/Voeth*, in: "Was bringt der Wettbewerb im Telekommunikationsmarkt", S. 40 f.

86 *te Reh*, Der Städtetag 1997, 361, 363

87 *Stopka*, Jahrbuch Telekommunikation und Gesellschaft 1996, 65, 71

88 *Giesen/Gerbrand*, Stadt und Gemeinde 1996, 15, 19 f.; *Weiland*, Der Bayerische Bürgermeister 1998, 180, 180; *te Reh*, Der Städtetag 1997, 361, 366; *Büssow/Schönershofen*, Der Städtetag 1997, 231, 231

89 *te Reh*, Der Städtetag 1997, 361, 365

90 vgl. insoweit die beiden Gutachten für City-Carrier in der Stadt Lünen und in den Städten Ulm u. Neu-Ulm, *Backhaus/Bauer/Stadie*, in: "Telekommunikationsmarktstrukturanalyse

triebswirtschaftlichen Voraussetzungen zur Errichtung und Vermarktung alternativer kommunaler Telekommunikationsnetze, die regionale Interessenlage und die rechtlichen Rahmenbedingungen zu bewerten.

Generell sind die Voraussetzungen der Kommunen für die Teilnahme am Telekommunikationsmarkt gut. Über das bis unmittelbar zum Bürger reichende, weit verzweigte Versorgungsnetz für Strom, Wasser, Abwasser, Gas, Kabelfernsehen oder Fernwärme und die kommunalen Versorgungs- und Nahverkehrsunternehmen kann ohne großen Aufwand ein leistungsfähiges Telekommunikationsnetz aufgebaut werden. Die bereits über die Versorgungsunternehmen bestehenden Kundenkontakte können bequem auch für die Telekommunikationsdienstleistungen genutzt werden. Ein wesentlicher Vorteil kommunaler Telekommunikationsunternehmen ist die gute Orts- und Nachfragekenntnis, die in ein marktgerechtes Angebot münden kann. Durch ein Engagement auf dem Telekommunikationssektor ergeben sich viele Synergieeffekte, wie die Stärkung des Wirtschaftsstandortes oder positive Beschäftigungsimpulse, aber auch die Steigerung der Bürgernähe und die Effizienz der Verwaltung. Es darf auch die lukrative Gewinnmöglichkeit im Telekommunikationsmarkt für die finanziell angeschlagenen Städte in diesem Zusammenhang nicht vergessen werden. Bei aller Euphorie dürfen die Erwartungen der kommunalen Telekommunikationsunternehmen aber nicht zu hoch geschraubt werden. Das kommunale Engagement auf dem Telekommunikationsmarkt birgt (wie oben aufgezeigt) auch große finanzielle Risiken und Fragezeichen.

Die Betätigung von Kommunen auf dem zukunftsorientierten Wachstumsmarkt der Telekommunikation verlangt daher ein wohlüberlegtes Konzept, das möglicherweise auch eine Allianz mit einem überregionalen Telekommunikationsunternehmen mit einschließt, um auf diesem Markt mit einem lokalen Nischenangebot bestehen zu können.

Die Kommunen haben grundsätzlich gute Chancen, auf dem Telekommunikationsmarkt zu bestehen. Dieser Markt wird sich nämlich in drei Marktsegmente aufteilen. Es werden künftig wenige „Global-Player“ mit einem nationalen und internationalen Angebot im Bereich der Ferngespräche existieren. Zum anderen werden sich Anbieter auf den nationalen und regionalen Markt spezialisieren und in diesem Bereich die Preisführung übernehmen. Letztlich werden auch regional

---

für den lokalen Telekommunikationsmarkt Ulm/Neu-Ulm", S. 1 ff.; sowie *Backhaus/Reinkemeier/Stadie*, in: "Marktstrukturanalyse für den lokalen Telekommunikationsmarkt am Beispiel der Stadt Lünen", S. 1 ff.

und lokal operierende Telekommunikationsunternehmen entstehen, die gewinnträchtige Marktnischen mit großer Nähe zum Kunden erobern werden[91].

Für ein solches gelungenes Engagement auf dem Telekommunikationsmarkt gibt es schon einige positive kommunale Beispiele. So sind bisher 83 kommunale Telekommunikationsunternehmen gegründet worden und bestehen auf diesem Markt[92]. Grund genug für andere Kommunen ihre Chancen auf dem Telekommunikationsmarkt auszuloten.

91 *Stopka*, Jahrbuch Telekommunikation und Gesellschaft 1996, 65, 74

92 ATekom-info, 1999/Februar, Heft 39, S. 1-8; 1997 gab es erst 26 Unternehmen laut einer VKU-Umfrage, Der Städtetag 1997, 298, 290

B) Praktische Erfahrungen bereits bestehender kommunaler Telekommunikationsunternehmen

Nach der abstrakten Darstellung der Chancen kommunaler Telekommunikationsunternehmen erfolgt nun ein kleiner Überblick über deren praktische Realisierung anhand von vier ausgewählten kommunalen Telekommunikationsunternehmen: M"net Telekommunikations GmbH, AugustaKom Telekommunikation GmbH & Co. KG, HanseNet, Telekommunikation GmbH und NetCologne GmbH.

I. M"net Telekommunikations GmbH

Die M"net Telekommunikations GmbH wurde am 30. Juli 1996 mit der Zielsetzung gegründet, den Wettbewerb im Wirtschaftsraum München, insbesondere für mittelständische Unternehmen, zu fördern[93]. M"net soll zusätzlich die Standortsicherung von Industrie, Mittelstand und öffentlichen Institutionen gewährleisten, ein attraktives Diensteangebot für die Münchner Bürger aufbauen, eine effektive Nutzung der vorhandenen Ressourcen von Mensch und Technik ermöglichen, den Eigenbedarf der Landeshauptstadt decken und für diese neue Einnahmequellen erschließen[94].

1.) Gesellschafter der M"net Telekommunikations GmbH sind zu diesem Zweck die Stadtwerke München GmbH mit einer Beteiligung von 45 %, die Bayerische Landesbank mit 25 % der Anteile, die Bayernwerk NETKOM mit 25 % der Anteile und die Stadtsparkasse München mit 5 % der Anteile[95]. Die Zusammensetzung der Gesellschafter ist nahezu ideal für die Ziele von M"net.

Die Stadtwerke München GmbH, die im Alleineigentum der Stadt München steht, verfügt über 200 km Lichtwellenleiterkabel und ein Kupferkabelnetz von ca. 2000 km Länge. Daneben verfügen die Stadtwerke München über eine große Kapazität von Leerrohren, Wegerechten und Trassen. Zudem ist ihre weitrei-

---

93 *Geffert*, M"net in Zahlen und Aktivitäten, 1999, Kap. A), S.1

94 *Konle*, in: "Stadt im Netz, Reden-Vorträge-Folien", Hrsg: Bayerischer Städtetag, 1998, Kap. 4., S. 3

95 ATekom-info, 1999/Februar, Heft 39, S. 6

chende Erfahrung im Netzbetrieb und ihr Eigenbedarf an Telekommunikationsdienstleistungen von Bedeutung für M"net[96].

Die Bayerische Landesbank ist sehr erfahren beim Betrieb von Computernetzen (LAN[97]). Darüber hinaus kann sie die Übernahme von Servicefunktionen z.B. im Bereich des Rechnungswesens, des Controllings oder der Personalverwaltung in die Gesellschaft einbringen. Sie verfügt aber auch über einen gewissen Eigenbedarf an Telekommunikationsdienstleistungen, den M"net abdecken kann[98]. Die Bayerische Landesbank gehört zu je einer Hälfte dem Freistaat Bayern und den Bayerischen Sparkassen, also auch der Stadtsparkasse München, deren Gewährträger wiederum die Stadt München ist.

Bayernwerk Netkom ist ebenfalls erfahren im Netzbetrieb und sorgt zudem für eine Anbindung nationaler und internationaler Lokationen. Bayernwerk Netkom will über M"net aber vor allem die eigenen Kunden in München besser anbinden sowie den betriebsinternen Bedarf an Telekommunikationsdienstleistungen effektiver stillen[99].

Der vierte Gesellschafter ist die Stadtsparkasse München. Die Stadtsparkasse München verfügt über Erfahrungen im LAN-Betrieb und hat einen großen Eigenbedarf an Telekommunikationsdienstleistungen bei der Vernetzung ihrer 117 Zweigstellen[100].

Die Stadt München hat offensichtlich durch ihre mannigfaltige Beteiligung an den einzelnen Gesellschaftern einen bestimmenden Einfluss auf M"net.

2.) Durch die effektive Zusammensetzung der Gesellschafter gelingt es M"net, ein breites Angebot an Diensten, wie z.B. M"connect, M"online oder M"call auf

96 *Konle*, in: Stadt im Netz, Reden-Vorträge-Folien, Hrsg.: Bayerischer Städtetag, 1998, Kap. 4., S. 5

97 LAN ist die Abk. für: Local Area Network, das ist ein Computer-Netzwerk, das auf räumlich beschränktem Gebiet die Kommunikation über einen Server ermöglicht, mit Daten- und Peripherieverwaltung für die gemeinsame Benutzung durch die angeschlossenen Stationen, so *Piepenbrock* in: "Telekommunikation", S. 357, 391

98 *Konle*, in: Stadt im Netz, Reden-Vorträge-Folien, Hrsg.: Bayerischer Städtetag, 1998, Kap. 4., S. 6

99 *Konle*, in: Stadt im Netz, Reden-Vorträge-Folien, Hrsg.: Bayerischer Städtetag, 1998, Kap. 4., S. 6

100 *Konle*, in: Stadt im Netz, Reden-Vorträge-Folien, Hrsg.: Bayerischer Städtetag, 1998, Kap. 4., S. 7

dem Markt zu positionieren. Hinter dem Dienst M"connect verbergen sich Festverbindungen und LAN-Kopplungen[101].

Der Geschäftsbereich M"online bietet Internetdienste an. Der Internetzugang ist bei M"net sowohl über Festverbindungen (direct-access), als auch über Wahlverbindung (dial-access) möglich. Zudem verfügt M"net über eine eigene Serverunterbringung (housing) und verschiedene Web-Dienste (webspace)[102].

Der Bereich M"call ist seit Mitte 1999 ein zentrales Geschäftsfeld von M"net. M"net bietet über M"call Sprachtelefoniedienste für Privat- und Geschäftskunden über die Zugangsverfahren call-by-call, preselection oder über einen eigenen Teilnehmeranschluss von M"net an. Das Angebot erfasst Orts-, Regional-, National- und Auslandsgespräche sowie Gespräche ins Mobilnetz.[103] Hierfür besitzt M"net seit dem 31. Januar 1997 die Lizenz 3 i.S.d. § 6 Abs. 2 Nr. 1.c) TKG für Telekommunikationsdienstleistungen an die Öffentlichkeit und seit dem 5. Juni 1998 die Lizenz 4 i.S.d. § 6 Abs. 2 Nr. 2. TKG für Sprachtelefondienste und den Betrieb von Übertragungsnetzen[104].

M"net hat die Lizenz 4 für Sprachtelefoniedienste im Bereich der Stadt und des Landkreises München, sowie für die Landkreise Dachau, Ebersberg, Erding, Freising, Fürstenfeldbruck, Starnberg, Miesbach und Bad Tölz-Wolfratshausen[105]. M"net arbeitet ferner mit vielen großen alternativen Carriern[106] wie z.B. Mannesmann Arcor, Viag Intercom, o.tel.o, Telecom Italia, Mobilcom, Talkline oder Hermes zusammen[107], um mit ihnen gemeinsam ein besseres Angebot für die Kunden im Vergleich zur Deutschen Telekom AG zu erreichen.

3.) Durch dieses breite Angebot gelang es M"net, in den ersten beiden Geschäftsjahren bis Ende 1998, 120 Firmenkunden zu gewinnen, die mit M"net insgesamt über 450 Verträge abgeschlossen haben. Deren Versorgung erfolgt über mehr als 1250 Strecken. Insgesamt wurden bis jetzt 1400 Verbindungen

---

101 *Geffert*, M"net in Zahlen und Aktivitäten, 1999, Kap. A), S.1

102 *Geffert*, M"net in Zahlen und Aktivitäten, 1999, Kap. B) 1. c), S.6

103 *Konle*, in: Stadt im Netz, Reden-Vorträge-Folien, Hrsg.: Bayerischer Städtetag, 1998, Kap. 4., S. 9

104 *Geffert*, M"net in Zahlen und Aktivitäten, 1999, Kap. B) 1. b), S.5

105 *Konle*, in: Stadt im Netz, Reden-Vorträge-Folien, Hrsg.: Bayerischer Städtetag, 1998, Kap. 4., S. 9

106 Carrier bedeutet Netzbetreiber, der Telekommunikationsdienstleistungen Dritten gegen Entgelt zur Verfügung stellt, so *Piepenbrock*, in: Telekommunikation, 1997, S. 357, 361

107 *Geffert*, M"net in Zahlen und Aktivitäten, 1999, Kap. B) 1. a), S.5

beauftragt[108]. Der damit verbundene wirtschaftliche Erfolg schlägt sich auch in den nackten Bilanzzahlen nieder. M"net hatte 1998 einen Umsatz von 9,5 Millionen DM, der 1999 auf 23 Millionen DM gesteigert wurde. Die Investitionen im Jahr 1998 beliefen sich auf 15 Millionen DM und werden 1999 die gleiche Summe erreichen. Die Bilanzsumme belief sich 1998 auf insgesamt 25,7 Millionen DM.[109]. Diese Zahlen sind für ein Unternehmen im zweiten Geschäftsjahr mehr als beachtlich.

M"net ist nach eigenen Angaben jetzt schon ein durchschlagender Erfolg. Die gesteckten, technischen Ziele werden voll erreicht. M"net hat auf jeden Fall bewirkt, dass der Münchner Telekommunikationsmarkt lebendiger geworden ist, das Angebotsspektrum offener wurde, die Qualitätsanforderungen sich erhöhten und die Inbetriebnahmezeiten sich verkürzten. Außerdem haben sich seit der Marktteilnahme von M"net die Übertragungspreise am Markt allgemein reduziert und das Münchner Kabelnetz hat sich erheblich ausgeweitet[110].

Dieser Erfolg von M"net ist aber nur deswegen möglich, weil zunächst der Münchner Markt exakt sondiert und die genauen Kundenbedürfnisse eruiert wurden. Daneben ist M"net höchst innovativ. So wurde die moderne ATM Technik[111] erfolgreich erprobt, und sehr flexibel bei der Erfüllung der Kundenbedürfnisse eingesetzt. Entscheidend ist aber auch das sehr gute Telekommunikationsnetz, zu dem auch ca. 500 km Lichtwellenleiter gehören, mit denen eine Datenübertragungsleistung von bis zu 2,5 Gbit/s erreicht werden kann[112]. Die Deutsche Telekom AG bietet dagegen mit ihren analogen Anschlüssen, die als gesetzlicher Mindeststandard geboten sind, nur eine fast hunderttausendfach geringere Kapazität von 28,8 kbit/s an[113].

Dieser Erfolg wird auch in der Zahl der Mitarbeiter deutlich. M"net startete im November 1996 mit 13 Mittarbeitern, im April 1999 waren es schon 55. Diese Arbeitsplätze sind vor allem hochqualifizierte, zukunftssichere Jobs, wie z.B. Dipl. Informatiker, Dipl. Physiker, Dipl. Ingenieure, Dipl. Kaufleute und Dipl. Betriebswirte.

---

108 *Geffert*, M"net in Zahlen und Aktivitäten, 1999, Kap. B) 1. a), S.5

109 *Geffert*, M"net in Zahlen und Aktivitäten, 1999, Kap. B) 1. a), S.5

110 *Geffert*, M"net in Zahlen und Aktivitäten, 1999, Kap. A), S.3

111 ATM ist die Abk. für Asynchronus Transfer Mode; das bedeutet eine sehr schnelle paketorientierte Übertragungs- und Vermittlungstechnik für künftige Hochgeschwindigkeitsnetze, die z. Zt. eine Datenübertragungsrate von 155 Mbit/s ermöglichen, *Piepenbrock*, in: "Telekommunikation", S. 357, 361

112 *Geffert*, M"net in Zahlen und Aktivitäten, 1999, Kap. B) 1. d) u. e), S.6

113 *Pünder*, DVBl. 1998, 1353, 1355

4.) In der Zukunft will M"net den Übergang vom schlichten Infrastrukturanbieter zum Full-Service-Provider vollenden und dazu hauptsächlich das Internet-Produktspektrum ausdehnen. Eine Serviceverbesserung erwartet sich M"net zusätzlich durch eine Vernetzung mit anderen City-Carriern. Ebenso steht die Erweiterung des Produktportfolios von M"net um M"mobil (Mobilfunkdienste) an. Generell will sich M"net aber auch in Zukunft auf Privat- und Geschäftskunden aus dem Raum München und Oberbayern konzentrieren[114].

5.) Zusammenfassend kann festgestellt werden, dass M"net ein am Markt erfolgreiches Unternehmen ist, das zudem ein Instrument der Wirtschaftsförderung in München darstellt. M"net verdeutlicht die praktische Umsetzbarkeit der meisten bereits angesprochenen Aspekte, die für ein kommunales Engagement auf dem Telekommunikationssektor sprechen. Dem Fazit der Geschäftsleitung von M"net, dass sich aufgrund der regionalen Bedeutung der Telekommunikation als Wirtschaftsfaktor nicht die Frage stellt, ob man in dieses Geschäftsfeld einsteigt, sondern lediglich wie, ist eindeutig zuzustimmen, insbesondere dann, wenn die nötige Infrastruktur vorhanden ist[115].

II. AugustaKom Telekommunikation GmbH & Co.KG

Im Juni 1997 wurde die AugustaKom Telekommunikations GmbH & Co.KG als erster privater Stadtnetzbetreiber in Augsburg und Schwaben gegründet. Ziel des Unternehmens ist es, den Wirtschaftsstandort Augsburg und Schwaben zu stärken und die Attraktivität für neue Unternehmensansiedlungen zu steigern[116]. Insgesamt hat AugustaKom derzeit 18 Angestellte in hochqualifizierten Berufen[117].

1.) Zu diesem Zweck haben sich sieben starke Partner für das erste private Telekommunikationsunternehmen in Schwaben, die AugustaKom Telekommunikations GmbH & Co. KG, engagiert. Deren Gesellschafter sind: Die Stadtwerke Augsburg als 100%iger Eigenbetrieb der Stadt Augsburg mit einer Beteiligung von 45 % der Kapitalanteile, die Bayerwerk Netkom GmbH, eine 100%ige Tochter von VIAG-Interkom, mit 15 % der Anteile, die Bayerische Landesbank und Girozentrale mit 14,4 %, die Lech-Elektrizitätswerke AG mit 10 %, die

114 vgl. *Konle*, in: Stadt im Netz, Reden-Vorträge-Folien, Hrsg.: Bay. Städtetag, 1998, Kap. 4., S. 10 und *Geffert*, M"net in Zahlen und Aktivitäten, 1999, Kap. B) 3., S.14

115 vgl. *Konle*, in: Stadt im Netz, Reden-Vorträge-Folien, Hrsg.: Bay. Städtetag, 1998, Kap. 4., S. 10

116 AK-Info-Broschüre "Der clevere Anschluß für Ihre Nummer!", S.1

117 vgl. http//www.augustakom.de

Stadtsparkasse Augsburg mit 7 %, die Presse-, Druck- und Verlags GmbH Augsburg mit 5% und die Kreissparkasse Augsburg mit 3,6 %[118].

2.) AugustaKom verfügt über die Lizenzklasse 3 u. 4 i.S.d. § 6 TKG und kann seinen Kunden somit ein breites Produktspektrum anbieten[119]. Die Geschäftsfelder von AugustaKom teilen sich in die Bereiche AK-conect, AK-phone, AK-atm, AK-online, AK-centrex und AK-service auf[120].

Mit AK-conect bietet AugustaKom digitale Festverbindungen an. Hierfür stehen der AugustaKom 60 km Glasfaserkabel, 550 km Kupferkabel und 20.000 km sog. Doppelladerkabel zur Verfügung. Somit kann eine Datenkapazität von 64 kbit/s bis 622 Mbit/s von Punkt A nach Punkt B transferiert werden. AugustaKom hat auf diesem Geschäftsfeld in den letzten Jahren im Raum Augsburg immerhin 40 Geschäftskunden gewonnen[121].

Das Hauptgeschäftsfeld der AugustaKom ist die AK-phone, also die Sprachtelefonie. Hierzu verfügt AugustaKom im ganzen Regierungsbezirk Schwaben und in den angrenzenden Landkreisen Neuburg an der Donau, Pfaffenhofen, Dachau, Fürstenfeldbruck, Starnberg, Weilheim und Landsberg über ein eigenes Netz, sowie Städteverbindungen nach München und Nürnberg[122]. Um dieses Netz weiter zu verbessern, ist AugustaKom im August 1999 eine Kooperation mit der AllgäuKom aus Kempten eingegangen. Diese Zusammenarbeit wurde durch eine weitere Kooperation mit der LEW Telnet weiter ausgebaut und geht seit März 2000 mit einem gemeinsamen Produkt, dem Allgäu-Schwaben-Netz (AS), in die Offensive, mit dem man z.B. auch nach München zum Ortstarif telefonieren kann[123]. Seit August 1999 ist es auch den Privatkunden in den oben genannten Gebieten möglich, über AK-phone im Preselect-Modus zu telefonieren. Dies erfolgt über einen entbündelten Netzzugang (HVT) via hoch modernem Digital- und Glasfasernetz. Hierbei kann der Festanschluss der Deutschen Telekom AG (DTAG) benutzt werden, weil von ihr die sog. letzte Meile bis zum Netz der

---

118 ATekom-info, 1999/Februar, Heft 39, Hrsg.: VKU, S. 2, AK-Info-Broschüre "Der clevere Anschluß für Ihre Nummer!", S.1

119 ATekom-info, 1999/Februar, Heft 39, Hrsg.: VKU, S. 2

120 vgl. http//www.augustakom.de; AK-Info-Broschüre "Der clevere Anschluß für Ihre Nummer!", S.4

121 vgl. http//www.augustakom.de

122 vgl. AugustaKom Pressemitteilung vom 2. August 1999

123 vgl. AZ vom 14.3.2000, S.15

AugustaKom gemietet werden muss. Das Angebot von AK-phone gliedert sich in drei Sektoren: Lokal, Regional Schwaben und Deutschland[124].

Im Sektor Lokal, im Stadtgebiet Augsburg, in den Landkreisen Augsburg und Aichach-Friedberg kostet ein Telefonat je nach Uhrzeit zwischen 2,16 Pf./min und 6 Pf/min., im Sektor Regional Schwaben, dem übrigen AK-Netzgebiet telefoniert man für 4,5 Pf/min. bis 12 Pf/min., deutschlandweit für 6-13,2 Pf/min[125]. So kostet ein Telefonat von 90 s im Landkreis Augsburg bei Augustakom 11 Pf bei der DTAG dagegen 36 Pf, ein Telefonat von Augsburg nach München mit einer Dauer von 90 s bei AugustaKom 22 Pf. und bei der DTAG 54 Pf. Man sieht, das Angebot der Augustakom ist konkurrenzfähig[126]. Um auch Telekommunikation deutschlandweit bzw. international anbieten zu können, arbeitet die AugustaKom ähnlich wie M"net mit anderen regionalen und nationalen Carriern zusammen. Im Herbst 2000 soll die Produktpalette von AugustaKom mit AS-mobil vervollständigt werden[127].

Durch AK-online, AK-atm und AK-service komplettiert AugustaKom sein Angebot an Dienstleistungen[128]. Mit AK-online bietet AugustaKom einen leistungsfähigen Internetzugang und die Kopplung von Telekommunikationsanlagen für seine Kunden zu einem Gesamtpreis von 2,9 Pf/min. seit 1. April 2000 an.[129]. Die Innovation des Fast-Internets bietet AugustaKom bereits seit dem 2. Quartal 2000 seinen Kunden an[130].

Durch AK-atm ist es für AugustaKom möglich, mittels der hochmodernen atm Technik, eine schnelle, integrierte Übertragung von Sprache und sonstigen Daten zu gewährleisten. Dabei wird die Übertragung in einer, gegenüber der konventionellen Sternschaltung wesentlich effektiveren, Ringschaltung ermöglicht. In der Fachsprache wird dieses System "redundantes Routing in Backbone" genannt. Dies führt zu einer wesentlich höheren Verfügbarkeit des Netzes und ferner zu einer wesentlich höheren Sicherheit. Denn durch die Ringstruktur ist

---

124 vgl. AugustaKom Pressemitteilung vom 21. Juli 1999

125 vgl. AZ vom 14.3.2000, S.15

126 vgl. AugustaKom Pressemitteilung vom 21. Juli 1999

127 AK-Pressemitteilung vom 16.2.2000

128 vgl. im Einzelnen http//www.augustakom.de; AK-Info-Broschüre "Der clevere Anschluß für Ihre Nummer!", S.3

129 vgl. im Einzelnen http//www.augustakom.de

130 AK-Pressemitteilung vom 16.2.2000

jeder Kunde nicht nur - wie bei der Sternstruktur üblich - einfach, sondern doppelt an das Netz angebunden[131].

AugustaKom übernimmt daneben auch im Segment AK-centre die Vernetzung von Außenstellen kleiner und mittlerer Betriebe. Im Bereich AK-service ist AugustaKom rund um die Uhr um die Überwachung und die Sicherstellung ihrer Produkte bemüht[132].

3.) Im Überblick verbleibt nur ein positiver Eindruck von AugustaKom. Es ist offensichtlich, dass AugustaKom für den lokalen Wettbewerb gut gerüstet ist, diesen belebt und weiterhin beleben wird. Somit dient AugustaKom ihrem Unternehmensziel, der lokalen und regionalen Wirtschaftsförderung. Allerdings sollte AugustaKom weiter ihr eigenes Netz aufbauen und ihren Kunden auch das call-by-call Verfahren möglichst bald anbieten.

III. HanseNet Telekommunikation GmbH

Weltoffenheit und schneller Austausch von Waren und Informationen via nationaler und internationaler Verbindungen gehört zur hanseatischen Lebenseinstellung. So verwundert es nicht, dass es auch in Hamburg seit dem 22. September 1995 mit der HanseNet Telekommunikation GmbH einen lokalen Anbieter von Telekommunikationsdienstleistungen gibt[133].

1.) Die HanseNet Telekommunikation GmbH ist eine 100 %ige Tochter der Hamburger Elektrizitäts Werke (HEW) AG, die zu 72 % der Hansestadt Hamburg gehört. Allerdings bedient sich die HanseNet Telekommunikation GmbH für das operative Geschäft der HanseNet Telefongesellschaft mbH & Co. KG und der HanseNet Transportnetz mbH. Gesellschafter der HanseNet Telefongesellschaft mbH & Co. KG sind zu je 50 % das schwedische Telekommunikationsunternehmen ScanNet und die HanseNet Telekommunikation GmbH. Gesellschafter der HanseNet Transportnetz mbH sind zu 25 % der deutsche Mega-Carrier o.tel.o. und zu 75% die HanseNet Telekommunikation GmbH[134].

131 AK-Info-Broschüre "Der clevere Anschluß für Ihre Nummer!", S. 3
132 AK-Info-Broschüre "Der clevere Anschluß für Ihre Nummer!", S. 3
133 vgl. http//www.hanse-net.com
134 ATekom-info, 1999/Februar, Heft 39, Hrsg.: VKU, S. 4

2.) Die HanseNet Telekommunikation GmbH verfügt über die Lizenzklassen 3 u. 4 i.S.d. § 6 TKG[135] und hat ihr Netz für Geschäftskunden seit 1.9.1997 und Privatkunden seit 1.4.1998 geöffnet. Trotz dieser relativ kurzen Zeit hat HanseNet derzeit 100 Geschäftskunden und 8100 Privatkunden an sich gebunden. Dies war ihr sicherlich nur möglich wegen ihres hochmodernen redundanten flächendeckenden Telekommunikationsnetzes im SDH System (Synchrone Digitale Hierarchie), das aus 2000 km Lichtwellenleiterkabel und 7000 km Kupferkabel besteht und jährlich um 90-100 km Glasfaserkabel erweitert wird. HanseNet investiert bis 2002 insgesamt 170 Millionen DM in den Aufbau ihres Netzes. Ein gewaltiger finanzieller Kraftakt für ein Unternehmen mit einem Stammkapital von 3 Millionen DM[136].

HanseNet ist ein momentan stark florierendes Unternehmen, das täglich bis zu 1,8 Millionen Gesprächsminuten verkauft. Der Umsatz von HanseNet betrug insgesamt 8,5 Millionen DM im Jahr 1998. 1999 war der Umsatz mit 34 Millionen DM bereits viermal größer. So ist es auch HanseNet möglich, derzeit 130 Mitarbeiter zu beschäftigen[137].

Diese Zahlen und Fakten belegen anschaulich, dass die HanseNet Telekommunikation GmbH ein wirtschaftlich gesundes und expansives Unternehmen ist, das bis 2001 die Gewinnschwelle erreichen will.

3.) HanseNet bietet ihren Kunden folgende Produkte an: Sprachdienste, Internet, Festverbindungen und Datendienste.

Hauptgeschäftsfeld sind dabei die Sprachdienste. Bei HanseNet können die Kunden sowohl im Preselect-Modus seit 1.5.1999, als auch im Call-by-Call-Verfahren seit 1.8.1999 telefonieren. Beim Call-by-Call-Verfahren muss lediglich die Nummer 01041 als Vorwahl vor der Vorwahl gewählt werden. Die Telefonkosten sind sehr preiswert, man kann mit HanseNet zwischen 1,9 Pf/min. lokal und maximal 11,9 Pf/min. national telefonieren. Die Preistabelle von Hanse/Net gliedert sich in vier Entfernungszonen und drei Tageszeitenzonen. Ein Telefonfestanschluss auf ISDN-Basis kostet lediglich 39,90 DM. Bei der DTAG kostet der ISDN-Anschluss monatlich 10 DM mehr. Mit diesen Telefonpreisen ist HanseNet auf jeden Fall einen ernstzunehmender Konkurrent im Hamburger

135 ATekom-info, 1999/Februar, Heft 39, Hrsg.: VKU, S. 4

136 HanseNet-Pressemitteilung v. 17.4.2000

137 Die Welt vom 9. Juli 1999

Markt, in dem sie bereits einen Marktanteil von 3% erobert hat[138]. Seit 1. Mai 2000 bietet HanseNet seinen Kunden auch Mobiltelekommunikation an[139].

Aber auch der Internetservice von HanseNet ist beachtenswert. Das Internet kann via HanseNet ebenfalls im Preselect-Modus, aber auch im Call-by-Call-Verfahren genutzt werden. Die Kosten liegen hier bei 2,9 Pf/min. ohne monatliche Grundgebühr[140]. Die DTAG berechnet dagegen 6 Pf/min. und eine monatliche Grundgebühr von 8 DM. Im Internet-Paket von HanseNet ist zusätzlich eine E-mail Adresse und eine persönliche Homepage mit einer maximalen Datenkapazität von 3 MB enthalten[141]. Mit den Produkten Festverbindungen und Datendiensten kann HanseNet seinen Kunden Leistungen zwischen 2 Mbit/s und 2,5 G/bits/s anbieten[142]. Ähnlich wie die bereits vorgestellten lokalen Telekommunikationsunternehmen arbeitet HanseNet mit mehreren Mega-Carriern, aber auch lokalen Telekommunikationsunternehmen wie z.B. ISIS in Düsseldorf oder Net-Cologne in Köln zusammen, um ihre Telelekommunikationsdienstleistungen auch national und international anbieten zu können[143].

4.) HanseNet ist mit seinem weitreichenden Angebot an Telekommunikationsdienstleistungen das am weitest entwickelte der bereits vorgestellten lokalen Telekommunikationsunternehmen. Für die Marktchancen dieses Unternehmens stehen die auf Expansion gerichteten Geschäftszahlen. Der Hamburger Telekommunikationsmarkt hat mit HanseNet einen belebenden Anbieter mehr, der zudem als Sponsor des Hamburger Kultur- und Stadtteilzentrums FABRIK seiner sozialen Verpflichtung in Hamburg nachkommt[144].

IV. Die NetCologne GmbH

Pionier der kommunalen Telekommunikationsgesellschaften ist die NetCologne Gesellschaft für Telekommunikation mbH in Köln. Die NetCologne GmbH wurde als erstes lokal operierendes Telekommunikationsunternehmen am 31.

138 "HanseNet-Preselection" Infobroschüre, Stand 1.5.99, S.1
139 vgl. Die Welt v. 16.3.2000
140 vgl. Die Welt v. 23.2.2000
141 vgl. "Mit HanseNet ins Internet-Leistungsbeschreibung", HanseNet Infobroschüre, Stand: Okt. 1998
142 vgl. http//www.hanse-net.com
143 vgl. http//www.hanse-net.com
144 vgl. http//www.hanse-net.com

Oktober 1994 von den Gas-, Elektrizitäts- und Wasserwerken Köln AG (GEW) und der Stadtsparkasse Köln gegründet[145].

1.) Demnach sind derzeit die Gesellschafter von der NetCologne GmbH die Gas-, Elektrizitäts- und Wasserwerke Köln AG (GEW), die im alleinigen Besitz der Stadt Köln steht, mit 64,9% der Kapitalanteile und die Stadtsparkasse Köln, deren einziger Gewährträger die Stadt Köln ist, mit einer Beteiligung von 25,1% und seit 1996 zusätzlich die Kreissparkasse Köln mit 10% der Anteile[146].

2.) Die Unternehmensgeschichte der NetCologne GmbH ist eine einzige Erfolgsstory. Seit dem Unternehmen am 18. Oktober 1996 die Lizenzklasse 3 für das Betreiben von Übertragungswegen i. S. d § 6 TKG und am 7. Januar 1997 die Lizenzklasse 4 für das Angebot von Sprachtelefondiensten i. S. d § 6 TKG verliehen wurden, befindet sich NetCologne auf der Erfolgsspur[147]. Die Gesellschaft startete 1994 mit 23 Mitarbeitern, 1996 waren es schon 50, im August 1998 290[148]. Derzeit beschäftigt die NetCologne GmbH ca. 300 Angestellte in hochqualifizierten Berufen[149]. Der Unternehmenserfolg spiegelt sich aber auch in der steigenden Kundenfrequenz wider. Im Jahr 1998 hatte die NetCologne GmbH 22.000 Telefonkunden, bis Mai 1999 waren es schon 35.000 Telefon- und 23.000 Internetkunden. Seit dem 9.September 1999 telefonieren auch 30 Landesbehörden von Nordrhein-Westphalen im Raum Köln mit NetCologne anstelle mit der Telekom, um so ca. 25 % ihrer Telekommunikationskosten von bisher jährlichen 700.000 DM einzusparen[150]. Durchschnittlich werden 3,2 Millionen Gesprächsminuten täglich von NetCologne vermittelt. 1998 wurde somit ein Umsatz von 58 Millionen DM erzielt.

Insgesamt investierte die NetCologne GmbH seit 1995 300 Millionen DM in ihr High-Quality Netz mit atm- Technik. NetCologne hat bis jetzt insgesamt 3500 Gebäude in Köln selbst vernetzt. Daneben nutzt das Unternehmen für seine Kunden nach Angaben der Telekom mittlerweile 80% der vom ehemaligen Monopolisten vergebenen Teilnehmeranschlußleitungen, die sog. letzte Meile[151].

145 vgl. http//www.netcologne.de
146 ATekom-info, 1999/Februar, Heft 39, Hrsg.: VKU, S. 5
147 vgl. http//www.netcologne.de
148 vgl. http//www.netcologne.de
149 vgl. NetCologne Pressemitteilung vom 5. Mai 1999
150 vgl. NetCologne Pressemitteilung vom 15. September 1999
151 vgl. NetCologne Pressemitteilung vom 5. Mai 1999

Um ihren Kunden ein umfassendes nationales und internationales Dienstleistungsangebot anbieten zu können, kooperiert die NetCologne GmbH mit anderen regionalen und nationalen Carriern. Einzigartig ist dagegen, dass NetCologne an anderen lokalen bzw. regionalen Telekommunikationsgesellschaften beteiligt ist, wie z.B. an der Tele-Berg Gesellschaft für Telekommunikation mbH in Bergisch Gladbach, an NetErf Gesellschaft für Telekommunikation mbH in Hürth oder NetBrühl Gesellschaft für Telekommunikation mbH mit je 50% der Kapitalanteile[152].

3.) Neben dem umfassenden Serviceangebot, der Möglichkeit von Festverbindungen und der Vernetzung von Computeranlagen mit einer Datenübertragungskapazität von 155-622 Megabit/s sind die Hauptgeschäftsfelder der NetCologne GmbH die Sprachvermittlung und der Internetzugang[153].

Der Grund dafür, dass bis Mai 1999 in diesem Jahr schon 35.000 Kunden mit NetCologne telefoniert haben, liegt hauptsächlich an der niedrigen und übersichtlichen Preisgestaltung. NetCologne verrechnet für Ferngespräche innerhalb von Deutschland nur 16 Pfennig pro Minute in der Hauptzeit von 8 bis 18 Uhr, in der Zeit von 18 bis 22 Uhr 9 Pfennig und von 22 bis 8 Uhr 6 Pfennig pro Minute. Im Vergleich zu den Tarifen der Deutschen Telekom AG ist NetCologne damit tagsüber zwischen 25 und 55 Prozent billiger[154].

Im City Bereich kostet bei NetCologne ein Telefonat tagsüber 6 Pfennig und in der Nebenzeit 3,5 Pfennig pro Minute. Gegenüber der Telekom wie auch den meisten anderen Anbietern rechnet NetCologne statt im Minutentakt sekundengenau ab. Das bedeutet zusätzlich eine durchschnittliche Einsparung von 20%, da kaum ein Telefonat zur vollen Minute endet[155].

Die Angebote der NetCologne kann man sowohl über einen Festanschluß bei NetCologne als auch über das Preselect Verfahren von jedem Telefonanschluß nutzen. Ein Telefonat zwischen zwei Festanschlüssen bei NetCologne ist allerdings nochmals 20% billiger[156].

Ein Festanschluß bei NetCologne kostet im Monat analog 29 DM und ein ISDN-Mehrgeräteanschluß 45 DM. Bei der Telekom liegt dagegen der monatlich

---

152 ATekom-info, 1999/Februar, Heft 39, Hrsg.: VKU, S. 2 u. 4
153 vgl. http//www.netcologne.de
154 vgl. NetCologne Pressemitteilung vom 5. Mai 1999
155 vgl. http//www.netcologne.de
156 vgl. NetCologne Pressemitteilung vom 5. Mai 1999

Grundpreis mit vergleichbaren Nebenleistungen bei 39,82 DM (analog) bzw. 51,43 DM (ISDN)[157].

Unter den drei größten Internetprovidern in der Region Köln (T-Online, AOL und NetCologne) ist NetCologne der deutlich billigste. So kosten 100 Stunden pro Monat im Internet bei NetCologne nur 90 Mark, bei AOL 267 DM und bei T-Online gar 384 DM[158]. Ein Vielsurfer, der sich 60 Stunden pro Monat im Netz aufhält, bezahlt bei NetCologne 66 DM, bei AOL 164 DM und bei T-Online 231 DM. Eine durchschnittliche Internetnutzung von 10 Stunden im Monat kostet bei NetCologne 25 DM, bei AOL 35 DM und bei T-Online 39 DM. Der Grund für das günstige Angebot von NetCologne liegt darin, dass sie für eine Minute Internetnutzung lediglich 2 Pfennige neben einem monatlichen Grundpreis von 13 DM berechnet. AOL berechnet dagegen 3,9 Pfennig und T-Online 3 Pfennig pro Minute[159].

Trotz der günstigen Preise ist das Internetangebot von NetCologne dem der Konkurrenten entsprechend. NetCologne bietet einen Highspeed-Zugang zum Internet mit einer Datenübertragungskapazität von 56 kbits/s (analog) bzw. 64 kbits/s (ISDN), zwei E-Mail Adressen und eine eigene Homepage von bis zu einem Megabit Datenvolumen[160].

4.) Zusammenfassend ist dem Urteil der Cebit, die die NetCologne GmbH bereits zweimal zum regionalen Festanbieter des Jahres 1999 u. 2000 wählte[161], nichts hinzuzufügen. Das Unternehmen schrieb von Anfang an schwarze Zahlen und genießt bei der Bevölkerung in Köln großes Vertrauen. Ohne Zweifel ist NetCologne ein belebender Faktor für den regionalen Telekommunikationsmarkt im Raum Köln. Wenn das Unternehmen den eingeschlagenen Weg fortsetzt, wird es mit Sicherheit das selbst gesteckte Ziel, 20% des Telekommunikationsmarktes im Raum Köln bis im Jahr 2005 zu erlangen[162], erreichen.

157 vgl. http//www.netcologne.de
158 vgl. NetCologne Pressemitteilung vom 27. August 1999
159 vgl. NetCologne Pressemitteilung vom 27. August 1999
160 vgl. http//www.netcologne.de
161 vgl. NetCologne Pressemitteilungen vom 5. Mai 1999 u. 28.2.2000
162 vgl. http//www.netcologne.de

2.Teil: Problemstellungen aus dem Telekommunikationsrecht

Das Hauptproblem aus dem Telekommunikationsrecht für die kommunalen Telekommunikationsgesellschaften ist die Frage, ob sich aus Art. 87 f Abs. 2 Satz 1 GG ein sog. Rückverstaatlichungsverbot ergibt, das ihre Existenz verbieten würde. Im Anschluß daran stellt sich allerdings ebenso die Frage, ob den Kommunen ein Teilnahmerecht auf dem Telekommunikationsmarkt aus der kommunalen Selbstverwaltungsgarantie gem. Art. 28 Abs. 2 Satz 1 GG erwächst.

A) Das Rückverstaatlichungsverbot aus dem Telekommunikationsverfassungsrecht

Das Rückverstaatlichungverbot würde den Kommunen als Anbieter von Telekommunikationsdienstleistungen grundsätzlich den Marktzutritt versperren. Nachdem sich aus dem internationalen Wirtschaftsrecht bzw. dem Europarecht ein Verbot zur "Rückverstaatlichung" ("Re-Verstaatlichung") nicht ableiten läßt[163], kann dessen Grundlage nur in Art. 87 f Abs. 2 Satz 1 GG, Art. 143 b Abs. 1 GG liegen. In der Literatur wird ein derartiges Verbot der "Rückverstaatlichung" hauptsächlich auf die Stellungnahmen der Sachverständigen[164] im Rahmen der öffentlichen Anhörung am 8.3.1994 vor dem Rechtsausschuss des Deutschen Bundestages zur Postreform gestützt[165]. Dies bedarf aber einer differenzierteren Betrachtung.

Zunächst bedeutet der Begriff der Rückverstaatlichung[166], dass es nach der Privatisierung durch die Postreform II 1994 zu einer Rückkehr zum Angebot von Telekommunikationsdiensten als staatliche Aufgabe kommt. Von diesem Begriff wird allerdings auch das schlichte Auftreten der verschiedenen Staatsteile als Anbieter von Telekommunikationsdienstleistungen auf dem Markt erfaßt. Darin ist ebenfalls eine Umkehr der Privatisierung bzw. Liberalisierung durch die Postreform II zu sehen, eine sog. Reverstaatlichung. Dabei ist ferner zwischen einem Rückverstaatlichungsverbot im engeren und im weiteren Sinne zu unterscheiden.

---

163 *Müller*, DVBl. 1998, 1256, 1256 f. m.w.N.

164 *Heun*, in: Stellungnahme zum Gesetzesentwurf der Bundestagsfraktionen CDU/CSU, SPD und FDP (BT-Drucks. 12/6717), abgedruckt in BT-RechtsA. Protokoll 12/117 S. 9 f. u. S. 59 ff., 63 f.

165 *Müller*, DVBl. 1998, 1256, 1260

166 Elftes Hauptgutachten der Monopolkommission 1994/95, BT-Drucks. 13/5309, Tz. 61

1.) Das Rückverstaatlichungsverbot im engeren Sinne betrifft nur die Ebene des Bundes, denn nur er war vormals Träger des Sondervermögens und alleiniger Aktionär der Deutschen Telekom AG. Die Länder und die Kommunen waren zu keiner Zeit Träger des Sondervermögens oder Aktionär.

Davon zu unterscheiden ist die Frage nach einem materiellen Privatisierungsgebot aus Art. 87 f Abs. 2 Satz 2 GG und der Möglichkeit des Bundes, sich an anderen Telekommunikationsdienstleistern zu beteiligen[167].

2.) Das Rückverstaatlichungsverbot im weiteren Sinne betrifft die Staatsteile, die nie Träger des Sondervermögens oder Aktionär der Deutschen Telekom AG gewesen sind. Die Möglichkeit der Rückverstaatlichung im weiteren Sinne, u.a. durch die Kommunen, die im verfassungsrechtlichen Sinne ebenfalls Teil des Staates sind, ist stark umstritten[168]. Im folgenden wird allerdings das Rückverstaatlichungsverbot sowohl im engeren, wie auch im weiteren Sinn behandelt.

Grundsätzlich kennt das Grundgesetz kein generelles Verbot der erwerbswirtschaftlichen Betätigung der öffentlichen Hand, und somit auch nicht für die Kommunen als Teil der öffentlichen Hand[169]. Daher kann sich für den Telekommunikationssektor nur aus Art. 87 f Abs. 2 Satz 1 GG, Art. 143 Abs. 1 GG eine Marktzugangssperre für die öffentliche Hand in Form eines Rückverstaatlichungsverbot ergeben. Für die Kommunen könnte sich hierbei ggf. eine Ausnahme zu dem Rückverstaatlichungsverbot ergeben, wenn ihnen aus der kommunalen Selbstverwaltungsgarantie nach Art. 28 Abs. 2 Satz 1 GG ein Recht zur Teilnahme am Telekommunikationsmarkt erwächst.

I. Gebot zur materiellen Privatisierung aus Art. 87 f Abs. 2 Satz 1 GG, Art. 143 Abs. 1 GG

Ein generelles Rückverstaatlichungsverbot kann sich aus dem Telekommunikationsverfassungsrecht als Umkehrschluß nur dann entwickeln, wenn sich aus den Art. 87 f Abs. 2 Satz 1 GG, Art. 143 Abs. 1 GG ein Gebot zur vollständigen materiellen Aufgabenprivatisierung ergibt.

---

167 a.A. *Müller*, DVBl. 1998 S. 1256, 1260 f.

168 bejahend, statt vieler: Monopolkommission, 11. Hauptgutachten 1994/95 BT-Drucks. 13/5309, Tz. 60 f. 115 ff.; *Stober*, in: Wirtschaftsverwaltungsrecht, Allg. Teil, 1998, § 24 II 2; *Möschel* FAZ vom 21.5.1996, S. 15; ablehnend, statt vieler: *Ebsen*, DVBl. 1997, 1039 1042; *Pünder*, DVBl. 1997 1353, 1354; *Fangmann*, in: Das neue Telekommunikationsgesetz, S. 199 ff.

169 *Ehlers*, DVBl. 1998, S. 502 m.w.N.

Die materielle Privatisierung bildet zusammmen mit der Organisationsprivatisierung und der Funktionsprivatisierung die drei grundsätzlichen Privatisierungsformen.

In der Literatur besteht weitestgehend Einigkeit darüber, dass Art. 87 f Abs. 2 Satz 1 GG i.V.m. Art. 143 b Abs. 1 GG auf jeden Fall eine Organisationsprivatisierung verlangt[170]. Die Funktionsprivatisierung hat dagegen im Bereich der Telekommunikation keine Bedeutung[171]. Daher ist in diesem Zusammenhang einzig auf die materielle Privatisierung einzugehen.

Man spricht von einer sogenannten Aufgabenprivatisierung, wenn eine bisher staatliche Aufgabe auf einen privaten Aufgabenträger zur freien, selbständigen und eigenverantwortlichen Wahrnehmung nach den Grundsätzen der freien Marktwirtschaft übertragen wird und damit ihren staatlichen Charakter verliert[172]. Dabei veräußert der Staat regelmäßig seine Eigentums-positionen und sonstigen Vermögenswerte an Private. Die Aufgabenprivatisierung wird auch als materielle oder echte Privatisierung bezeichnet.

Bei der Aufgabenprivatisierung gibt es eine weitere Differenzierung nach der Privatisierungsintensität. Innerhalb der materiellen Privatisierung weist hierbei das Konzessionssystem einen hohen und die vollständige Privatisierung einen maximalen Privatisierungsgrad auf[173].

Nach dem Konzessionssystem wird sowohl die rechtliche als auch die finanzielle Durchführungskompetenz in den Privatbereich verlagert. Den Staat trifft aber dennoch hierbei eine rechtliche Leistungsverantwortung. Die Verpflichtung des Staates beschränkt sich dabei allerdings lediglich darauf, die Kontinuität und Ordnungsmäßigkeit der Aufgabenerledigung zu kontrollieren[174].

---

170 *Püttner*, ArchPT 1996, 307, 309; *Lerche*, in: Maunz/Dürig/Herzog/Scholz, Grundgesetz, Art. 87 f GG, Rdnr. 54, 58; *Uerpmann*, in: v. Münch/Kunig (Hersg.), Grundgesetzkommentar, 1996, Art. 87 Rdnr. 10;*Windthorst* in: Sachs, Grundgesetz, Art. 87 f Rdnr. 30

171 *Scholz/Aulehner*, ArchPT 1993, 221, 238 f. und *Stern/Bauer*, in: Postrecht der Bundesrepublik Deutschland, 1997, Art. 87 f GG, Rdnr. 13 beschränken ihre Ausführungen ebenso auf die Organisations- und Aufgabenprivatisierung

172 *Osterloh*, VVDStRL 1995 (54), 204, 210, 215 f.; *Hengstschläger*, VVDStRL 1995 (54), 165, 170; *Stern*, DVBl. 1997, 309, 310, *Scholz/Aulehner*, ArchPT 1993, 221, 238; *Lerche*, in: Maunz/Dürig/Herzog/Scholz, Grundgesetz Komm., Art. 87 f GG, Rdnr. 19

173 *Scholz/Aulehner*, ArchPT 1993, 221, 238 f. m.w.N., der als weiteren Privatisierungsgrad das Submissionssytem anführt, das aber identisch mit der Funktionsprivatisierung ist.

174 *Scholz/Aulehner*, ArchPT 1993, 221, 239

Die vollständige Privatisierung stellt die weitreichendste materielle Privatisierungsform dar. Der Staat verzichtet dabei auf eine eigene Beteiligung und Kompetenz sowie die Kontrolle des privaten Trägers. Der Staat muss also auch seinen Kapitaleinfluss in den Nachfolgegesellschaften völlig aufgeben[175]. Er überträgt damit nicht nur die Durchführung, sondern auch die Aufgabe als solche der Gesellschaft. Es erfolgt also auf der Seite des Staates eine Aufgabenreduzierung, die unmittelbar eine Aufgabensteigerung der Gesellschaft bedeutet[176].

II. Verfassungsrechtlicher Meinungsstand

Ein generelles Rückverstaatlichungsverbot kann sich aus dem Telekommunikationsverfassungsrecht folglich nur ergeben, wenn die öffentliche Hand bzw. der Bund im Speziellen sich nach Art. 87 f Abs. 2 Satz 1 GG, Art. 143 Abs. 1 GG völlig aus dem Telekommunikationssektor zugunsten der Privaten zurückziehen müßte, also ein Gebot zur vollständigen materiellen Aufgabenprivatisierung bestehen würde. Ein generelles Rückverstaatlichungsverbot ist nach der ratio legis dann unweigerlich die Konsequenz des Gebotes zur vollständigen materiellen Aufgabenprivatisierung nach Art. 87 f Abs. 2 Satz 1 GG, Art. 143 Abs. 1 GG. Durch das spätere Auftreten der Kommunen oder anderer Teile des Staates als Anbieter auf dem Telekommunikationsmarkt würde andernfalls dieses Gesetzesgebot faktisch ad absurdum geführt und sinnentleert. Ob sich allerdings ein Gebot zur vollständigen materiellen Aufgabenprivatisierung aus Art. 87 f Abs. 2 Satz 1 GG, Art. 143 Abs. 1 GG ergibt, ist sehr strittig. In der Literatur kristallisiert sich dabei ein bunter Kanon verschiedener Meinungsgruppen zu dieser Frage heraus, die man unter den Begriffen Entstaatlichungs-Theorie (1), Entherrschungs-Theorie (2) und gemischt privat-öffentliche Theorie (3) zusammenfassen kann.

1. Entstaatlichungs-Theorie

Die Vertreter der reinen Entstaatlichungs-Theorie plädieren dafür, dass sich ein Gebot zur materiellen Aufgabenprivatisierung aus Art. 87 f Abs. 2 Satz 1 GG ergibt[177]. Nach dieser Auffassung dürfen also privatwirtschatlich organisierte

---

175 *Lerche*, in: Maunz/Dürig/Herzog/Scholz, Grundgesetz, Art. 86, Rdnr. 54

176 *Knemeyer*, in: Privatisierung öffentlicher Aufgaben, WiVerw. 1978, 65, 67

177 *Badura* und *Stober* in ihrer diesbezüglichen Stellungnahme für den Rechtsausschuss des Deutschen Bundestages, BT RechtsA- Prot. 12/117, 44 und 47, 48; Monopolkommission, Hauptgutachten 1994/95 S. 27 f.; dies., Die Telekommunikation im Wettbewerb, Sondergutachten, 1996, S. 28 ff, insbesondere S. 29; *Rittaler*, WUW 1996, 699 ff.; *Bullin-*

Eigengesellschaften von Gebietskörperschaften, aber auch Personen des öffentlichen Rechts mit geringer oder überwiegender Beteiligung von Gebietskörperschaften keinen Zutritt zum Telekommunikationsmarkt als Betreiber von Netzwerken oder Anbieter von Dienstleistungen haben.

Diese Ansicht wird hauptsächlich mit dem Wortlaut des Art. 87 f Abs. 2 Satz 1 GG begründet. Die Begriffe "privatwirtschaftlich"[178] und "andere private Anbieter"[179] in Art. 87 f Abs. 2 Satz 1 GG würden für eine Pflicht zur materiellen Aufgabenprivatisierung sprechen. Daneben wird die "Entstaatlichungs-Theorie" auf den Sinn und Zweck der Grundgesetzänderung gestützt. Aus der Gesetzesbegründung gehe hervor, dass eine "Entstaatlichung" und eine Überführung des bisherigen Sondervermögens Deutsche Bundespost "in private Hände" bzw. eine "Entlassung" dessen aus "staatlichen Händen" als Gesetzesziel gefordert werde[180].

2. *Entherrschungs-Theorie*

Nach der "Entherrschungs-Theorie" ist ein staatliches bzw. kommunales Engagement auf dem Telekommunikationsmarkt nicht per se gem. Art. 87 Abs. 2 Satz 1 GG unzulässig[181]. Voraussetzung für eine entsprechende Vereinbarkeit mit Art. 87 Abs. 2 Satz 1 GG sei allerdings, dass die kommunalen Telekommunikationsunternehmen ihre betriebswirtschaftlichen Entscheidungen in Eigenregie ohne administrativen Einfluss der Gebietskörperschaften treffen müßten. Ist diese Autonomie nicht gegeben, werde gegen Art. 87 Abs. 2 Satz 1 GG verstoßen und das kommunale Telekommunikationsunternehmen sei unzulässig. Um die notwendige Autonomie zu gewährleisten wird zum Teil gefordert, dass die Gebietskörperschaften nicht die Anteilsmehrheit an einem Telekommunikationsunter-

---

ger/Mestmäcker, Multimediadienste, 1996, S. 74 f.; *Müller*, DVBl. 1998, 1256, 1257; *Windthorst*, in: Sachs, Grundgesetz, Art. 87 f Rdnr. 30 f.; ders., Der Universaldienst im Bereich der Telekommunikation, S. 177 ff.; *Stober*, in: Besonderes Wirtschaftsverwaltungsrecht, S.213

178 *Windthorst* in: Sachs, Grundgesetz, Art. 87 f Rdnr. 30 f.; ders., Der Universaldienst im Bereich der Telekommunikation, S. 177 ff.

179 *Müller*, DVBl. 1998, 1256, 1258 f.

180 BT-Drucks. 12 /6717 S. 4 u. BT-Drucks. 12 /7269 S. 5

181 *Lehmann/Stolz*, CR 1997, Heft 2, S.97, S.100; *Gersdorf*, AfP 1998, Heft 5, 470, 472 f.; *Uerpmann*, in: v. Münch/Kunig, Grundgesetz Kommentar, Art. 87 f GG, Rdnr. 10, hält allein eine "fiskalische Beteiligung der öffentlichen Hand für zulässig

nehmen halten dürften oder andernfalls durch einen sogenannten Entherrschungsvertrag ihre Einflussmöglichkeiten aufgeben müßten[182].

Diese Theorie basiert auf der Auffassung, dass Art. 87 Abs. 2 Satz 1 GG lediglich das "verwaltungsmäßige Erbringen" von Telekommunikationsdienstleistungen und damit eine bestimmende Einflussnahme der Kommunen auf ihre Eigen- bzw. Beteiligungsgesellschaften verbiete[183].

3. Gemischt privat-öffentliche Theorie

Der dritte Meinungsstrang in der Literatur vertritt die Ansicht, dass sich aus Art. 87 Abs. 2 Satz 1 GG keine allgemeine Pflicht zur materiellen Aufgabenprivatisierung herleiten lässt[184]. Nach der sogenannten "Gemischt privat-öffentlich Theorie" sei es folglich privatrechtlich organisierten Eigengesellschaften von Gebietskörperschaften und sogar juristischen Personen des Privatrechts mit überwiegender Beteiligung von Gebietskörperschaften nach Art. 87 Abs. 2 Satz 1 GG erlaubt, auf dem Telekommunikationssektor unternehmerisch tätig zu werden.

Diese Ansicht vertritt die Meinung, dass sich der Begriff "andere private Anbieter" nicht nur auf solche Unternehmen reduzieren lasse, die sich nicht, sei es überwiegend oder ausschließlich, in staatlicher Hand befinden. Das zeige sich schon darin, dass sich auch die Nachfolgeunternehmen der Deutschen Bundespost in staatlicher Hand befinden können und teilweise sogar vorläufig befinden müssten, gem. Art. 143 b Abs. 2 Satz 2 GG, gleichzeitig aber von der Terminologie der "privaten" Anbieter i. S. des Art. 87 f Abs. 2 Satz 1 GG mit erfaßt würden. Das ergebe sich aus dem Wort "andere", das sich auf die bisher nur organisationsprivatisierten Nachfolgeunternehmen der Deutschen Bundespost bezie-

---

182 *Lehmann/Stolz*, CR 1997, Heft 2, S.97, S.100; *Windthorst*, ein Gegner kommunaler Telekommunikationsunternehmen, hält diese nur dann für zulässig, wenn der Kapital- und Stimmrechtsanteil der Gebietskörperschaften unter 25 % liegt., Der Universaldienst im Bereich der Telekommunikation, S. 179; *Bullinger*, in: Festschrift für Zacher, 1998, 85, 93

183 BT-Drucks. 12 /6717 S. 4 u. BT-Drucks. 12 /7269 S. 5

184 *Ebsen*, DVBl. 1997, 1039 1042; *Ehlers*, DVBl. 1998, 497, 502; *Pünder*, DVBl. 1997, 1353, 1354; *Gersdorf*, AfP 1998, 470, 471; *Lerche*, in: Maunz/Dürig/Herzog/Scholz, Grundgesetz, Art. 87 f GG, Rdnr. 58; Bundesregierung, in: Stellungnahme zum 11. Hauptgutachten der Monopolkomission, BT.Drucks. 13/7998, S. 11, Tz. 29; *Trute*, VVDStRL 1998, 216, 226 f.; *Winkler*, bayer. KommunalPraxis 1998, 342, 342; *Sieger*, bayer. KommunalPraxis 1996, 287, 289; *Fangmann*, Das neue Telekommunikationsgesetz, S. 199 ff., *Eifert*, Grundversorgung mit Telekommunikationsleistungen im Gewährleistungsstaat, S. 156; *Hellermann*, Örtliche Daseinsvorsorge, S. 340 f.

he[185]. Somit müßten auch andere, nicht aufgabenprivatisierte Unternehmen mit kommunaler Beteiligung jeglicher Form "andere private Anbieter" i. S. des Art. 87 f Abs. 2 Satz 1 GG sein. Art. 87 f Abs. 2 Satz 1 GG gebiete folglich keine Pflicht zur materiellen Aufgabenprivatisierung.

Zu dieser Erkenntnis gelangen die Anhänger der "gemischt privat-öffentlichen Theorie" nicht nur durch den Wortlaut von Art. 87 f Abs. 2 Satz 1 GG, sondern auch durch die Genese. Denn die Bundesregierung, die selbst den Gesetzentwurf eingebracht hat, sei der Rechtsauffassung, dass kommunale Unternehmen in privater Rechtsform von der Lizenzerteilung nicht aus verfassungsrechtlichen Gründen ausgeschlossenen seien[186].

III. Diskussion

In der Literatur werden diese drei Meinungsgruppen mit jeweils nachvollziehbarer Argumentation vertreten. Welcher Ansicht aber zu folgen ist, soll in einer breiten, nun folgenden Diskussion über das Für und Wider der einzelnen Theorien ermittelt werden.

1. Argument der Beteiligungsgrenzen bzw. des Entherrschungsvertrages

Die Vertreter der sogenannten "Entherrschungstheorie" scheinen auf die Frage bezüglich einer Pflicht zur Aufgabenprivatisierung gem. Art 87 f Abs. 2 Satz 1 GG einen auf den ersten Blick sehr sympathischen Lösungsweg gefunden zu haben. Man kann diesbezüglich fast von einem goldenen Mittelweg zwischen den beiden Extrempositionen der "Entstaatlichungs-Theorie" und der "Gemischt privat-öffentlichen Theorie" sprechen. Danach ist ein staatliches bzw. kommunales Engagement auf dem Telekommunikationsmarkt mit Art. 87 f Abs. 2 Satz 1 GG vereinbar, solange und soweit die entsprechenden Telekommunikationsunternehmen zu einer eigenverantwortlichen, von administrativem Einfluss befreiten Unternehmensführung in der Lage sind. Diese Autonomie solle dadurch gewährleistet werden, dass die staatliche bzw. kommunale Unternehmensbeteiligung unter 50 %, manche fordern sogar unter 25 %, liegen müsse oder ein diesbezüglicher Entherrschungsvertrag abgeschlossen werden müsse. Dies soll das "verwaltungsmäßige" Erbringen von Telekommunikationsdienstleistungen ausschließen. Typisch für die staatliche Leistungsverwaltung sei nämlich die hierarchische Aufbau- und bürokratische Ablauforganisation.

---

185 *Lerche*, in: Maunz/Dürig/Herzog/Scholz, Grundgesetz, Art. 87 f GG, Rdnr. 58
186 BT-Drucks. 13/7998 S. 11

Die genannten Beteiligungsgrenzen sind nicht willkürlich, sondern spielen in der Geschäftsführung von Unternehmen in der privaten Rechtsform eine entscheidende Rolle. Denn in den bei den kommunalen Telekommunikationsunternehmen vorherrschenden Gesellschaftsformen, GmbH und AG[187], benötigt man beispielsweise für eine Satzungsänderung jeweils eine Mehrheit von drei Viertel der Stimmen, gem. § 53 Abs. 2 Satz 1 GmbHG und § 179 Abs. 2 Satz 1 AktG. Allerdings wird durch eine Beschränkung der staatlichen bzw. kommunalen Unternehmensbeteiligung deren Einfluss auf das Unternehmen nicht ausgeschlossen, sondern allenfalls etwas beschränkt. In den meisten Fällen gibt es nämlich mehr als zwei Gesellschafter oder Aktionäre. Die einfache bzw. drei-Viertel-Mehrheit kann meist nur mit Allianzen erreicht werden. Dies führt dazu, dass staatliche bzw. kommunale Anteilseigner, wenn sie z.B. 24 % der Anteile halten, wichtige Mehrheitsbeschaffer sein können, und dass somit ohne sie faktisch nichts im Unternehmen läuft.

Ferner kommt noch der sog. Minderheitenschutz bei einer Beteiligung von unter 25 % in Betracht, vgl. insoweit §§ 53 a, 243 Abs. 2, § 117 AktG. Außerdem wird die Minderheit zusätzlich durch die Treuepflicht der Mehrheitsaktionäre bzw. -aktionärsgruppe, die bei der Ausübung ihrer Stimmenmehrheit zu beachten ist, vor der Mißachtung ihrer Position im Unternehmen geschützt[188]. Der große Umfang des Minderheitenschutzes in einer GmbH wird in der Möglichkeit der Auflösungsklage nach § 61 GmbHG deutlich. Es ist daher offensichtlich, dass Beteiligungsgrenzen nicht zu einem Ausschluss administrativen Einflusses auf das entsprechende Telekommunikationsunternehmen führen[189].

Um dies aber zu erreichen, wäre ein genereller Entherrschungsvertrag als Voraussetzung für eine verfassungsmäßige Zulässigkeit für kommunale Telekommunikationsunternehmen notwendig. Dies würde allerdings de facto dasselbe wie ein materielles Privatisierungsgebot gem. Art 87 f Abs. 2 Satz 1 GG bewirken. Die Kommunen wären lediglich auf eine Finanzeinlage beschränkt, ohne den geringsten Einfluss. Dies entspricht aber nicht den Zielen, die die Kommunen mit ihrem Engagement auf dem Telekommunikationssektor verfolgen wollen. Als reine Finanzanlagemöglichkeit wäre ein kommunales Telekommunikationsengagement für die Gebietskörperschaften völlig uninteressant. Eine Unter-

---

187 ATekom-Info, 1999,Heft Nr. 39, S. 1-8; 1997 gab es laut einer VKU-Umfrage unter den 86 kommunalen Telekommunikationsunternehmen nur die Rechtsform der GmbH oder GmbH & Co.KG

188 vgl. BGHZ 76, 352 ff.; 71, 40 ff.; 70, 117 ff.; 65, 15 ff.

189 a.A.: *Scholz/Aulehner*, ArchPT 1993, 221, 244 f., der eine Beteiligung unter 25 % sogar für eine materielle Privatisierung ausreichen lässt

nehmensbeteiligung ohne die geringste Einflussmöglichkeit darauf, was mit dem investierten Geld passiert, ist auch allgemein betrachtet eher die Ausnahme.

Grundsätzlich ist vielmehr zu klären, ob ein "verwaltungsmäßiges Erbringen" von Telekommunikationsdienstleistungen, das von Art. 87 f Abs. 2 Satz 1 GG ausgeschlossen wird, unmittelbar mit der Höhe der Beteiligung an einem Telekommunikationsunternehmen zusammenhängt. Die Telekommunikationsdienstleistungen müssen gem. Art. 87 f Abs. 2 Satz 1 GG als "privatwirtschaftliche Tätigkeit" erfolgen. Darunter versteht man eine Wirtschaftstätigkeit durch kaufmännisches, wettbewerbsorientiertes Handeln in privatrechtlicher Unternehmensform mit privatrechtlichen Mitteln[190]. Dies wird aber nicht durch eine Begrenzung der staatlichen bzw. kommunalen Beteiligung an Telekommunikationsunternehmen beeinträchtigt, sondern durch die Art und Weise der Verwendung der Einflussmöglichkeiten. Nur so ist es zu erklären, dass die Telekommunikationsdienstleistungen der Deutschen Telekom AG, an der der Bund derzeit mit ca. 60 % der Aktien beteiligt ist, als "privatwirtschaftlich" i. S. des Art. 87 f Abs. 2 Satz 1 GG gelten. Somit kann die Quantität der staatlichen bzw. kommunalen Beteiligung an einem Telekommunikationsunternehmen nicht für die Privatwirtschaftlichkeit der zu erbringenden Dienstleistungen entscheidend sein, sondern vielmehr die Qualität der Einflussnahme. Es muss folglich jede Unternehmensentscheidung vorrangig ökonomisch determiniert sein. Dies bedeutet, dass die Unternehmensentscheidungen, die kommunale Ziele verfolgen, die sich am Gemeinwohl orientieren, wie z.B. Wirtschaftsförderung/Standortsicherung, effizientes Stadtmanagement, krisenfeste und ungestörte Versorgung der Bevölkerung, Wettbewerbsicherung, Verbesserung der Finanzausstattung der Kommunen, Schaffung von Arbeitsplätzen und Berücksichtigung ortsspezifischer Belange[191], dann privatwirtschaftlich i.S.d. Art. 87 f Abs. 2 Satz 1 GG sind, wenn sie bei einer Gesamtbetrachtung ökonomisch sinnvoll sind und das Unternehmen insgesamt gewinnorientiert arbeitet. Gewinnerzielung muss der Zweck des Unternehmens sein, andere Ziele können aber unter dieser Maxime ebenfalls angestrebt werden.

---

190 *Schmidt-Aßmann/Röhl*, DÖV 1994, 577, 581; *Windthorst* in: Sachs, Grundgesetz, Art. 87 f Rdnr. 30

191 *Ludl/Ludl*, DZWir 1997, 170, 172; *Giesen/Gerbrand*, Stadt und Gemeinde 1996, 15, 15 f.; *te Reh*, Der Städtetag 1997, 361, 365 f.; *Moraing*, Der Städtetag 1995, 513, 514; *Stopka*, Jahrbuch Telekommunikation und Gesellschaft 1996, 65, 69; *Moraing*, Beiträge zur kommunalen Versorgungswirtschaft, 1995, Heft 84, S. 1, 1f.; *Moryson*, Jahrbuch Telekommunikation und Gesellschaft 1996, 75, 75 f.

Das nicht verwaltungsmäßige Erbringen von Telekommunikationsdienstleistungen wird zudem schon durch die private Rechtsform der Telekommunikationsgesellschafen zum Teil gewährleistet, da diese die für die staatliche Leistungsverwaltung typische hierarchische Aufbau- und bürokratische Ablauforganisation nicht vorweist. Dennoch heißt es in der Gesetzesbegründung: "Das Angebot der Dienstleistungen ist in Zukunft ausschließlich private Tätigkeit, deren Wahrnehmung als Verwaltungsaufgabe in öffentlich-rechtlicher oder in privatrechtlicher Organisationsform ausgeschlossen wird."[192]. Hier ist aber zwischen einer unmittelbaren und mittelbaren staatlichen Einflussnahme beim Erbringen der Dienstleistungen zu differenzieren. Die Dienstleistungen können in privatrechtlicher Organisation nur dann als Verwaltungsaufgabe angeboten werden, wenn es dem Staat unmittelbar möglich ist auf die Unternehmensführung laufend einzuwirken. Ein Beherrschungsvertrag im Sinne der §§ 291 ff. AktG zwischen Bund und der Deutschen Telekom AG wäre also verfassungswidrig[193]. Auf kommunaler Ebene wäre dies z.B. der Fall, wenn der Bürgermeister oder Gemeinderat jede Unternehmensentscheidung absegnen müsste. Wenn die Einwirkung der öffentlichen Hand dagegen nur mittelbar, z.B. bei der Bestellung der Geschäftsführung bzw. des Aufsichtsrates oder den grundlegenden Gesellschaftsentscheidungen und Zielsetzungen erfolgt, kann man nicht von einem administrativen Dienstleistungsangebot im privatrechtlichen Gewand sprechen. Ein bestimmender administrativer Einfluss ist somit auf das Dienstleistungsangebot nicht gegeben und es liegt daher keine Verwaltungsaufgabe in privatrechtlicher Organisationsform vor.

In der Gesamtbetrachtung muss die sogenannte "Entherrschungs-Theorie" abgelehnt werden, insbesondere bezüglich ihrer ineffekiven Beteiligungsgrenzen und des erforderlichen Entherrschungsvertags. Die Diskussion ergab aber, dass bei staatlichen bzw. kommunalen Telekommunikationsunternehmen ein unmittelbarer administrativer Einfluss auf die Unternehmensführung nicht erfolgen darf und jede Unternehmensentscheidung vor allem ökonomisch determiniert sein muss.

2. Argumente der "Entstaatlichungs-Theorie"

Nach der sogenannten "Entstaatlichungs-Theorie" ergibt sich eindeutig aus Art. 87 f Abs. 2 Satz 1 GG ein Gebot zur materiellen Privatisierung. Demzufolge

192 BT-Drucks. 12 /6717 S. 4 u. BT-Drucks. 12/7269 S. 5

193 vgl. *Gersdorf*, AfP 1998, 470, 472; ders., Chancengleicher Zugang zum digitalen Fernsehen , S. 176 f.

wäre ein kommunales Telekommunikationsunternehmen undenkbar. Diese Ansicht beruht zum einen auf dem Wortlaut des Art. 87 f Abs. 2 Satz 1 GG. Die Begriffe "privatwirtschaftlich"[194] und "andere private Anbieter"[195] in Art. 87 f Abs. 2 Satz 1 GG sprechen für eine Pflicht zur materiellen Privatisierung. Zum anderen wird von den Vertretern der "Entstaatlichungs-Theorie" mit dem Sinn und Zweck der Grundgesetzänderung argumentiert. Aus der Gesetzesbegründung geht hervor, dass eine "Entstaatlichung" und eine Überführung des bisherigen Sondervermögens Deutsche Bundespost "in private Hände" bzw. eine "Entlassung" dessen aus "staatlichen Händen" als Gesetzesziel gefordert wird. Wörtlich heißt es im Begründungstext: "Das Angebot der Dienstleis- tungen ist in Zukunft ausschließlich private Tätigkeit, deren Wahrnehmung als Verwaltungsaufgabe in öffentlich rechtlicher oder in privatrechtlicher Organisationsform ausgeschlossen wird"[196]. Diese Argumente erscheinen für sich betrachtet sehr schlüssig und überzeugend.

Dennoch sind Zweifel an dieser Betrachtungsweise angebracht. In der Gesetzesbegründung heißt es nämlich auch, dass es die Sache des einfachen Bundesgesetzgebers ist, die näheren Vorkehrungen zur Umwandlung zu treffen; es aber dagegen nicht seine Sache ist, die Frage zu entscheiden, ob überhaupt eine derartige Umwandlung vorgenommen wird. Weiter liest man in der Gesetzesbegründung zu Art. 143 b GG: "Die Aufgabe der Kapitalmehrheit des Bundes an der Deutschen Bundespost Postdienst und der aus der Deutschen Bundespost Telekom hervorgegangenen Unternehmen ist frühestens fünf Jahre nach Inkrafttreten des Gesetzes möglich"[197].

Aus diesen Textauszügen wird deutlich, dass vom Gesetzgeber generell ein Übergang des bisherigen Sondervermögens Deutsche Bundespost in private Hände gewünscht wird, das "Wie" und vor allem das "Wann" der Privatisierung dagegen in der Hand des einfachen Bundesgesetzgebers liegt, gem. Art. 143 Abs. 2 Satz 3 GG. Die Entscheidung, ob privatisiert wird, ist demnach also grundsätzlich durch die Grundgesetzänderung getroffen worden, allerdings ist die Frage, wie privatisiert werden soll, d.h. wann und wie viele Anteile an Private veräußert werden, dadurch nicht beantwortet worden. Das Verfassungsrecht lässt es demnach zu, auch die Unternehmen des Postdienstes und der Telekommunikation auf

---

194 *Windthorst* in: Sachs, Grundgesetz, Art. 87 f Rdnr. 30 f.; *ders.*, Der Universaldienst, S. 177 ff.

195 *Müller*, DVBl. 1998, 1256, 1258 f.

196 BT-Drucks. 12 /6717 S. 4 u. BT-Drucks. 12 /7269 S. 5

197 BT-Drucks. 12 /6717 S. 4 u. BT-Drucks. 12 /7269 S. 5

Dauer als öffentliche Unternehmen mit einer Kapitalmehrheit des Bundes zu führen[198].

Stober spricht in diesem Zusammenhang von einer "Mogelpackung", da einerseits die Entlassung aus der Staatsaufgabe in der Gesetzesbegründung hervorgehoben werde, andererseits es sich nur um eine formelle Privatisierung handle, denn der Bund halte weiterhin die Anteile. Im Übrigen dränge sich einem neutralen Beobachter der Eindruck auf, hier werde eine Begriffsverschleierung vorgenommen, die verdecken solle, dass eine materielle Aufgabenprivatisierung gar nicht gewünscht sei.[199].

Deshalb ergibt sich m.E. aus dem Art. 87 f Abs. 2 Satz 1 GG i.V. m. Art. 143 b Abs. 2 GG kein Gebot zur materiellen Privatisierung, sondern lediglich die Möglichkeit hierzu durch einen grundsätzlichen Auftrag des Verfassungsgesetzgebers an den einfachen Bundesgesetzgeber[200]. Dieser Auftrag ist zudem mit einem großen Gestaltungsspielraum für den einfachen Bundesgesetzgeber verbunden. Die Bedingungen, der Zeitpunkt, die Art und Weise und der Umfang der Privatisierung der Deutschen Telekom AG bestimmt allein der einfache Bundesgesetzgeber. Eine andere Deutung der Formulierungen[201], "Sache des einfachen Bundesgesetzgebers ist es, die "näheren Vorkehrungen zur Umwandlung zu treffen" und "....die Aufgabe der Kapitalmehrheit des Bundes an den aus der Deutschen Bundespost hervorgegangenen Unternehmen ist frühestens fünf Jahre nach Inkrafttreten des Gesetzes möglich. Dazu bedarf es gegebenenfalls einer gesonderten gesetzlichen Regelung.", erscheint mir kaum möglich. Die Worte "Aufgabe der Kapitalmehrheit" bergen zudem die grundsätzliche Möglichkeit einer weiteren staatlichen Beteiligung an der Deutschen Telekom AG, die nicht zeitlich befristet ist. Für eine Eventualität der Privatisierung spricht auch das Wort "gegebenenfalls"[202] in der Gesetzesbegründung. In der Gesetzesbegründung findet man auch die Formulierung "grundsätzliche Entlassung aus staatlicher Hand"[203] und "weitgehende Entstaatlichung"[204]. Daraus erschließt sich auch

---

198 *Badura* in: Stellungnahme zum Gesetzesentwurf der Bundestagsfraktionen CDU/CSU, SPD und FDP (BT-Drucks. 12/6717), abgedruckt in BT-RechtsA. Protokoll 12/117 S. 44 ff., 51., I. 4.

199 *Stober*, in: Stellungnahme zum Gesetzesentwurf der Bundestagsfraktionen CDU/CSU, SPD und FDP (BT-Drucks. 12/6717), abgedruckt in BT-RechtsA. Protokoll 12/117 S. 11. u. S. 89 ff., 90 f.

200 ebenso *Stober*, in: Stellungnahme zum Gesetzesentwurf der Bundestagsfraktionen CDU/CSU, SPD und FDP (BT-Drucks. 12/6717), abgedruckt in BT-RechtsA. Protokoll 12/117 S. 11.

201 BT-Drucks. 12/6717 S.4; BT-Drucks. 12/7269 S.5

202 BT-Drucks. 12/6717 S.4; BT-Drucks. 12/7269 S.5

203 BT-Drucks. 12/6717 S.4; BT-Drucks. 12/7269 S.5

ein Spielraum für eine weitere staatliche Beteiligung an der Deutschen Telekom AG.

Die Tatsache, dass die Fünfjahresfrist, nach der erst die Kapitalmehrheit aufgegeben werden darf, im Gesetzeswortlaut nur für die Deutsche Bundespost explizit in Art. 143 b Abs. 1 Satz 2 GG erwähnt wird, deutet im Umkehrschluss darauf hin, dass diese Frist nicht für die Nachfolgeunternehmen der Deutschen Bundespost Telekom gilt. Im Gegensatz dazu bezieht sich in der Begründung zum Gesetzesentwurf die Fünfjahresfrist sowohl auf Nachfolgeunternehmen der Deutschen Bundespost Postdienst, als auch auf die der Deutschen Bundespost Telekom[205].

Wenn die in Kraft getretene Fassung des Art. 143 b Abs. 2 Satz 2 GG auf ein fünfjähriges Privatisierungsverbot bei der Telekom AG explizit verzichtet, bedeutet dies nur einen größeren, zeitlich unbefristeten Umsetzungsspielraum des einfachen Bundesgesetzgebers bei der Privatisierung der Deutschen Telekom AG gegenüber der Privatisierung der Deutschen Post AG. Dies hat zur Folge, dass es für die Aufgabe der Kapitalmehrheit des Bundes weder einen verbindlichen Startpunkt noch einen ultimativen Endpunkt gibt. Der Verfassungsgesetzgeber hat in seiner Entwurfsfassung die weitgehende Kompetenz des einfachen Bundesgesetzgebers bei der materiellen Privatisierung der Deutschen Telekom AG in der Frühfassung des Art. 143 b Abs. 1 Satz 3 GG wie folgt formuliert: "Danach (nach der Fünfjahresfrist) kann die Kapitalmehrheit aufgrund einer gesetzlichen Regelung aufgegeben werden, wenn dies zur wirtschaftlichen Entwicklung des jeweiligen Unternehmens oder zur Strukturierung des Marktes erforderlich erscheint."[206]. In dem Wort "kann" wird deutlich, dass der Bund die Möglichkeit, aber nicht die Pflicht zur Abgabe der Kapitalmehrheit an der Deutschen Telekom AG hat. Die Abgabe der Kapitalmehrheit an der Deutschen Telekom AG wird darüber hinaus noch an das Erfordernis geknüpft, dass sie für die wirtschaftliche Entwicklung der deutschen Telekom AG oder zur Marktstrukturierung notwendig ist. Der Verfassungsgesetzgeber geht also davon aus, dass über einen wesentlich längeren Zeitraum als fünf Jahre der Bund Mehrheitsaktionär der Deutschen Telekom AG ist und diese Stellung nur verlieren kann, wenn es betriebswirtschaftlich erforderlich ist.

---

204 BT-Drucks. 12/6717 S.4; BT-Drucks. 12/7269 S.5

205 BT-Drucks. 12/6717 S.2; BT-Drucks. 12/7269 S.3; BT-Drucks. 12/8108 S.4

206 BT-Drucks. 12 /6717 S. 2 u. BT-Drucks. 12 /7269 S. 3; BT-Drucks. 12/8108 S.3

Die Feststellung der Voraussetzungen obliegt zudem weitgehend der Einschätzungsprärogative des einfachen Bundesgesetzgebers[207]. Diese Klausel legt dem Bund in der Tat eine nur wenig beengende Bindung auf. Die materielle Privatisierung der Bundespost, die als Grundsatz in Art. 87 f Abs. 2 Satz 1 GG ausgesprochen wird, wird durch die Übergangsregelung zeitlich hinausgeschoben und überdies von einer erneuten Entscheidung des einfachen Bundesgesetzgebers abhängig gemacht. Das Verfassungsrecht lässt es demnach zu, auch die Unternehmen des Postdienstes und der Telekommunikation als öffentliche Unternehmen mit einer Kapialmehrheit des Bundes zu führen[208]. In diesem Zusammenhang ist nur von einer stufenweisen, d.h. einer verhaltenen und zeitlich gestaffelten Privatisierung auszugehen, wie die ersten beiden Börsengänge der Deutschen Telekom AG belegen[209].

Auch wenn diese Entwurfsfassung des Art. 143 b Abs. 1 Satz 3 GG nicht in Art. 143 b GG n. F. übernommen worden ist, kommt ihm große Bedeutung bei der Auslegung zu. Denn die Berichterstatter des Rechtsausschusses des 12. Deutschen Bundestages, *Dr. Rupert Scholz* und *Dieter Wiefelspütz*, stellen ausdrücklich fest, dass die Änderungen gegenüber dem vorgelegten Gesetzesentwurf den in den Stellungnahmen des Bundesrates geäußerten Bedenken und Anregungen Rechnung tragen und im übrigen redaktioneller Art sind[210]. In der Stellungnahme des Bundesrates zum Änderungsentwurf des Grundgesetzes wird dagegen bei Art. 143 b Abs. 1 Satz 1 u. 3 GG ausdrücklich nur auf die exakte Formulierung der Gesetzgebungskompetenz Bezug genommen[211]. Demnach ist der Verzicht auf Art. 143 b Abs. 1 Satz 3 GG in der endgültigen Fassung des Art. 143 b GG rein redaktioneller Art und behält seine volle inhaltliche Bedeutung.

Folglich ergibt sich aus Art. 87 f Abs. 2 Satz 1 GG i.V.m. Art. 143 b Abs. 2 Satz 2 GG keine Pflicht zur echten materiellen Privatisierung, sondern nur der unverbindliche Auftrag des Verfassungsgesetzgebers dazu. Dies manifestiert sich in dem Wort "kann" in der Entwurfsfassung des Art. 143 b Abs. 1 Satz 3 GG und dem Wort "darf", nicht "muss", in der Gesetz gewordenen Fassung des Art. 143

---

207 *Heun*, in: Stellungnahme zum Gesetzesentwurf der Bundestagsfraktionen CDU/CSU, SPD und FDP (BT-Drucks. 12/6717), abgedruckt in BT-RechtsA. Protokoll 12/117 S. 59 ff., 65

208 *Badura*, in: Stellungnahme zum Gesetzesentwurf der Bundestagsfraktionen CDU/CSU, SPD und FDP (BT-Drucks. 12/6717), abgedruckt in BT-RechtsA. Protokoll 12/117 S. 44 ff., 51., I. 4.

209 *Schuppert* spricht daher in seiner Stellungnahme zum Gesetzesentwurf der Bundestagsfraktionen CDU/CSU, SPD und FDP (BT-Drucks. 12/6717), abgedruckt in BT-RechtsA. Protokoll 12/117 S. 40, von einer "unechten Privatisierung".

210 BT-Drucks. 12/8108 S.5

211 BT-Drucks. 12 /7269 S. 9, Nr. 9 a) und b) der Stellungnahme des Bundesrates

b Abs. 2 Satz 3 GG. Da die Aktienmehrheit beim Bund bleiben soll, ist das ohne das neue Bundesgesetz nach Art. 143 b Abs. 2 Satz 3 GG materiell keine Privatisierung[212] und kann folglich auch zu keiner Pflicht hierzu führen. Die materielle Privatisierung ist letztlich lediglich eine politische Entscheidung, die im Wege der einfachen Gesetzgebung gem. Art. 143 b Abs. 2 Satz 3 GG getroffen werden muss[213].

Diese Schlussfolgerung wird auch durch den ersten Satz in der Begründung der Beschlussempfehlung des Rechtsausschusses bekräftigt. Dort wird nur von einer Umwandlung der öffentlichen Unternehmen der Deutschen Bundespost in solche privater Rechtsform gesprochen[214]. Dies bedeutet eine Pflicht zur formellen Privatisierung. Ein Anhaltspunkt für ein Gebot zur Aufgabenprivatisierung dagegen lässt sich dem sicherlich nicht entnehmen.

3. Argument aus § 50 Abs. 4 TKG

Einen weiteren sehr hilfreichen Hinweis dafür, dass sich aus Art. 87 f Abs. 2 Satz 2 GG kein Gebot zur materiellen Privatisierung ableiten lässt, gibt der achte Teil des TKG mit dem Titel "Benutzung der Verkehrswege". Der Bundesgesetzgeber selbst hat in § 50 Abs. 4 TKG festgehalten, dass auch die Wegebaulastträger, d.h. Träger öffentlicher Gewalt, Lizenznehmer i.S. d. § 6 Abs. 2 TKG sein können[215]. Wer Träger der Wegebaulast ist, bestimmt sich nach dem jeweiligen Straßen- und Wasserrecht. Nach geltendem Recht liegt die gesetzliche Straßenbaulast für Bundesfernstraßen (Bundesautobahnen und Bundesstraßen) beim Bund, für Landes- bzw. Staatsstraßen grundsätzlich beim Land, für Kreisstraßen beim Landkreis oder der kreisfreien Stadt und für alle übrigen Straßen bei der Gemeinde[216]. So sind die Gemeinden in Bayern gem. Art. 47 Abs. 1 BayStrWG[217] Baulastträger für Gemeindestraßen. Aus § 50 Abs. 4 TKG ergibt sich demzufolge, dass Gemeinden i. S. d. § 6 Abs. 1 TKG lizenzberechtigt sind.

---

212 *Badura*, in: Stellungnahmen zum Entwurf eines Gesetzes zur Änderung des Grundgesetzes (BT-Drucks. 12/6717), abgedruckt in BT-RechtsA Prot. 12/117, S.6

213 *Stern*, in: Stellungnahmen zum Entwurf eines Gesetzes zur Änderung des Grundgesetzes (BT-Drucks. 12/6717), abgedruckt in BT-RechtsA Prot. 12/117 S.26

214 BT-Drucks. 12/8108 S.6, III. 1., Bericht der Abgeordneten *Dr. Scholz* und *Wiefelspütz*

215 grundsätzlich trägt der Bund gem. § 6 Abs.1 BundesautobahnG für Bundesautobahnen und gem. § 5 Abs. 1 Satz 1 FStrG für Bundesstraßen die Straßenbaulast. In Bayern trägt für Staatsstraßen gem. Art. 41 Satz 1 Nr. 1 BayStrWG der Freistaat, für Kreisstraßen gem. Art. 41 Satz 1 Nr. 2 BayStrWG die Landkreise und für Gemeindestraßen gem. Art. 47 Abs. 1 BayStrWG die Gemeinden die Baulast.

216 *Schütz*, in: „Beck'scher TKG-Kommentar", § 50, Kap. V. 1., Rdnr. 35

217 für Gemeinden in anderen Bundesländern gibt es entsprechende Landesgesetze.

Konsequenz daraus ist wiederum, dass die Gemeinden grundsätzlich als Anbieter von Dienstleistungen auf dem Telekommunikationsmarkt auftreten können[218].

Wenn man von einer in sich stimmigen und rechtmäßigen Gesetzgebung im Telekommunikationsbereich ausgeht, bleibt nur der Schluss, dass Telekommunikationsunternehmen mit staatlicher bzw. kommunaler Beteiligung gem. Art. 87 f Abs. 2 Satz 1 GG zulässig sind und sich aus Art. 87 f Abs. 2 Satz 1 GG kein Gebot zur materiellen Aufgabenprivatisierung herleiten lässt[219].

Gegen diese Argumentation erheben sich allerdings ernstzunehmende Bedenken. Grundsätzlich gilt nämlich die Regel, dass das einfache Gesetz nicht typischerweise Auslegungsmaßstab der Verfassung sein darf[220].

Hier aber lässt der verfassungsändernde Gesetzgeber dem Bundesgesetzgeber bei der Konkretisierung des in Art. 87 f Abs. 1 GG festgelegten Infrastrukturgewährleistungsauftrags des Bundes einen weiten Spielraum. Diesen Gestaltungsspielraum hat der Bundesgesetzgeber auch mit dem Telekommunikationsgesetz (TKG) hinreichend genutzt. Der in Art. 87 f Abs. 1 GG normierte Gestaltungsspielraum des Bundesgesetzgebers bezieht sich meiner Ansicht nach aber auch auf den zweiten Absatz von Art. 87 f GG, der ursprünglich als zweiter Satz von Absatz eins des Art. 87 f GG beabsichtigt war und lediglich aus redaktionellen Gründen in einen eigenen Absatz gefasst wurde[221]. Daher ist ein Rückschluss auf die Intention des verfassungsändernden Gesetzgebers möglich.

So hat § 50 Abs. 4 TKG, auch wenn man der strikten Auffassung sein sollte, dass von einfachen Bundesgesetzen kein Rückschluss auf das Verfassungsrecht gezogen werden darf, bei der Auslegung zumindest eine Indizwirkung dahingehend, dass von Art. 87 f Abs. 2 Satz 1 GG kein materielles Privatisierungsgebot ausgehen kann[222].

---

218 So sinngemäß auch das BVerfG in seinem Beschluß zur unentgeltlichen Nutzung öffentlicher Verkehrswege v. 7.1.1999 – 2 BvR 929/97-, abgedruckt in: MMR 1999, Heft 6, S. 357 ff.

219 So auch *Pünder*, DVBl. 1997, 1353, 1355; *Fangmann*, „Das neue Telekommunikationsrecht“, S. 199

220 statt vieler *Stern* in: „Staatsrecht“, Bd III/2 1994 § 95 IV 2b; *Stern*, DVBl. 1997, 309, 310 ff

221 BT-Drucks. 12/8108 S.8

222 so auch *Hellermann*, Örtliche Daseinsvorsorge, S. 338 mit dem Verweis auf ähnliche Wirkung des § 14 Abs. 1 TKG; a.A. *Müller*, DVBL. 1998, 1256, 1258

4. *Rechtsauffassung der Bundesregierung*

Dies wird auch durch eine Stellungnahme der 13. Bundesregierung auf das 11. Hauptgutachten der Monopolkommission deutlich. Darin hält die Bundesregierung zwar das unternehmerische Engagement der Kommunen als Netzbetreiber und Anbieter von Telekommunikationsdienst- leistungen aus ordnungs- und wettbewerbspolitischen Gründen für bedenklich. Die Bundesregierung stellt aber in Bezug auf Art. 87 f Abs. 2 Satz 2 GG ausdrücklich folgendes fest: "Der Gesetzgeber hatte mit dem Privatisierungsgebot des Art. 87 f Abs. 2 GG eine Rückkehr zum Angebot von Telekommunikationsdiensten als staatliche Aufgabe ausschließen wollen. Eine Unterscheidung der privatrechtlichen Unternehmen nach der Zusammensetzung ihrer Inhaber ist damit nicht verbunden. Kommunale Unternehmen sind von der Lizenzerteilung nach Auffassung der Bundesregierung nicht aus verfassungsrechtlichen Gründen ausgeschlossen."[223].

Da die 13. Bundesregierung parteipolitisch und überwiegend auch personell identisch mit der 12. Bundesregierung ist, die am 14.4.1994 die Grundgesetzänderung im Zuge der Postreform II einbrachte[224], ist von einem einheitlichen Meinungsbild auszugehen. Dies wird auch in dem Redebeitrag von Herrn *Dr. Wilfried Penner*, MdB (SPD) deutlich, der in der 117. Sitzung des Rechtsausschusses des 12. Deutschen Bundestages sagte: "Wir waren uns bewußt, dass eine vollständige Privatisierung dieses Unternehmens Post nicht praktiziert werden könne...."[225]. Dadurch wird aber auch deutlich, dass Art. 87 f Abs. 2 Satz 2 GG und § 50 Abs. 4 TKG Ausdruck einer einheitlichen Vorstellung sowohl der damaligen Bundesregierung und der sie tragenden Regierungsfraktionen CDU, CSU und FDP als auch der SPD-Oppositionsfraktion war, die ebenfalls dem Gesetzentwurf der Bundesregierung zustimmte. Es wird dadurch klar, dass der Initiator der Grundgesetzänderung, die Bundesregierung, kein Gebot zur materiellen Privatisierung durch Art. 87 f Abs. 2 Satz 1 GG erreichen wollte. Da der verfassungsändernde Gesetzgeber, Bundestag[226] und Bundesrat[227], mit einer qualifizierten Mehrheit von je zwei Drittel gem. Art. 79 Abs. 2 GG dem Entwurf der Bundesregierung ohne eine eindeutig abweichende Stellungnahme zustimmte, ist von dem gleichen gesetzgeberischen Willen auszugehen. Diese Ansicht wird zusätzlich dadurch verstärkt, dass der Vorschlag von dem Sachverständigen

223 BT-Drucks. 13/7998, S. 11, Tz. 29
224 BT-Drucks. 12/7269, S. 1 ff.
225 *Penner*, in: Stellungnahmen zum Entwurf eines Gesetzes zur Änderung des Grundgesetzes (BT-Drucks. 12/6717), abgedruckt in BT-RechtsA Prot. 12/117, S.22
226 BT-Drucks. 12/8108, S. 5 ff.
227 BT-Drucks. 12/7269, S. 7 ff.

Prof. Schuppert in der parlamentarischen Diskussion, Art. 87 Abs. 1 GG wie folgt zu fassen: "Die Dienstleistungen im Bereich Postwesen und der Telekommunikation werden durch private Anbieter erbracht.", um eindeutig klar zu stellen, dass der Staat kein Anbieter von Dienstleistungen in diesem Sektor sein kann[228], nicht aufgegriffen wurde.

5. *Europarechtliche Argumentation*

Ein Ausschluss von Telekommunikationsanbietern, an denen Träger von Staatsgewalt beteiligt sind, gem. Art. 87 f Abs. 2 Satz 2 GG würde zudem den europarechtlichen Vorgaben widersprechen. Es ist unbeschadet verschiedener Begründungsansätze einhellig anerkannt, dass das Gemeinschaftsrecht im Interesse der Funktionsfähigkeit der Gemeinschaft und der wirksamen Durchsetzung des EU-Rechts mitgliedstaatlichem Recht vorgeht. Deshalb ist das geltende Gemeinschaftsrecht bei der Interpretation des Grundgesetzes zu beachten[229]. Grundsätzlich ergibt sich aus Art. 2 Abs. 2 der EU Wettbewerbsrichtlinie für Telekommunikation[230], dass jedes Unternehmen berechtigt ist, Telekommunikationsdienstleistungen anzubieten. Art. 1 Spiegelstrich 1 dieser Richtlinie stellt klar, dass diese Unternehmen privat oder staatlich kontrolliert sein können. Eine konkrete Bestimmung allerdings, ob jeweils staatliche bzw. kommunale Telekommunikationsgesellschaften zulässig sind, obliegt der Transformation in mitgliedstaatliches Recht. Wenn in Frankreich oder England beispielsweise eine staatliche bzw. kommunale Beteiligung an einem Telekommunikationsunternehmen erlaubt ist, können diese Unternehmen unter dem Schutz des Art. 2 Abs. 2 Satz 1 der EU Richtlinie zur Liberalisierung der Telekommunikation auch in Ländern tätig sein, in denen dies eventuell verboten ist[231].

---

228 *Schuppert*, in: Stellungnahmen zum Entwurf eines Gesetzes zur Änderung des Grundgesetzes (BT-Drucks. 12/6717), abgedruckt in BT-RechtsA Prot. 12/117 S. 14 f. u. S.68 ff., 69, I.2.

229 *Stober*, in: Stellungnahme zum Gesetzesentwurf der Bundestagsfraktionen CDU/CSU, SPD und FDP (BT-Drucks. 12/6717), abgedruckt in BT-RechtsA. Protokoll 12/117, S. 89 ff. u. 93

230 Richtlinie 90/338/EG der Kommission zur Liberalisierung der Telekommunikation vom 28.6.1990 (Abl. EG Nr. L 192, 10 ff.), geändert durch die Richtlinien 94/46/EG vom 13.10.19994 (Abl. EG Nr. L 268, S.15), 95/51/EG vom 18.10.1995 (Abl. EG Nr. L 20, S. 49 ff.), 96/2/EG vom 16.1.1996 (ABl. EG Nr. L 20, S. 59 ff.) und 96/19/EG vom 13. 3. 1996 (Abl. EG Nr. L 74, S. 13 ff.); Die Richtlinie in ihrer aktuellen Fassung ist abgedruckt bei: *Fangmann*: „Das neue Telekommunikationsgesetz", 1997, S. 113 ff. und bei *Scheuerle, Lehr, Mayen*: Telekommunikationsrecht, S. 219 ff

231 *Hellermann*, Örtliche Daseinsvorsorge, S. 340

Wenn in Deutschland durch Art. 87 Abs. 2 Satz 1 GG ein materielles Privatisierungsgebot begründet würde, müßte es auch für andere Telekommunikationsunternehmen aus dem europäischen Ausland mit staatlicher bzw. kommunaler Beteiligung verboten sein, am deutschen Telekommunikationsmarkt teilzunehmen. Dies würde allerdings dem Diskriminierungsverbot aus Art. 43 Abs. 2 EUV (ex 52 Abs. 2 EUV) widersprechen. Die Niederlassungsfreiheit aus Art. 43 EUV gebietet nämlich die Inländergleichbehandlung, d.h. für sich ansiedelnde Unternehmen sollen die gleichen Bestimmungen gelten wie für bereits tätige inländische Unternehmen. Da die Deutsche Telekom AG als Unternehmen mit staatlicher Beteiligung gem. Art. 87 f Abs. 2 Satz 2 GG Telekommunikationsdienstleistungen anbieten darf, muss dies auch für ausländische Telekommunikationsunternehmen mit staatlicher Beteiligung gem. Art. 43 Abs. 2 EUV gelten[232]. Art 43 Abs. 2 EUV ist bei Telekommunikationsunternehmen aus anderen EU- Mitgliedsstaaten mit staatlicher Beteiligung, die sich in Deutschland niederlassen, anwendbar, da es sich dabei um die tatsächliche Ausübung einer selbständigen wirtschaftlichen Tätigkeit mittels einer festen Einrichtung in einem anderen Mitgliedsstaat auf unbestimmte Dauer handelt[233]. Ein Rückgriff auf das allgemeine Diskriminierungsverbot aus Art. 6 EUV ist nicht nötig, da Art. 43 Abs. 2 EUV lex specialis hierzu ist.

So kommt es auch, dass das staatliche Unternehmen British Telecom an dem deutschen Telekommunikationsunternehmen VIAG-Intercom beteiligt sein kann[234]. Es wird also deutlich, dass selbst durch ein materielles Privatisierungsgebot aus Art. 87 f Abs. 2 Satz 1 GG ein staatlicher Einfluss auf den Telekommunikationsmarkt, und sei es nur durch andere Mitgliedstaaten der EU, unvermeidbar ist. Das materielle Privatisierungsgebot würde faktisch ins Leere laufen, da es keinen staatsfreien Telekommunikationsmarkt in Deutschland geben wird.

Zudem wäre das große Potential von hauptsächlich mittelständischen Telekommunikationsgesellschaften mit staatlicher bzw. kommunaler Beteiligung von einem Zutritt zum Markt abgeschnitten und gegenüber gleich strukturierten Unternehmen aus anderen EU-Mitgliedsstaaten stark benachteiligt. Die damit verbundenen positiven Auswirkungen auf den Wettbewerb auf dem Telekommunikationssektor würden völlig ignoriert werden. Dies ist aber nicht im Sinne des

---

232 *Decker*, in: Held u.a. (Hrsg.), Kommunalverfassugsrecht Nordrhein-Westfalen, § 107 Er. 8.1; *Ehlers*, DVBl. 1998, 497, 502; *Pünder*, DVBl., 1997, 1353, 1353f.

233 *Grabitz/Hilf*, in: „Kommentar zum EWG-Vertrag“, Art. 52, Rdn. 8

234 *Fangmann*, in: „Das neue Telekommunikationsgesetz“, 1997, Kap. 8.3., S. 199, 199 f.

verfassungsändernden Gesetzgebers, der u.a. die Einführung und Förderung des Wettbewerbs auf dem Telekommunikationsmarkt zum Ziel hat[235].

6. *Wortlaut-Argument*

Offensichtlich spricht gegen ein materielles Privatisierungsgebot nach Art. 87 f Abs. 2 Satz 1 GG dessen Wortlaut: "Dienstleistungen... werden ... durch die aus dem Sondervermögen Deutsche Bundespost hervorgegangenen Unternehmen und andere private Anbieter erbracht.". Derzeit befinden sich nach dem zweiten Börsengang der Deutschen Telekom AG noch ca. 60% der Aktien in staatlicher Hand[236]. Der Bund wird auf absehbare Zeit noch an der Deutschen Telekom AG als Mehrheitsaktionär beteiligt sein. Durch die Formulierung "und andere private Anbieter" wird ein klarer Bezug zu der Deutschen Telekom AG, die als Nachfolgeunternehmen aus dem Sondervermögen Deutsche Bundespost hervorgegangen ist, hergestellt. Die Deutsche Telekom AG, mit derzeit 60 % staatlicher Beteiligung, gilt demnach als "privater Anbieter" i. S. d. Art. 87 f Abs. 2 Satz 1 GG. Die schlüssige Konsequenz daraus ist, dass sämtliche anderen Anbieter von Telekommunikationsdienstleistungen mit staatlicher bzw. kommunaler Beteiligung als "privater Anbieter" i. S. d. Art. 87 f Abs. 2 Satz 1 GG gelten müssen[237].

Es ist also evident nicht das Ziel des verfassungsändernden Gesetzgebers gewesen, dass sich aus Art. 87 f Abs. 2 Satz 2 GG ein Gebot zur materiellen Aufgabenprivatisierung ergibt, sonst hätte er den Wortlaut eindeutig anders formulieren müssen. Eine hiervon abweichende Interpretation ist nach m.E. wegen der unmissverständlichen Formulierung nicht möglich.

7. *Argument der Gesamtzielsetzung*

Ein weiterer wichtiger Aspekt in der Diskussion um ein materielles Privatisierungsgebot aus Art. 87 f Abs. 2 Satz 1 GG ist die Gesamtzielsetzung der Grundgesetzänderung im Zuge der Postreform II im Jahre 1994. Aus der Gesetzesbegründung gehen drei Hauptziele der Grundgesetzänderung hervor.

Zunächst soll die Deutsche Bundespost aus staatlicher Hand entlassen werden und das Sondervermögen Deutsche Bundespost in private Hände überführt wer-

---

235 BT-Drucks. 12/7269, Stellungnahme des BR, Nr. 1a) S.7 u. Nr. 11, S. 9

236 *Backhaus/Stadie/Voeth*, in: „Was bringt der Wettbewerb im Telekommunikationsmarkt“, S. 56 f.

237 *Ehlers*, DVBl. 1998, 497, 502; Pünder, DVBl. 1997 1353, 1353

den[238]. Zudem soll das Angebot der Dienstleistungen in Zukunft ausschließlich private Tätigkeit sein, deren Wahrnehmung als Verwaltungsaufgabe in öffentlich-rechtlicher oder privatrechtlicher Organisationsform ausgeschlossen wird[239]. Das erste Ziel der Grundgesetzänderung ist also die Privatisierung. Ferner ist es Ziel der Postreform II eine Grundversorgung mit Telekommunikationsdienstleistungen zu gewährleisten. Darunter versteht man eine flächendeckende Grundversorgung durch die Sicherung der aus der Sicht des Benutzers angemessenen und ausreichenden Dienstleistungen[240]. Zweites Ziel der Grundgesetzänderung ist demnach die Infrastrukturgewährleistung. Drittes und hauptsächliches Ziel der Grundgesetzänderung von 1994 ist die Liberalisierung des Telekommunikationsmarktes und die Schaffung eines entsprechenden Wettbewerbs auf diesem Markt[241].

Die drei Ziele der Grundgesetzänderung im Zuge der Postreform II im Jahre 1994 sind zusammenfassend die Privatisierung, die Infrastrukturgewährleistung und die Liberalisierung des Telekommunikationsmarktes. Diese drei Ziele widersprechen sich zum einen teilweise gegenseitig, zum anderen bedingen sie sich wiederum gegenseitig.

Wenn man das Ziel der Privatisierung als ein materielles Privatisierungsgebot interpretiert, hätte dies zur Folge, dass Telekommunikationsanbieter mit staatlicher bzw. kommunaler Beteiligung nicht zulässig wären. Dies würde aber sehr negative Auswirkungen auf die Schaffung eines Wettbewerbs auf dem Telekommunikationsmarkt mit sich bringen. Dass Netzinfrastrukturen neben dem Netz der Telekom AG nur sehr schwer und vor allem mit einem enormen Finanz- und Zeitaufwand aufgebaut werden können, ist evident. Deshalb müssen die Konkurrenten der Deutschen Telekom AG deren Netzwerk mieten, solange und soweit sie über kein eigenes Leitungsnetz verfügen. Dies schmälert die Konkurrenzfähigkeit der Mitbewerber, die in ihrer Mehrheit de facto von der Deutschen Telekom AG abhängig sind, wenn auch die Mietpreise zunächst von der unabhängigen Regulierungsbehörde festgelegt werden. Von einem liberalen Markt kann somit nur schwerlich gesprochen werden. Durch die Mietkosten werden daneben natürlich auch die Gewinnchancen der Mitbewerber vermindert.

Die alternativen Netze zum Netzwerk der Deutschen Telekom AG, die bis zur endgültigen Liberalisierung des Telekommunikationsmarktes am 1.1.1998 aus-

238 BT-Drucks. 12/6717 S.4; BT-Drucks. 12/7269, S.5
239 BT-Drucks. 12/6717 S.3; BT-Drucks. 12/7269, S.4
240 BT-Drucks. 12/6717 S.4; BT-Drucks. 12/7269, S.5
241 BT-Drucks. 12/7269, Stellungnahme des BR, Nr. 1a) S.7 u. Nr. 11, S. 9

schließlich für interne Zwe-cke benutzt werden durften, stehen als erste für den Wettbewerb zur Verfügung. Auf diese von vornherein auch nur teilweise zu verzichten, wäre wenig wettbewerbsfördernd und volkswirtschaftlich falsch. Es würden erhebliche bereits getätigte Investitionen brachliegen, während andererseits diese Netze, die für den Wettbewerb erforderlich sind, fehlen würden.

Ein Blick auf die alternativen Netze zeigt, dass staatliche Institutionen und Unternehmen über den weitaus größten Teil der Netzinfrastruktur verfügen. Die Telekommunikationstochter RWE Telliance, einer der größten Konkurrenten, steht mittelbar über das Mehrfachstimmrecht der kommunalen Aktionäre unter dem Einfluss der Gebietskörperschaften[242]. Eine Vielzahl weiterer Energieversorgungsunternehmen (Strom, Gas, Wasser, Fernwärme), die über ein weitverzweigtes Leitungsnetz verfügen[243], sind ebenfalls staatlich bzw. kommunal beeinflusst. Am Mischkonzern Viag (jetzt eon), der mit seiner Tochter Viag Intercom, an dem u.a. auch die British Telekom beteiligt ist, hält der Freistaat Bayern eine strategische Minderheit des Aktienbestandes. Beachtlich ist auch das Telekommunikationsnetz der Deutschen Bundesbahn AG, die sich zu 100 % in der Hand des Bundes befindet. Das Netz von derzeit 2000 km Glasfaserkabel und dem Kupferkabelnetz von Bahnhof zu Bahnhof macht die Deutsche Bahn AG zu einem interessanten Kooperationspartner für andere Telekommunikationsunternehmen[244]. Zahlreiche andere Verkehrsgesellschaften mit nennenswerten Telekommunikationsinfrastrukturen sind von Städten lokal beherrscht, teils durch Stadtwerke oder in anderer Weise unter staatlicher Regie. Die Kommunen selbst verfügen oftmals über weitverzweigte Behördennetze, Signalanlagennetze, unmittelbar bis zum Bürger reichende Leitungsnetze und dergleichen mehr[245].

Lediglich wenige alternative Anbieter, wie z.B. Mannesmann oder Thyssen mit ihren Telekommunikationsgesellschaften, bestehen ohne jegliche staatliche Beteiligung. Sie sind allerdings teilweise mit einer geringen Kapazität an eigenen Leitungsnetzen ausgestattet[246].

Wenn die staatlichen bzw. kommunalen Telekommunikationsnetze durch ein materielles Privatisierungsgebot gem. Art. 87 f Abs. 2 Satz 1 GG von jeglicher Vermarktung ausgeschlossen werden, wird die Einführung eines effektiven Wettbewerbes auf dem Telekommunikationsmarkt äußerst schwierig und lang-

242 *Lehmann/Stolz*, CR 1997, 97, 100
243 *Stopka*, in: Jahrbuch der Telekommunikation und Gesellschaft 1996, S. 65, S.65 f.
244 *Stopka*, in: Jahrbuch der Telekommunikation und Gesellschaft 1996, S. 65, S.66
245 *Fangmann*, in: Das neue Telekommunikationsgesetz, 1997, Kap. 8.3., S. 199, 199
246 *Stopka*, in: Jahrbuch der Telekommunikation und Gesellschaft 1996, S. 65, S.66

wierig. Vor allem die mittleren kommunalen Telekommunikationsunternehmen, die mit Nischenangeboten der Wettbewerbsmotor sein können, ähnlich wie die mittelständischen Unternehmen in anderen Wirtschaftszweigen, würden fehlen. Denn es ist wegen des hohen Finanzbedarfs nahezu unmöglich, ohne das kommunale Leitungsnetz auf einem lokal begrenzten Markt zu bestehen. Der Wettbewerb würde sich also auf einige wenige große Anbieter, sogenannte Mega-Carrier, beschränken. Dies wiederum hätte negative Folgen für den Kunden, wie z.B. Preisabsprachen oder Marktaufteilung.

Diese Argumente spiegeln sich auch indirekt in der Auffassung von *Vesting*[247] wider, der bei der Interpretation von Art. 87 f Abs. 2 Satz 1 GG die Beteiligung der öffentlichen Hand nach ihren Effekten beurteilt. Daher kann die Tätigkeit nicht pauschal als wettbewerbsbehindernd oder gar wettbewerbsverhindernd und somit verfassungswidrig eingestuft werden, solange und soweit insbesonders im Ortsnetz die City-Carrier, wie gerade gezeigt, wichtige Gegenspieler des früheren Monopolisten DTAG sind. Die öffentliche Hand bzw. die Gemeinden haben insofern sogar die Stellung eines Wettbewerbsgaranten. Ihr Engagement im Ortsbereich ist sogar erforderlich, weil die DTAG in diesem Marktsegment vielfach immer noch über eine Monopolstellung gerade im ländlichen Raum, verfügt, wie eine Studie im Münsterland belegt[248].

Ferner wäre aber auch das Ziel der flächendeckenden angemessenen und ausreichenden Dienstleistungsgewährleistung nicht leicht zu erreichen. Durch die Benutzung der zusätzlichen Telekommunikationsnetze der Wettbewerber, vor allem der kommunalen Telekommunikationsunternehmen, die über ein unmittelbar bis zum Bürger reichendes, weit verzweigtes Leitungsnetz verfügen, können rasch und effektiv eventuell künftig auftretende Versorgungslücken geschlossen werden. Man sieht, ein gewisser Anteil staatlicher bzw. kommunaler Telekommunikationsunternehmen kann beim Erreichen des Zieles der Infrastrukurgewährleistung mit Telekommunikationsdienstleistungen äußerst hilfreich sein.

Die Ziele der Liberalisierung und der Infrastrukturgewährleistung sind die beiden zentralen Ziele der Grundgesetzänderung. Dies wird auch dadurch deutlich, dass Sinn und Zweck des TKG, wie sich aus § 1 TKG ergibt, die Wettbewerbsförderung und Infrastrukturgewährleistung mit Telekommunikationsdienstleistungen ist. Das TKG ist aufgrund der Gesetzgebungskompetenz in Art. 87 f Abs. 1 Satz 1 GG, der im Zuge der Postreform II in das Grundgesetz eingefügt

247 *Vesting*, in: "AlternativKomm. z. GG", Art. 87 f. GG, Rdnr. 98 (im Erscheinen)

248 Backhaus/Stadie/Voeth, in: "Standortfaktor Telekommunikation und Multimedia", S. 98 f.

wurde, entstanden. Diese Ziele können allerdings nur mit einer staatlichen bzw. kommunalen Beteiligung am Telekommunikationsmarkt effektiv und in einem überschaubaren Zeitrahmen erreicht werden. Daher muss die Zielrichtung der Privatisierung sinnvollerweise dahingehend eingeschränkt werden. Es kann demnach von Art. 87 f Abs. 2 Satz 2 nur ein formelles, aber in keinem Fall ein materielles Privatisierungsgebot ausgehen. Unter der Entstaatlichung bzw. dem Übergang in private Hände, der in der Begründung für die Grundgesetzänderung als Ziel genannt ist, ist nach meiner Ansicht in erster Linie die Aufgabe des staatlichen Monopols auf dem Telekommunikationsmarkt zu sehen.

IV. Lösungsvorschlag

Zusammenfassend ist als Ergebnis der Diskussion nach meiner Überzeugung nur die Schlussfolgerung zulässig, dass sich aus Art. 87 f Abs. 2 Satz 2 GG i.V. m. Art. 143 b Abs. 2 Satz 2 GG keine Pflicht zur materiellen Aufgabenprivatisierung in dem Sinne, dass der Staat auf eine eigene Beteiligung und Kompetenz sowie die Kontrolle des privaten Trägers völlig verzichten und jeglichen Kapitaleinfluss in den Nachfolgegesellschaften aufgeben muss, begründen lässt. Ein Gebot zur vollständigen Aufgabenprivatisierung kann demnach nicht aus Art. 87 f Abs. 2 Satz 2 GG i.V.m. Art. 143 b Abs. 2 Satz 2 GG abgeleitet werden[249].

Auf der anderen Seite gewährleistet ein Gebot zur Organisationsprivatisierung und das schlichte Recht zur Aufgabenprivatisierung gem. Art. 87 f Abs. 2 Satz 2 GG i.V.m. Art 143 b Abs. 1 GG nur unzureichend die Intention der Grundgesetzänderung[250], dass das Angebot der Dienstleistungen in Zukunft ausschließlich private Tätigkeit ist, deren Wahrnehmung als Verwaltungsaufgabe in öffentlich-rechtlicher oder in privatrechtlicher Organisationsform ausgeschlossen wird[251].

Das Problem, ob staatliche bzw. kommunale Beteiligungen an Telekommunikationsunternehmen mit Art. 87 f GG vereinbar sind, kann nicht mittels der Frage nach dem "Ob" eines Gebotes zur materiellen Privatisierung, sondern nach dem geforderten Privatisierungsgrad, gelöst werden.

---

249 so auch *Lerche*, in: Maunz/Dürig/Herzog/Scholz, Grundgesetz, Art. 86, Rdnr. 54; a. A. *Müller*, DVBl. 1998, 1256, 1260, der ein Gebot zur vollständigen Aufgabenprivatisierung befürwortet.

250 so auch *Hellermann*, Örtliche Daseinsvorsorge, S. 340

251 BT-Drucks. 12/6717 S.3; BT-Drucks. 12/7269 S.4

Eine sinnvolle Lösung dieser Problematik wird durch ein Gebot zur materiellen Privatisierung in der Form des Konzessionssystems nach Art. 87 f Abs. 2 Satz 2 GG i.V. m. Art. 143 b Abs. 1 GG erreicht[252]. Dabei wird sowohl die rechtliche als auch die finanzielle Durchführungskompetenz in den Privatbereich verlagert. Den Staat trifft aber dennoch hierbei eine rechtliche Leistungsverantwortung. Die Verpflichtung des Staates beschränkt sich dabei allerdings lediglich darauf, die Kontinuität und Ordnungsmäßigkeit der Aufgabenerledigung zu kontrollieren[253]. Dies ergibt letztlich eine staatlich regulierte oder influenzierte privatwirtschaftliche Tätigkeit privater Unternehmen, die sich teilweise[254], ja sogar mehrheitlich in der öffentliche Hand befinden können oder bei denen Bestimmungen in der Satzung zur Sicherung eines staatlichen Einflusses existieren können[255].

Dies ist die einzig sinnvolle Konsequenz aus der Summe der oben vorgetragenen Argumente und dem Zusammenwirken von Abs. 1 und Abs. 2 des Art. 87 f GG. Eine Privatisierung unter dem Vorbehalt hoheitlicher Regulierung ist kein Widerspruch, sofern dem betroffenen Anbieter eine ausreichende Entscheidungsautonomie erhalten bleibt[256].

Wenn der Staat an einem privaten Telekommunikationsunternehmen nach der materiellen Privatisierung i. S. d. Konzessionssystems beteiligt ist, bedarf es hierfür allerdings zusätzlich eines öffentlichen Zweckes[257]. Beim Bund ist dies der Infrastrukturgewährleistungsauftrag gem. Art. 87 f Abs. 1 GG. Bei den Kommunen ergeben die zahlreichen in der Einleitung ausgeführten Gründe für ein kommunales Engagement auf dem Telekommunikationssektor einen solchen öffentlichen Zweck.

Somit ist eine staatliche bzw. kommunale Beteiligung an Telekommunikationsunternehmen mit Art. 87 f Abs. 2 Satz 2 GG vereinbar. Aus Art. 87 f Abs. 2 Satz 2 GG i.V. m. Art. 143 b Abs. 1 GG ergibt sich kein Gebot zur vollständigen

---

252 in die gleiche Richtung *Hellermann*, Örtliche Daseinsvorsorge, S. 340, der aber von einer Aufgabenprivatisierung ohne gleichzeitige Vermögensprivatisierung spricht.

253 *Scholz/Aulehner*, ArchPT 1993, 221, 239

254 so *Windthorst*, in: Sachs Grundgesetzkommentar, Art. 87 f. GG Rdnr. 24, insoweit aber in sich widersprüchlich als er in Rdnr. 22 aus Art. 87 f Abs. 2 Satz 1 GG i.V.m. Art. 143 b Abs. 1 GG ein generelles staatliches Tätigkeitsverbot schließt und daher in Rdnr. 28 öffentliche oder gemischt-öffentliche Unternehmen nicht als "privat" i.S.d. Art 87 f Abs 2 Satz 1 GG ansieht.

255 *Scholz/Aulehner*, ArchPT 1993, 221, 247

256 *Schuppert*, in: Stellungnahme zum Gesetzesentwurf der Bundestagsfraktionen CDU/CSU, SPD und FDP (BT-Drucks. 12/6717), abgedruckt in BT-RechtsA. Protokoll 12/117, S.15 f.; *Stern*, ArchPT 1996, 148, 149; *Wieland*, Die Verwaltung 1995, 28, 315, 330 ff.

257 so auch *Scholz/Aulehner*, ArchPT 1993, 221, 247, 6. Teil, Kap. C)

materiellen Privatisierung, sondern lediglich ein Gebot zur materiellen Privatisierung in der Form des Konzessionssystems. Man spricht insofern auch von einer eingeschränkten Aufgabenprivatisierung[258], unechten materiellen Privatisierung[259] oder materiellen Teilprivatisierung[260].

Unabhängig hiervon ist weiterhin das verwaltungsmäßige Erbringen von Telekommunikationsdienstleistung verfassungsrechtlich unzulässig. Ebenso ist eine direkte unmittelbare administrative Einflussnahme auf Telekommunikationsunternehmen mit staatlicher bzw. kommunaler Beteiligung verfassungsrechtlich unzulässig.

V. Ergebnis

Da sich aus Art. 87 f Abs. 2 Satz 2 GG i.V. m. Art. 143 b Abs. 1 GG kein Gebot zur vollständigen materiellen Privatisierung ergibt, folgt daraus auch kein Rückverstaatlichungsverbot[261]. Es ist somit den Kommunen wie auch den anderen Staatsteilen grundsätzlich durch die Post-reform II nicht verwehrt, als Anbieter von Dienstleistungen auf dem Telekommunikationsmarkt aufzutreten.

Zum gleichen Ergebnis kommt auch *Vesting*[262] mit seiner modernen Interpretation des Art. 87 f GG, die auf einer Objektivierung und Institutionalisierung der verschiedenen Rationalitäten von Staat und Wirtschaft beruht[263]. Grund hierfür sei, dass die Postreform II ein Bestandteil des Durchbruchs zur Modernen Gesellschaft darstelle, der die Umstellung auf ein komplexes Gefüge wechselseitiger Abhängigkeiten zwischen Staat und Gesellschaft, sowie Politik und Wissenschaft zur Folge habe. Dies führe zu einer neuartigen Form der Kooperation zwischen Politik und Wissenschaft, einer Art Verantwortungsteilung[264]. In den neuen Kooperationsverhältnissen zwischen Staat und Wirtschaft würden die öffentlichen Aufgaben somit gerade nicht privatisiert werden. Sie blieben weiterhin öffentliche Aufgaben. Die Rede von der Aufgabenprivatisierung sei somit wenig hilfreich.

---

258 *Windthorst*, in: „Sachs Grundgesetzkommentar", Art. 87 f. GG, Rdnr. 24

259 *Schuppert*, in: Stellungnahme zum Gesetzesentwurf der Bundestagsfraktionen CDU/CSU, SPD und FDP (BT-Drucks. 12/6717), abgedruckt in BT-RechtsA. Protokoll 12/117, S.15; *Badura*, in: „Bonner Kommentar zum Grundgesetz", Art 87 f, Rdnr. 22, 24

260 *Schoch*, DVBl. 1994, 962, 963

261 ebenso vgl. statt vieler: *Ebsen*, DVBl. 1997, 1039 1042; *Pünder*, DVBl. 1997, 1353, 1354; *Fangmann*, in: „Das neue Telekommunikationsgesetz", 1997, S. 199 ff.

262 *Vesting*, in: "AlternativKomm. z. GG", Art. 87 f. GG, Rdnr. 95 (im Erscheinen)

263 *Vesting*, in: "AlternativKomm. z. GG", Art. 87 f. GG, Rdnr. 21-24 (im Erscheinen)

264 *Vesting*, in: "Verwaltungsrecht (in) der Informationsgesellschaft", S. 101, 118 ff.

Allerdings ist die Begrifflichkeit der Privatisierung vom Gesetzgeber selbst in der Postreform II eingeführt worden und wird vom überwiegenden Teil der Literatur zur Begründung bzw. Ablehnung eines Reverstaatlichungsverbotes herangezogen. Somit ist es m.E. zweckmäßiger im Rahmen dieser Begrifflichkeit zu argumentieren, als sie grundsätzlich in Frage zu stellen, wofür es sicher gute Argumente gibt.

Vesting ist jedoch uneingeschränkt darin zuzustimmen, dass die grundsätzliche Erlaubnis für die Gemeinden, am Telekommunikationsmarkt teilzunehmen, Einschränkungen unterliegt. Zum einen ist eine rein gewinnorientierte Betätigung der Gemeinden untersagt. Der Zutritt zum Telekommunikationsmarkt erfordert vielmehr eine Rechtfertigung durch eine öffentliche Aufgabe oder Zwecksetzung, die eine Gewinnmitnahme nicht ausschließt. Zum anderen ist die Beteiligung der Gemeinden nur solange und soweit von Art. 87 f GG gedeckt, wie sie ihre privilegierte Stellung nicht mißbräuchlich einsetzen. Dies wäre insbesondere dann der Fall, wenn aus dem allgemeinen Finanzaufkommen der Gemeinde Quersubventionierungen für das kommunale Telekommunikationsunternehmen getätigt würden. Auf diese Einschränkungen wird im laufe der Untersuchung noch explizit eingegangen.

Als Ergebnis ist letztlich festzuhalten, dass Art. 87 f Abs. 2 Satz 2 GG i.V. m. Art. 143 b Abs. 1 GG kein Reverstaatlichungsverbot in irgendeiner Form mit sich bringt und somit der Markt offen für kommunale Telekommunikationsgesellschaften ist.

B) Recht der Kommunen auf Teilnahme am Telekommunikationsmarkt gem. Art. 28 Abs. 2 Satz 1 GG

Selbst wenn sich aus Art. 87 f Abs. 2 Satz 2 GG i.V. m. Art. 143 b Abs. 1 GG ein Reverstaatlichungsverbot ergeben würde, wäre für die Kommunen eine Ausnahme gegeben, falls den Gemeinden aus der Garantie der kommunalen Selbstverwaltung gem. Art. 28 Abs. 2 Satz 1 GG ein Recht erwächst, am Telekommunikationsmarkt als Anbieter auftreten zu dürfen.

Das Prinzip der Garantie der kommunalen Selbstverwaltung in Art. 28 Abs. 2 Satz 1 GG beinhaltet nach unumstrittener Auffassung verschiedene Garantieebenen[265]: eine institutionelle Garantie[266], eine subjektive Rechtsstellung und eine objektive Aufgabengarantie[267], ferner die sog. Erstreckungsgarantie[268] sowie nach neueren Erkenntnissen auch eine objektive Schutzpflicht des Staates für die kommunale Selbstverwaltung[269]. Bei der Untersuchung der Frage, ob die Garantie der kommunalen Selbstverwaltung gem. Art. 28 Abs. 2 Satz 1 GG den Kommunen gestattet, sich am Telekommunikationsmarkt zu engagieren, ist offensichtlich allein die objektive Aufgabengarantie von Bedeutung.

Die objektive Aufgabengarantie gewährleistet den Kommunen das Recht der Allzuständigkeit für die Aufgaben der örtlichen Gemeinschaft und verleiht ihnen das Recht, diese eigenverantwortlich zu erledigen[270]. Die Tatbestandsmerkmale dieser Garantieebene sind die Angelegenheiten der örtlichen Gemeinschaft, die Allzuständigkeit und die Eigenverantwortlichkeit, die allerdings unter einem Gesetzesvorbehalt steht. Die Allzuständigkeit der Gemeinden ist jedoch nur "im Rahmen der Gesetze" garantiert[271].

---

265 *Schwab*, in: „Kommunale Selbstverwaltung heute“, 1988 S. 12; *Stober*, in: „Kommunalrecht“, S.32 ff. u. 63 ff.; *Stüer*, in: „Kommunalrecht“, S. 108 f.; *Wächter*, in: „Kommunalrecht“, S. 32 ff.

266 Diese Garantie wird teilweise auch als "Rechtssubjektsgarantie" bezeichnet, vgl. *Schmidt-Aßmann* in: „Besonderes Verwaltungsrecht“, Rdnrn. 10 ff., oder *Stüer*, in: Kommunalrecht, 1997, S. 108 f.

267 Diese Garantie wird teilweise auch als "Aufgabenwahrnehmungskompetenz", vgl. *Schwab*, in: „Kommunale Selbstverwaltung heute“, S. 33, oder "objektive Rechtsinstitutionsgarantie" bezeichnet, vgl. *Stüer*, in: „Kommunalrecht“, 1997, S. 108 f.

268 Die Erstreckungsgarantie beinhaltet zum Einen den Grundsatz des gemeindefreundlichen Verhaltens und das Mitwirkungsrecht an staatlichen Planungen; *Schmidt-Aßmann* in: „Besonderes Verwaltungsrecht“, Rdnrn. 25 f.; *Stern*, StR Bd. 1, § 12 II 5 m.w.N.

269 *Stober*, in: „Kommunalrecht“, S. 74

270 *Stüer*, in: „Kommunalrecht“, S. 108 f, Fußn. 250

271 BVerfGE 79, 127 (Rastede); *Stüer*, in: „Kommunalrecht“, S. 108 f, Fußn. 250

I. Telekommunikationsdienstleistungen als Angelegenheit der örtlichen Gemeinschaft

Hieraus und aus dem Wortlaut des Art. 28 Abs. 2 Satz 1 GG ergibt sich unmissverständlich, dass die objektive Aufgabengarantie nur die durch die Gemeinde wahrzunehmenden Aufgaben erfasst, die die örtliche Gemeinschaft betreffen. Was unter "Angelegenheiten der örtlichen Gemeinschaft" letztlich zu verstehen ist, kann weder starr noch abstrakt definiert werden. Zur Begriffsklärung sind zahlreiche Methoden mit unterschiedlichsten Ansätzen entwickelt worden. Die drei bedeutendsten sind wohl die klassisch-historische Betrachtungsweise, das Kompensationsmodell und der teleologische Ansatz[272].

1. Klassisch-historische Betrachtungsweise

Nach der klassisch-historischen Betrachtungsweise handelt es sich um eine Angelegenheit der örtlichen Gemeinschaft, wenn der Aufgabenbereich über den historischen Wandel hinweg stets Teil der gemeindlichen Selbstverwaltung war[273]. Die Rechtsprechung versteht darunter Aufgaben, die in der örtlichen Gemeinschaft wurzeln oder einen spezifischen Bezug zu ihr haben und von der örtlichen Gemeinschaft eigenverantwortlich und selbständig bewältigt werden können[274]. Das sind nach Ansicht des BVerfG solche Bedürfnisse und Interessen, die den Gemeindeeinwohnern gerade als solchen gemeinsam sind, indem sie das Zusammenleben und -wohnen der Menschen in der Gemeinde betreffen[275]. Auf die Verwaltungskraft der Gemeinde soll es dabei nicht ankommen[276]. Für Angelegenheiten der örtlichen Gemeinschaft ist also deren geschichtliche Entwicklung entscheidend, aber auch, ob sie dem charakteristischen Bild der deutschen Gemeinde entspricht[277].

Nach der klassisch-historischen Betrachtungsweise wird sehr deutlich, dass die Garantie der kommunalen Selbstverwaltung in der Form der objektiven Aufgabengarantie gem. Art. 28 Abs. 2 Satz 1 GG den Kommunen nicht das Recht verleiht, auf dem Telekommunikationsmarkt als Anbieter aufzutreten. Die Tele-

---

272 ein Überblick über die verschiedenen Methoden siehe bei *Stober*, in: „Kommunalrecht“, S.35 ff u. 63 ff.

273 *Wächter*, in: „Kommunalrecht“, Rdnr. 138

274 BVerfGE 79, 12, 151, vgl auch *Schmidt-Aßmann*, „Bes. Verwaltungsrecht“, Rdnr. 14, m.w.N.

275 BVerfGE 79, 127, 150 f.; BVerwG DVBl. 1990, 1066 f.; VerfGH NW DVBl. 1991, 480

276 BVerfGE 79, 127, 150

277 BVerfGE 7, 358, 364; 83, 363,381; 91, 228, 238; BVerwGE 56, 172, 180

kommunikation war bis zur Verfassungsreform im Jahre 1994 im Zuge der Postreform ausschließlich die Aufgabe des Bundes, der insoweit das Monopol auf der Seite der Anbieter besaß[278].

Demnach durften die Kommunen in der Vergangenheit grundsätzlich nicht auf dem Telekommunikationssektor agieren, somit ist dieses Aufgabenfeld der Kommunen nicht historisch verwurzelt. Die klassisch-historische Betrachtungsweise liefert demnach keine Rechtfertigung oder Begründung für ein kommunales Engagement auf dem Telekommunikationssektor[279].

2. *Das Kompensationsmodell*

Gegen die klassisch-historische Betrachtungsweise werden aber große Bedenken erhoben. Zum einen ist sie gegenüber den gesellschaftlichen und rechtlichen Wandlungen und den daraus resultierenden Veränderungen für die Kommunen nicht flexibel[280] (Status-Quo-Garantie[281]) und zum anderen ist die durch sie getroffene Begriffsbestimmung untauglich, da sie das hier einzig entscheidende Wort "örtlich" nicht umschreibt, sondern in der Definition wiederholt[282].

Daher haben sich daneben einige alternative Aufgabenmodelle entwickelt[283], von denen allerdings nur das Kompensationsmodell von einem unantastbaren Kernbereich eigenverantwortlich zu erledigender Aufgaben der Kommunen ausgeht[284]. Dies ist allerdings für eine Begründung oder eine Rechtfertigung kommunaler Aktivitäten im Telekommunikationsbereich unabdingbar.

278 Eine Ausnahme in der Geschichte des Telekommunikationsrechts bildete lediglich Abschnitt VIII der Reichsverfassung von 1871, in dem das "Post- und Telegraphenwesen" geregelt wurde (Art. 48 -52 RV). Grundsätzlich gehörte nach Art. 48 Abs. 1 und Art. 50 Abs. 1 RV das "Post- und Telegrafenwesen" zu den sog. Reichsverwaltungen (vgl. *Dittmann*, in: Bundesverwaltung, S. 20 f. m.w.N.; die Normen sind abgedruckt bei: *Windthorst*,GG-Komm., Sachs (Hrsg.), 1996, Art. 87 vor Rdnr. , S.1458). Im Umkreis von zwei Meilen vom Ursprungsort war es allerdings auch anderen außer der Reichspost, wie z. B. den Gemeinden, gestattet derartige Dienstleistungen anzubieten (vgl. *Altmannsperger*, "Jahrbuch des Postwesens", 1969, S. 236, 258 ff.)

279 *Müller*, DVBl. 1998, 1256, 1261 f.

280 *Müller*, DVBl. 1998, 1256, 1262

281 eine Status-Quo-Garantie wird vom BVerfG etwa im Hinblick auf einen bei Inkrafttreten des Grundgesetzes vorhandenen Aufgabenbestand abgelehnt; BVerfGE 38, 259, 279

282 *Stober*, JZ 1984, 105 ff.

283 Zu unterscheiden sind die Modelle der Verbundsverwaltung, der Sonderverwaltung und der Kompensation, im Einzelnen dazu siehe *Stober*, in: „Kommunalrecht", S. 38 ff.

284 *Blümel*, VVDStrL 36 (1978), 170, 247 f. , ders., in: FG v. Unruh, 1983, 265 ff.

Das Kompensationsmodell räumt den Kommunen einen unantastbaren Kernbereich von eigenverantwortlich zu erfüllenden Aufgaben ein. Diese Theorie schweigt sich allerdings darüber aus, wie der zu schützende Aufgabenkreis zu definieren ist.

Letztlich bringt die Theorie des Kompensationsmodells keine neuen und eigenständigen Auswahlkriterien zur Ermittlung des von der Selbstverwaltungsgarantie umfassten und damit gem. Art. 28 Abs. 2 Satz 1 GG geschützten Aufgabenbereiches hervor. Im Ergebnis bleibt auch hier das verfassungsrechtlich geschützte Aufgabenfeld der örtlichen Gemeinschaft völlig unklar[285].

3. Teleologischer Ansatz

Der durch die Selbstverwaltungsgarantie gem. Art. 28 Abs. 2 Satz 1 GG geschützte Aufgabenbereich der örtlichen Gemeinschaft lässt sich durch den teleologischen Ansatz am besten ermitteln[286]. Danach ist im Zweifel zu eruieren, ob und inwieweit eine staatliche Beschränkung der kommunalen Aufgaben im jeweiligen Einzelfall mit dem Sinn und Zweck der Selbstverwaltung vereinbar ist[287].

Der Sinn der kommunalen Selbstverwaltung liegt nach übereinstimmender Auffassung in dem Prinzip der Unabhängigkeit vom Staat, der Gewährleistung von Wettbewerb bzw. Pluralismus, der Daseins- und Zukunftsvorsorge sowie der Sicherung von Demokratie[288]. Bei der Untersuchung, ob die Gemeinden aus der kommunalen Selbstverwaltungsgarantie des Art. 28 Abs. 2 Satz 1 GG für sich ein Recht zur Teilnahme am Telekommunikationsmarkt ableiten können, scheinen vor allem das Wettbewerbsprinzip und das Daseins- und Zukunftsvorsorgeprinzip als Sinnelemente der Selbstverwaltung von entscheidender Bedeutung zu sein.

a) Wettbewerbsprinzip

Die Selbstverwaltung der Kommunen beinhaltet in einer nicht zu unterschätzenden Weise den Wettbewerb zwischen den einzelnen Gemeinden. Dieser Wettbe-

---

285 vgl. *Stober*, in: „Kommunalrecht", S. 39 f.

286 *Stober*, in: „Kommunalrecht", 3. Auflage 1996, S. 40., § 3 II 1. c) dd)

287 *v. Arnim*, AöR 1988, 113, S1., 14 ff

288 BVerfGE 79, 127, 149 ff.; *Müller*, DVBl. 1998, S. 1256, 1262; *Stober*, in: „Kommunalrecht", 3. S. 40

werb tritt hauptsächlich als Standortwettbewerb um ansiedlungswillige Unternehmen in Erscheinung. Wettbewerb setzt aber Wettbewerbsfähigkeit und Freiheit vom Staat voraus.

Entscheidend ist demnach, welchen Einfluss ein kommunales Engagement auf dem Telekommunikationssektor auf die Wettbewerbsfähigkeit einer Gemeinde entwickelt[289]. Im Zuge der weltweiten Globalisierung befindet sich Deutschland auf dem Sprung in eine Informationsgesellschaft. Die Qualität eines Wirtschaftsstandortes bei Standort- und Investitionsentscheidungen potentieller Investoren wird daher zukünftig stärker als bisher vom Zustand der Telekommmunikationsinfrastruktur, der Verfügbarkeit von Diensten und dem Niveau der mit Telekommunikation verbundenen Kosten bestimmt[290]. Der Ausbau der Telekommunikationsinfrastruktur wird damit zu einem maßgeblichen Faktor für die Beurteilung der Standortqualität einer Kommune[291]. Von zentraler Bedeutung ist dabei gerade ein bedarfsgerechtes Angebot für kleinere und mittlere Unternehmen, die damit ihre Wettbewerbsfähigkeit im verstärkt nationalen und internationalen Konkurrenzkampf verbessern wollen[292]. Dies hat wiederum ein Wirtschaftswachstum als wichtigen Aspekt der Standortsicherung zur Folge. Dadurch wird letztlich wiederum die Attraktivität eines Standortes gesteigert. Die Aktivitäten der Kommunen auf dem Telekommunikationssektor sind also ein wesentlicher Faktor im Standortswettbewerb unter den Gemeinden. Dieser Wettbewerb ist nach dem teleologischen Ansatz aber gerade Ausdruck für Angelegenheiten der "örtlichen Gemeinschaft" i. S. d. Art. 28 Abs. 2 Satz 1 GG. In der Konsequenz daraus ergibt sich folglich, dass die Kommunen kraft ihrer kommunalen Selbstverwaltungsgarantie aus Art. 28 Abs. 2 Satz 1 GG grundsätzlich ein Recht darauf haben, als Anbieter auf dem Telekommunikationsmarkt aufzutreten[293].

b) Daseins- und Zukunftsvorsorgeprinzip

Die Idee der objektiven Aufgabengarantie als Bestandteil der kommunalen Selbstverwaltungsgarantie i.S.d. Art. 28 Abs. 2 Satz 1 GG beinhaltet auch das Prinzip der Daseins- und Zukunftsvorsorge. Dies ist ein verfassungsrechtlich

---

289 ausführlich dazu oben 1. Teil A) II. 1. S. 3 f.

290 *Stopka*, Jahrbuch Telekommunikation und Gesellschaft 1996, 65, 69; *Giesen/Gerbrand*, Stadt und Gemeinde 1996, 15, 15 u. 19; *Lohmann*, Jahrbuch Telekommunikation und Gesellschaft 1996, 81, 81

291 *Backhaus/Stadie/Voeth*, in: "Standortfaktor Telekommunikation und Multimedia", S. 97 f.

292 *Lohmann*, Jahrbuch Telekommunikation und Gesellschaft 1996, 81, 85

293 Davon geht das BVerfG in seinem Beschluß zur unentgeltlichen Nutzung öffentlicher Verkehrswege v. 7.1.1999 – 2 BvR 929/97- stillschweigend aus", abgedruckt in: MMR 1999, Heft 6, S. 357 ff.

unbestrittenes Recht auf Schaffung, Erhalt und Verbesserung der Grunddaseinsvorsorge[294]. Dies kommt auch in den verschiedenen Gemeindeordnungen der Länder zum Ausdruck[295]. Dieser Aspekt der Versorgungsgemeinschaft drückt eine parallel zum Staat bestehende Verantwortung für die Ortsbürger aus[296]. Grund dafür ist, dass das soziale, kulturelle und wirtschaftliche Leben in der Gemeinde stattfindet, und die Gemeinden deshalb die Belange der örtlichen Wirtschaft besser berücksichtigen und auf einen örtlichen Strukturwandel flexibler reagieren können als der Staat[297].

Gegenstand der Untersuchung ist im Folgenden, ob das Daseins- und Zukunftsvorsorgeprinzip als Bestandteil der in der kommunalen Selbstverwaltungsgarantie gem. Art. 28 Abs. 2 Satz 1 GG begründeten objektiven Aufgabengarantie kommunale Aktivitäten auf dem Telekommunikationssektor umfaßt oder nicht. Dabei ist zunächst festzuhalten, dass der Kreis der im Rahmen der Daseinsvorsorge befindlichen Aufgaben fast unbegrenzbar ist[298] und nicht alle Bereiche der Daseinsvorsorge nach übereinstimmender Auffassung der Rechtsprechung und Literatur von der kommunalen Selbstverwaltungsgarantie erfasst werden[299]. Der von der kommunalen Selbstverwaltungsgarantie geschützte Bereich der Daseinsvorsorge ist zudem höchst einzelfallbezogen und kaum konkret fassbar.

So wurde die Versorgung mit leitungsgebundenen Energien, wie Strom oder Gas[300], ursprünglich als kommunale Angelegenheit verstanden, ging dann mit zunehmender technischer Zentralisierung vielfach auf regionale und überregionale Versorgungsunternehmen über, und wird neuerdings im Zusammenhang mit der Fernwärme unter dem Stichwort "örtliche Versorgungskonzepte" wieder als örtliche Angelegenheit der Daseinsvorsorge entdeckt[301].

---

294 *Müller*, DVBl. 1998, S. 1256, 1262; *Stober*, in: Kommunalrecht, S. 40

295 Die Gemeindeordnungen verpflichten die Kommunen im Rahmen ihrer Leistungsfähigkeit zur Schaffung der für die Betreuung ihrer Einwohner erforderlichen Einrichtungen (hierzu später näheres).

296 *Oebbecke*, DVBl. 1987, 866, 870

297 *Stober*, in: „Kommunalrecht", S. 40

298 *Wächter*, in: „Kommunalrecht", S. 58., Rdnr. 58,

299 *Müller*, DVBl. 1998, S. 1256, 1262

300 im Jahre 1983 war der bundesweite Anteil der Kommunen an der Stromversorgung 28 %, an der Gasversorgung 73 % an der Fernwärmeversorgung 54% und der Wasserversorgung 57 %, vgl. *Schwab*, in: „Kommunale Selbstverwaltung heute", S. 27, Fußn. 68, m.w.N.

301 *Schmidt-Aßmann*, „Besonderes Verwaltungsrecht", Rdnr. 16, S. 17f.; *Schmidt-Aßmann*, in: FS Fabricius, 1989, 251 ff.; *Tettinger* NWVBl. 1989, 1; *Löwer* in: „Energieversorgung", 213 ff.; *Löwer*, DVBl. 1991, 132; *Ossenbühl*, DÖV 1992, 1

Sehr unterschiedlich werden auch die verschiedenen Bereiche der modernen Medien, zu denen auch die Telekommunikation gezählt wird, als Aspekte der Daseinsvorsorge von der kommunalen Selbstverwaltungsgarantie i. S. d. Art. 28 Abs. 2 Satz 1 GG erfasst.

Das sog. "Bürgermeister-Fernsehen"[302], kommunale gemeindeeigene Fernsehsender oder Programme, gehört nach Ansicht des Bundesverfassungsgerichtes im Hinblick auf den Bereich der grundrechtlich in Art. 5 Abs. 1 Satz 2 GG geschützten Rundfunkfreiheit nicht zur Grundversorgung, weil damit nur ein kleiner Bevölkerungsanteil erreicht werden kann[303]. Der Gemeinderundfunk bzw. das Gemeindefernsehen verstösst zudem gegen das in der Rundfunkfreiheit verankerte Gebot der Staatsferne und ist somit verfassungsrechtlich unzulässig[304].

Völlig anders verhält es sich beim Bildschirmtext (BTX), dem Vorläufer des heutigen Internets. BTX als Möglichkeit der kommunalen Öffentlichkeitsarbeit wird als Bestandteil des Kernbereichs der kommunalen Selbstverwaltungsgarantie in der Form der Daseinsvorsorge behandelt[305]. Gleiches muss in der Konsequenz auch für das Internet gelten.

Die Verlegung und der Betrieb von Breitbandkabelnetzen dagegen wurde vom Bundesverfassungsgericht als örtliche Angelegenheit i. S. d. Art. 28 Abs. 2 Satz 1 GG abgelehnt, da es die neuartigen Übertragungstechniken unter den Begriff Fernmeldeanlagen subsummiert und diese somit dem Fernmeldemonopol der Deutschen Bundespost zuordnet[306]. Diese Rechtsprechung dürfte mit der Liberalisierung des Telekommunikationssektors und dem damit verbundenen Wegfall des Fernmeldemonopols seit der Postreform II im Jahre 1994 hinfällig sein. Für die Einordnung des Breitbandverteilernetzes als Teil der künftigen Infrastruktur und somit der durch Art. 28 Abs. 2 Satz 1 GG geschützten kommunalen Daseinsvorsorge sprechen sich dagegen seit längerer Zeit einige Vertreter der Literatur aus[307].

Diese unterschiedlichen Beurteilungen bei der Zuordnung der einzelnen Medienbereiche zu der in der kommunalen Selbstverwaltungsgarantie des Art. 28 Abs. 2 Satz 1 GG begründeten Daseinsvorsorge machen es sehr schwer, kommunale

302 *Schwab*, in: „Kommunale Selbstverwaltung heute", 1988 S. 32 ff., 36 f., Kap. 8.3, m.w.N.
303 BVerfGE 74, 297, 327 ff., 340, 345; 83, 238, 329;
304 *Stüer*, in: „Kommunalrecht", 1997, S. 295 ff., 297 f., m.w.N.
305 *Schwab*, in: „Kommunale Selbstverwaltung heute", S. 32 ff., m.w.N.
306 BVerwG, NJW 1987, 2096, 2097; BVerwGE 46, 120, 143
307 *Schwab*, in: „Kommunale Selbstverwaltung heute", 1988 S. 32 ff., m.w.N.

Aktivitäten auf dem Gebiet der Telekommunikation eindeutig dem Prinzip der Daseins- und Zukunftsvorsorge zuzuordnen. Der sog. Kernbereich der kommunalen Selbstverwaltungsgarantie gem. Art. 28 Abs. 2 Satz 1 GG zeigt sich in den historisch gewachsenen Sachbereichen in ihren leitbildprägenden und typenbestimmenden Bestandteilen[308]. Von Bedeutung ist hierbei auch das gegenwärtige Erscheinungsbild der kommunalen Selbstverwaltungsgarantie[309]. Bei der Zuordnung zum Kernbereich der Selbstverwaltungsgarantie spielt demnach auch eine dynamische Betrachtungsweise eine wichtige Rolle. Deshalb darf es nicht ausgeschlossen sein, Vorstellungen über das künftige Erscheinungsbild der Gemeinden im Rahmen einer sinnvollen Fortentwicklung einzubeziehen[310].

Diese sinnvolle Fortentwicklung der kommunalen Selbstverwaltung wird m.E. bei Vorliegen übergeordneter Kriterien zwingend erforderlich. Solche Kriterien sind m.E. die Zukunftsfähigkeit, die wirtschaftliche Entwicklung und Eigenständigkeit der Gemeinden, das künftige soziale Zusammenleben der Gemeindebürger und eine gesicherte Leistungsfähigkeit der Kommunen. Dabei ist sowohl auf die Sicht der Kommunen, als auch der Gemeindebürger abzustellen.

Die Kommunen können mit einer Teilnahme am Telekommunikationsmarkt die für sie äußerst bedeutenden Ziele der Wirtschaftsförderung/Standortsicherung, des effizienten Stadtmanagements, einer krisenfesten und ungestörten Versorgung der Bevölkerung, der Wettbewerbssicherung, der Verbesserung ihrer Finanzausstattung, der Schaffung von Arbeitsplätzen und der Berücksichtigung ortsspezifischer Belange erreichen[311]. Diese Aspekte, die für die Sicherung und den Erhalt der kommunalen Selbstverwaltung von geradezu überlebenswichtiger Bedeutung sind, lassen in Anbetracht der sich entwickelnden Informationsgesellschaft einzig den Schluss zu, dass die kommunalen Aktivitäten auf dem Gebiet der Telekommunikation zwingend als Bestandteil des von der kommunalen Selbstverwaltungsgarantie i. S. d. Art. 28 Abs. 2 Satz 1 GG umfassten Prinzips der Daseins- und Zukunftsvorsorge gelten. Zum selben Ergebnis kommt man bei einer Betrachtung vom Standpunkt der Gemeindebürger aus. Sie profitieren von einem kommunalen Telekommunikationsengagement neben den oben genannten Kriterien am meisten von dem ortsspezifischen und hochwertigen Angebot, den flexiblen Dienstleistungen und den durch den lokalen Wettbewerb gegebenen

308 *Maunz*, in: „Maunz/Dürig/Herzog/Scholz, Kommentar zum Grundgesetz", Art. 28, Rdnr. 53

309 *Stern*, in: „Bonner Kommentar zum Grundgesetz", Art. 28, Rdnr.124

310 BVerfGE 38, 259, 279

311 siehe dazu umfassend oben 1. Teil A) II 6. S. 8

Niedrigpreisen[312]. Entscheidend für die Gemeindebürger ist aber, dass durch kommunale Telekommunikationsunternehmen die Telekommunikationsdienstleistungen auf einem hohen bis höchsten technischen Niveau angeboten werden können und somit eine Zweiklassengesellschaft zwischen Ballungsräumen und dem flachen Land verhindert wird, die bei einer schlichten Gewährleistung der Grundversorgung gem. Art. 87 f Abs. 1 GG auf die Dauer betrachtet mit Sicherheit entstehen wird[313].

Daneben gehören kommunale Telekommunikationsunternehmen in Alleinbesitz oder mit Beteiligung der Gemeinden längst zum derzeitigen Erscheinungsbild der Kommunen und somit auch zur kommunalen Selbstverwaltungsgarantie.

---

312 siehe dazu mit ausführlicher Begründung Kap A) II.

313 beachte den dahingehenden Hinweis bei *Vesting*, in: "AlternativKomm. z. GG", Art. 87 f. GG, Rdnr. 56 (im Erscheinen); Dies wird besonders darin deutlich, dass die in Art. 87 f Abs. 1 GG zugesicherte Grundversorgung zwischen einer optimalen Infrastruktur und einer bloßen Minimalgarantie liegt. Darunter ist aber in keinem Fall eine gleichmäßige Versorgung bei künftigen technischen Entwicklungen zu verstehen. Außerdem sind Innovationen meistens nicht für den flächendeckenden Markt geeignet. Im Gegenteil, ein solches Erfordernis würde die Innovationen eher hemmen (*Lerche*, in: Maunz/Dürig/Herzog/Scholz, Grundgesetz, Art. 87 f GG, Rdnr. 79). Die genaue Gestalt der zu gewährenden angemessenen und ausreichenden Dienstleistung ist zwar einer dynamischen Anpassung unterworfen, die sich allerdings nach dem für die breite Masse der Bevölkerung selbstverständlichen und damit unabdingbaren Standard richtet (vgl. Regierungsbegründung zum TKG, BR-Drucks. 89/96, S. 40 f.). Die diesbezügliche Einschätzungsprärogative liegt beim Bund (*Lerche*, in: Maunz/Dürig/Herzog/Scholz, Grundgesetz, Art. 87 f GG, Rdnr. 80). Die gem. § 1 Nr. 1 der Telekommunikationsuniversaldienstleistungsverordnung (TUDLV) (abgedruckt bei Scheuerle, Lehr, Mayen (Hrsg.), in: Telekommunikationsrecht, 1997, Kap. 3, S. 83f.) zu gewährleistenden analogen Telefonanschlüsse mit ISDN Leistungselemente erreichen derzeit nur 28,8 kbit/s Vermittlungsleistung (*Kubicek*, CR 1997, 1, 8). Bei der Nutzung von Online-Diensten mit graphischer Benutzeroberfläche - mittlerweile Standard- treten somit bei der Datenübertragung Schwierigkeiten auf. Damit wird den Bedürfnissen einer immer schneller wachsenden Zahl von Unternehmern nicht Rechnung getragen.
Man sieht, der zu gewährleistende Standard der Telekommunikationsdienstleistungen ist eher wie es auch in § 17 Abs. 1 Satz 1 TKG steht, ein Mindestangebot, dessen Anpassung bei veränderten Rahmenbedingung immer reaktiv, diskussions- und zeitintensiv ist. Damit ist unweigerlich auf diesem hochinnovativen Sektor ein Stadt-Land-Gefälle bezüglich der Qualität der angebotenen Telekommunikationsdienstleistungen die Folge. Denn die Telekommunikationsunternehmen werden sich vor allem die lukrativen Gebiete für innovative Neuheiten vorbehalten (Rosinenpickerei). Dies wäre durch ein kommunales Engagement entweder als Alleineigentümer oder Teilhaber an einer Telefongesellschaft wegen der großen logistischen Reserven der Kommunen leicht zu beseitigen. Hauptsächlich könnten dadurch aber technische Neuheiten sehr schnell den Gemeindebürgern auf dem flachen Land angeboten werden.

Immerhin gibt es heute 83 kommunale Telekommunikationsunternehmen bundesweit mit zunehmender Tendenz[314].

Selbst wenn man dieser Argumentation nicht folgen will, muss man sich der normativen Kraft des Faktischen stellen. Denn seit der Erfindung der Power-Line, die Telefonie via Stromnetz ermöglicht und derzeit auf ihre Marktfähigkeit hin erprobt wird, gibt es in der Diskussion um ein Recht der Kommunen auf Teilnahme am Telekommunikationsmarkt aus Art. 28 Abs. 2 Satz 1 GG eine völlig neue Ausgangslage. Wenn die Stromerzeugung und der Betrieb von Stromleitungsnetzen als Bestandteil der sich aus der kommunalen Selbstverwaltungsgarantie gem. Art. 28 Abs. 2 GG begründenden Daseinsvorsorge betrachtet werden, wie oben gezeigt, muss zwingend in der Konsequenz hieraus für die damit untrennbare Möglichkeit der Telekommunikationsdienstleistungen als eine Art Annexkompetenz der Energieversorgung das Gleiche gelten.

Die Telekommunikation ist somit in jedem Fall neben ihrer Zugehörigkeit zum Wettbewerbs-prinzip auch dem Prinzip der Daseins- und Zukunftsvorsorge der von der kommunalen Selbstverwaltungsgarantie i. S. d. Art. 28 Abs. 2 Satz 1 GG abstammenden objektiven Aufgabengarantie zuzuordnen.

Zusammenfassend muss also festgestellt werden, dass den Kommunen grundsätzlich aus der kommunalen Selbstverwaltungsgarantie in Art. 28 Abs. 2 Satz 1 GG ein Recht zur Teilnahme als Anbieter auf dem Telekommunikationsmarkt erwächst[315].

4. *Befassungsgrenzen der kommunalen Selbstverwaltung*

Dieses Recht zur Teilnahme am Telekommunikationssektor gem. Art. 28 Abs. 2 Satz 1 GG könnte den Kommunen durch eine Befassungsgrenze der kommunalen Selbstverwaltung aber gänzlich verwehrt werden. Die daraus resultierende Unzuständigkeit folgt aus spezialrechtlich geregelten bundesverfassungsrechtlichen Vorgaben, die den Bereich der Telekommunikation dem Bund zuweisen[316]. Dies ergibt sich daraus, dass Art. 28 Abs. 2 Satz 1 GG keine Norm mit kompetenzbegründender Funktion ist, sondern lediglich eine Bestimmung zur Aufgaben- bzw. Kompetenzverteilung darstellt, die ausschließlich staatsgerichtet die

314 siehe ATekom-info, Heft 39, Februar 1999

315 a.A. *Müller*, DVBl. 1998, 1256, 1263, der aus Art. 28 Abs. 2 Satz 1 GG i.V.m. Art. 87 f Abs. 1 GG gerade ein Tätigkeitverbot der Kommunen auf dem Telekommunikationssektor ableitet.

316 *Stober*, in: „Kommunalrecht“, 3. Auflage 1996, S. 41., § 3 II 1. c) ee)

Verteilung von Verwaltungszuständigkeiten zwischen den verschiedenen Verwaltungsebenen Bund, Länder, Kreise und Gemeinden regelt[317].

Auf dem Gebiet der Telekommunikation weist der Gesetzgeber in Art. 87 f Abs. 1 GG, als lex specialis zu Art. 73 Nr. 7 GG[318], die Problematik der Daseinsvorsorge in Form einer zu gewährleistenden Grundversorgung ausdrücklich dem Bund zu[319]. Danach muss der Bund eine flächendeckend angemessene und ausreichende Versorgung der Bevölkerung mit Dienstleis-tungen im Bereich der Telekommunikation gewährleisten. Dies ist als solche eine rein hoheitliche Aufgabe, da sie durch ein Bundesgesetz zu realisieren ist[320]. Davon zu unterscheiden ist aber die tatsächliche Realisierung der Grundversorgung. Diese erfolgt primär privatrechtlich durch die privatwirtschaftliche Präsentation der Dienstleistungen gem. Art. 87 f Abs. 2 Satz 1 GG[321].

Somit kann den Kommunen prinzipiell mangels Zuständigkeit aus der kommunalen Selbstverwaltungsgarantie gem. Art. 28 Abs. 2 Satz 1 GG kein Recht zur Teilnahme als Anbieter auf dem Telekommunikationsmarkt zuwachsen[322]. Dies bedeutet aber kein generelles Tätigkeitsverbot für Kommunen auf diesem Sektor[323].

II. Gesetzesvorbehalt

Denn es besteht die Möglichkeit, dass sich indirekt im Rahmen der Gesetze, in denen die kommunale Selbstverwaltung gem. Art. 28 Abs. 1 GG garantiert ist, etwas anderes ergibt.

---

317 *Badura*, DÖV 1998, Heft 19, 818, 823; *Kluth*, „Grenzen kommunaler Wettbewerbsteilnahme", S.47

318 *Lerche*, in: Maunz/Dürig/Herzog/Scholz, Grundgesetz, Art. 87 f GG, Rdnr. 11

319 *Lerche*, in: Maunz/Dürig/Herzog/Scholz, Grundgesetz, Art. 87 f GG, Rdnr. 71, 74 u. 81

320 *Badura*, in: Stellungnahme zum Gesetzesentwurf der Bundestagsfraktionen CDU/CSU, SPD und FDP (BT-Drucks. 12/6717), abgedruckt in BT-RechtsA. Protokoll 12/117, S. 14

321 *Lerche*, in: Maunz/Dürig/Herzog/Scholz, Grundgesetz, Art. 87 f GG, Rdnr. 71

322 a.A. *Hellermann*, Örtliche Daseinsvorsorge, S. 342, nach dem eine solche Argumentation den kategorialen Unterschied zwischen spezifisch hoheitlichem und wirtschaftlichem Handeln ignoriere und verkenne, dass die Kommunen zur Wahrnehmung von örtlichen Gemeinwohlbelangen nicht nur durch hoheitliche Betätigung, wie sie für den Telekommunikationssektor durch Art. 87 f Abs. 1 GG dem Bund vorbehalten ist, sondern gerade auch durch wirtschaftliche Betätigung befugt seien. Aus Art. 87 Abs. 1 i.V.m. Art. 28 Abs. 2 GG ergebe sich deshalb kein Ausschluß der wirtschaftlichen Betätigung der Kommunen in der Telekommunikation.

323 a.A. *Müller*, DVBl. 1998, 1256, 1262

Der Gesetzesvorbehalt bezieht sich auf beide Garantieelemente, die Eigenverantwortlichkeit und die Universalität[324]. Der Gesetzesvorbehalt in Art. 28 Abs. 2 Satz 1 GG ermächtigt den Gesetzgeber zur Ausformung des Garantiegehalts, zur Fixierung immanenter Grenzen, aber auch zu Eingriffen in verfassungsunmittelbare Garantiebereiche[325]. Denn die Einrichtung der gemeindlichen Selbstverwaltung bedarf der gesetzlichen Ausgestaltung und Ausformung[326]. Dies bedeutet zum einen eine negative Konkretisierung der kommunalen Selbstverwaltung durch gesetzliche Beschneidung des kommunalen Aufgabenbereiches bis hin zu ihrem Kernbereich, zum anderen aber auch eine positive Wirkung, indem durch Gesetz der Kommune Aufgaben und Rechte gewährt werden können, die eigentlich nicht in ihrem Kompetenzbereich liegen[327]. Dies ergibt sich daraus, dass nur der Gesetzgeber die demokratische Verantwortlichkeit der Selbstverwaltung beschränken oder dazu ermächtigen kann[328].

Allerdings steht grundsätzlich den Ländern die Gesetzgebungskompetenz über das Kommunalrecht zu. Der Bund kann daher keine Gemeindeordnung erlassen, da dieser Gegenstand nicht in den Kategorien der ausschließlichen, konkurrierenden oder Rahmengesetzgebung (Art. 73 ff.) aufgeführt ist. Der Bund kann aber Gesetze über spezielle Materien, soweit er hierfür zuständig ist, erlassen, mit denen sich die Gemeinden zu befassen haben[329]. Ein solches Gesetz ist das TKG, das aufgrund der ausschließlichen Gesetzgebungskompetenz des Bundes gem. Art. 87 f. Abs. 1 GG erlassen wurde.

In § 50 Abs. 4 TKG spricht der einfache Bundesgesetzgeber vom Wegebaulastträger als Lizenznehmer i. S. d. § 6 TKG. Wer Träger der Wegebaulast ist, bestimmt sich nach dem jeweiligen Straßen- und Wasserrecht. Nach geltendem Recht liegt die gesetzliche Straßenbaulast für Bundesfernstraßen (Bundesautobahnen und Bundesstraßen) beim Bund, für Landes- bzw. Staatsstraßen grundsätzlich beim Land, für Kreisstraßen beim Landkreis oder der kreisfreien Stadt und für alle übrigen Straßen bei der Gemeinde[330]. So sind die Gemeinden in Bayern gem. Art. 47 Abs. 1 BayStrWG[331] Baulastträger für Gemeindestraßen.

---

324 BVerfGE 56, 298, 312; 79, 127, 146

325 BVerfGE 56, 298, 309 f.; 79, 127, 143; *Maunz*, in: Maunz/Dürig/Herzog/Scholz, Grundgesetz, Art. 28 GG, Rdnr. 51 f.; a.A. Schmidt-Jorzig, Kommunalrecht, Rdnr. 486

326 BVerfGE 79, 127, 143

327 so auf jeden Fall für die Verlagerung von Aufgaben an die private Wirtschaft, *Moraing*, Beiträge zur kommunalen Versorgungswirtschaft 1995, Heft 84, S. 41

328 BVerfGE 56, 298, 309

329 *Maunz*, in: „Maunz/Dürig/Herzog/Scholz, Komm. z. Grundgesetz", Art. 28 GG, Rdnr. 68

330 *Schütz*, in: Beck'scher TKG-Kommentar, § 50, Kap V. 1., Rdnr. 35

331 Für Gemeinden in anderen Bundesländern gibt es entsprechende Landesgesetze.

Aus § 50 Abs. 4 TKG ergibt sich demzufolge, dass Gemeinden i. S. d. § 6 Abs. 1 TKG grundsätzlich lizenzberechtigt sein können.

Konsequenz daraus ist, dass die Gemeinden als Anbieter von Dienstleistungen auf dem Telekommunikationsmarkt gem. 28 Abs. 1 Satz 2 GG i.V.m. § 50 Abs. 4 GG auftreten können[332].

III. Zusammenfassung

Wegen der ausschließlichen Kompetenz des Bundes gem. Art. 87 f Abs. 1 GG kann den Kommunen prinzipiell mangels Zuständigkeit aus der kommunalen Selbstverwaltungsgarantie gem. Art. 28 Abs. 2 Satz 1 GG kein Recht zur Teilnahme als Anbieter auf dem Telekommunikationsmarkt zuwachsen. Dies führt aber nicht zu einem Tätigkeitsverbot für Kommunen auf diesem Sektor. Die Gemeinden haben schließlich das Recht nach ihrer Selbstverwaltungsgarantie im Rahmen der Gesetze gem. Art. 28 Abs. 1 Satz 2 GG i. V. m. § 50 Abs. 4 GG als Anbieter von Dienstleistungen auf dem Telekommunikationsmarkt aufzutreten.

---

332 Im Ergebnis ebenso BVerfG in seinem Beschluß zur unentgeltlichen Nutzung öffentlicher Verkehrswege v. 7.1.1999 – 2 BvR 929/97- stillschweigend aus", abgedruckt in: MMR 1999, Heft 6, S. 357 ff.

3.Teil: Die gemeinderechtlichen Möglichkeiten und Grenzen auf dem Gebiet der Telekommunikation

Die Finanzkrise vieler Kommunen zwingt diese zum Handeln[333]. Sie können unterschiedlich reagieren. Zunächst können die Kommunen durch Leistungsabbau und Privatisierung sparen, zweitens durch Rationalisierung effizienter werden und drittens durch Ausweitung der Kommunalwirtschaft neue ertragreiche Geschäftsfelder für sich erschließen. Strukturell neuartige erwerbswirtschaftlich motivierte Betätigungen der Gemeinden insbesondere im Bereich der Telekommunikation, werden gerade durch das sog. "Neue Steuerungsmodell" für die Verwaltungsorganisation gefördert[334].

So betätigen sich die Kommunen wie in einem "Goldgräberrausch" in zahlreichen Wirtschaftsfeldern. Zum Beispiel[335] leihen die Bauhöfe nicht selten ihre Maschinen und Fahrzeuge gegen Entgelt aus. Die Standesämter veranstalten in einigen Städten gegen einen Aufpreis Ambiente- Trauungen, und die städtischen Kantinen halten hierfür einen Partyservice bereit. Noch weiter gehen die Kommunen, die sich als Hotelier oder Betreiber von Nagelstudios versuchen. Der Gegenstand dieser Untersuchung, das Erbringen von Telekommunikationsdienstleistungen, gilt dabei als ein besonders lukrativer Markt, den sich die Kommunen nicht entgehen lassen.

Diese expansive Wirtschaftstätigkeit stößt bei der Privatwirtschaft und den Kammern auf wenig Gegenliebe, die in zahlreichen Unterlassungsklagen ihren Ausdruck findet. Der Bund der Steuerzahler faßt die Kritik in der Forderung zusammen: "Städte bleibt bei euren Leisten! Überlaßt das Wirtschaften der Wirtschaft!"[336].

In wie weit diese Kritik kommunalrechtlich für die Betätigung der Kommunen durch eigene Unternehmen oder Unternehmensbeteiligungen am Telekommunikationssektor gerechtfertigt ist, ist der Untersuchungsschwerpunkt im Folgenden.

---

333 Vgl. alleine für die Kommunen in Nordrhein-Westfalen LT-Drucks. 12/2340 S.1 f.

334 Näher dazu vgl. Hill, BB 1997, 425, 426; *Otting*, in: "Das neue Steuerungsmodell und rechtliche Betätigungsspielräume der Kommunen", S. 4 ff., 44 ff.; *Otting*, DVBl. 1997, 1258 ff.

335 vgl. zu den Beispielen *Hill*, BB 1997, 425, 425

336 *Ehlers*, DVBl. 1998, Heft 10, 479, 489

A) Die Zielsetzung der kommunalen Telekommunikationsunternehmen

Seit der Deutschen Gemeindeordnung von 1935 (DGO)[337] schreiben alle Gemeindeordnungen, wenn auch in unterschiedlicher Intensität, vor, dass die Gemeinde wirtschaftliche Unternehmen nur errichten oder wesentlich erweitern darf, wenn der öffentliche Zweck das Unternehmen rechtfertigt, vgl. § 67 Abs. 1 Nr. 1 DGO u. § 69 Abs. 1 DGO. Für den Bereich der kommunalen Telekommunikationsunternehmen wird die Bindung an einen öffentlichen Zweck von Teilen im Schrifttum, vor allem aber von der Bundesregierung bezweifelt[338]. Aus diesem Grund muß dieser Thematik nachgegangen werden. Entscheidend ist dabei, welche Aktivitäten der Kommunen auf dem Telekommunikationssektor unter den Begriff des wirtschaftlichen Unternehmens subsummiert werden können.

In Anlehnung an § 67 DGO verzichten die meisten Gemeindeordnungen der Bundesländer auf eine Legaldefinition des Begriffes "wirtschaftliches Unternehmen". Dies entspricht dem rein praktischen Bedürfnis, der fortschreitenden Entwicklung im Bereich der wirtschaftlichen Betätigung der Kommunen Raum zu lassen.[339]

Die bisher in der Literatur vorgelegten Definitionen des wirtschaftlichen Unternehmens orientieren sich überwiegend an der vorläufigen Ausführungsverordnung zu § 67 DGO[340]. Nach dieser sog. "Popitz-Formel" sind unter wirtschaftlichen Unternehmen solche Anlagen zu Einrichtungen der Gemeinde zu verstehen, die auch von privaten mit der Absicht der Gewinnerzielung betrieben werden können[341].

Im Vordergrund neuer Definitionsversuche steht demgegenüber die organisatorische Verselbständigung kommunaler Wirtschaftseinheiten[342]. Dabei werden vor allem die Kriterien der Wertschöpfung, der Fremdbedarfsdeckung und die Anwendung wirtschaftlicher Arbeitsmethoden betont. Angesichts der Vielfalt wirtschaftlicher Aktivitäten, die zudem auch einem ständigen Wandel unterworfen

---

337 vgl. RGBl. I Nr. 6, S. 49

338 vgl. *Möstl*, BayVBl. 1999, Heft 18, 547, 551; *Müller*, DVBl. 1998, 1256, 1263; Stellungnahme der Bundesregierung zum 11. Hauptgutachten der Monopolkommission, BT-Drucks. 13/7998, S. 11, Tz. 29., *Held*, "Organisation kommunaler Aufgabenerfüllung", Hrsg.: H.-G. Henneke, S. 113, 129

339 *Knemeyer*, in: "Bayerisches Kommunalrecht", Rdnr. 255, S. 216

340 RdErl. des Reichs- und Preuß. Ministers des Innern Herrn *Popitz* vom 22.3. 1935, MinBl. für die peuß. Innere Verwaltung 1935, S. 475

341 *Gerke*, Jura 1985, 349, 350

342 siehe einen Überblick bei *Kluth*, in: "Grenzen kommunaler Wettbewerbsteilnahme", S. 6

sind, verbleibt nur eine Umschreibung des Begriffes des "witschaftlichen Unternehmens"[343]. Dies zeigt der Versuch der Legaldefinition des Begriffs der "wirtschaftlichen Betätigung" in einigen Kommunalverfassungen[344], nach der unter diesem Begriff der Betrieb von Unternehmen .., „die als Hersteller, Anbieter oder Verteiler von Gütern oder Dienstleistungen am Markt tätig werden, sofern die Leistung ihrer Art nach auch von einem Privaten in der Absicht der Gewinnerzielung erbracht werden könnte", verstanden wird. Daher ist zusammenfassend der Definition von *R. Schmidt* zu folgen[345]. Ein wirtschaftliches Unternehmen ist demnach jede kommunale Einrichtung, die auch im Rahmen der Privatwirtschaft betrieben werden könnte, mit Ausnahme der Unternehmen, zu deren Unterhaltung die Kommune gesetzlich verpflichtet ist, deren Gemeinnützigkeit im Vordergrund steht oder die nur der Deckung des eigenen Bedarfs dient.

Auf der Basis dieser Definition sowie der zuvor genannten Kriterien und Indizien wird man das Auftreten kommunaler Gebietskörperschaften bzw. kommunaler Unternehmen auf dem Geschäftsfeld der Telekommunikation jedenfalls dann grundsätzlich als eigene wirtschaftliche Betätigung ansehen müssen, wenn die entsprechenden Aktivitäten einen gewissen Umfang erreicht haben. Unstreitig ist dies bei den vier oben exemplarisch vorgestellten kommunalen Telekommunikationsunternehmen der Fall. Auf den genauen Umfang der Aktivitäten wird im weiteren Verlauf der Untersuchung näher eingegangen werden. Unter diesen Voraussetzungen wird man zugleich auch von einem wirtschaftlichen Unternehmen bzw. einer wesentlichen Erweiterung eines bestehenden Unternehmens sprechen können, sofern die Organisationsstrukturen eine gewisse ökonomische Festigkeit und Selbständigkeit aufweisen.

Aus der dargestellten Definition des kommunalen wirtschaftlichen Unternehmens ergibt sich nach *Stober*[346] allerdings eine Dreiteilung in verschiedene Unternehmenskategorien, die unterschiedliche Anforderungen an eine erforderliche Bindung an einen öffentlichen Zweck stellen. So teilen sich die kommunalen Unternehmen in ausdrüchlich verbotene, fiktiv gestattete und eingeschränkt gestattete Unternehmen auf. Übereinstimmend in den Gemeindeordnungen aller Bundesländer ist es den Gemeinden lediglich untersagt, Bankunternehmen zu

---

343 *Moranig*, in: "Beiträge zur Kommunalen Versorgungswirtschaft", 1995, Heft 84, S. 15 f.

344 vgl. §107 Abs. 1 Satz 2 GO NW

345 *Schmidt*, "Kompedium Öffentliches Wirtschaftsrecht", § 7, Rdnr. 36; ebenso *Knemeyer*, "Bayerisches Kommunalrecht", Rdnr. 255, S.216; *v. Mutius*, "Kommunalrecht", Rdnr. 513, S. 272; *Stober*, "Kommunalrecht",S. 335 f.; *Lissack*,"Bayerisches Kommunalrecht", § 7, Rdnr 1, S. 207 f.

346 *Stober*,"Kommunalrecht", S. 337

errichten und zu betreiben. Daher ist entscheidend, welche unternehmerischen Aktivitäten der Kommunen auf dem Telekommunikationssektor als fiktiv gestattet gelten oder als eingeschränkt gestattete Unternehmen den Zulässigkeitskriterien der Wirtschaftsklauseln unterworfen sind.

I. Fiktiv gestattete kommunale Unternehmen

Bei den sogenannten fiktiv gestatteten Unternehmen wird der vorrangige öffentliche Zweck ebenso wie die anderen Wirtschaftsklauseln gem. § 67 Abs. 1 DGO unterstellt. Dies ist bei Unternehmen der Fall, zu deren Betrieb die Gemeinde gesetzlich verpflichtet ist[347]. Ebenso wird der öffentliche Zweck vermutet, wenn unternehmerische Tätigkeiten auf dem Gebiet des eigenen Wirkungskreises der Kommune erfolgen. Hierzu gehören Einrichtungen des Erziehungs- und Bildungs-, Gesundheits- und Sozialwesens, der Kulturpflege, des Sports, der Erholung, des Umweltschutzes, insbesondere der Abfall- und Abwasserbeseitigung, sowie der Straßenreinigung, der Wirtschafts- und Fremdenverkehrsförderung, der Wohnraumversorgung sowie Einrichtungen ähnlicher Art[348]. Ferner zählen zu den fiktiv gestatteten kommunalen Unternehmen die Einrichtungen, die als Hilfsbetrieb ausschließlich der Deckung des gemeindlichen Eigenbedarfs dienen[349].

1. Hilfsbetriebe

Wenn Kommunen ihre Möglichkeiten auf dem Gebiet der Telekommunikation beispielsweise dazu nutzen, einen telekommunikativen Kontakt zu ihren Bürgern zur Online-Abwicklung von Verwaltungsvorgängen herzustellen, um damit auch die städtischen Informationen effektiver und einfacher dem Bürger anzubieten oder die kommunalen Dienststellen und Einrichtungen einschließlich der kommunalen Unternehmen zu vernetzen, geschieht dies im Einklang mit dem Gemeinderecht. Die meisten Gemeindeordnungen nehmen nämlich solche Einrichtungen, die als Hilfsbetriebe ausschließlich der Deckung des Eigenbedarfs von Gemeinden und Gemeindeverbänden dienen, ausdrücklich von den Wirtschaftsklauseln aus, vgl. § 107 Abs. 2 Nr. 4 GO NW[350]. In anderen Gemeindeordnungen werden die nichtgewerblichen Nutzungen der Telekommunikation zur Eigenbe-

347 *v. Mutius*, "Kommunalrecht", Rdnr. 514, S. 272 f.
348 *Lissack*, "Bayerisches Kommunalrecht", § 7, Rdnr 1, S. 207 f.
349 *Stober*, "Kommunalrecht", S. 338
350 *Stober*, "Kommunalrecht", S. 337 m.w.N.

darfsdeckung nicht von dem Begriff der „wirtschaftlichen Betätigung“ erfasst, da die Gewinnerzielungsabsicht fehlt, vgl. § 100 Abs. 1 Satz 1 bbgGO[351].

Wenn die Kommunen die für die eben dargestellten nichtgewerblichen Nutzungen erforderliche Telekommunikationsinfrastruktur schaffen, stellt sich unweigerlich die Frage nach der Vermarktung überschüssiger Kapazitäten. Denn die hohen organisatorischen, finanziellen und personellen Aufwendungen für die nötige Infrastruktur müssen angesichts leerer Gemeindekassen amortisiert werden.

a) Neben-, Rand- oder Annextätigkeiten

Der Grundsatz der ausschließlichen Eigenbedarfsdeckung erfährt in diesem Bereich eine Ausnahme, wenn es sich um relativ unbedeutende, untergeordnete, dem Hilfsbetrieb dienende Neben-, Rand- oder Annextätigkeiten handelt[352]. Nach dem kommunalen Wirtschaftsrecht sind Tätigkeiten von Hilfsbetrieben von den Wirtschaftsklauseln ausgenommen, wenn sie bei Gelegenheit der Erfüllung des eigentlichen Betriebszwecks als eine ergänzende, arrondierende, unselbständige Nebennutzung erfolgen[353]. Dies gilt nicht nur für Hilfsbetriebe der Gemeinden selbst, sondern vor allem auch für die Nebentätigkeiten ihrer wirtschaftlichen Unternehmen. Die Nebenbetriebe, so nennt man die Hilfsbetriebe von kommunalen Unternehmen[354], sind demnach ohne weitere Prüfung der Wirtschaftsklauseln zulässig, wenn sie Tätigkeiten bei Gelegenheit ihrer eigentlichen Aufgabenerfüllung wahrnehmen und somit andernfalls brachliegendes Betriebs- bzw. Wirtschaftspotential ausnutzen[355]. Man spricht in diesem Zusammenhang auch von einer Zulässigkeit der Nebentätigkeiten unter dem Gesichtspunkt der Annexkompetenz. Eine derartige wirtschaftliche Betätigung wird nämlich nicht isoliert angestrebt, sondern ergibt sich nur anläßlich der Durchführung einer nicht wirtschaftlichen Aufgabe, wie hier z.B. der Erfüllung von Verwaltungsbedürfnissen. Daneben kann eine zulässige Annextätigkeit allerdings auch bei Gelegenheit einer durch einen öffentlichen Zweck gerechtfertigten wirtschaftli-

351 näher hierzu *Schmidt-Jorzig*, in: HkWP V, S. 54

352 *Moranig*, in: "Beiträge zur Kommunalen Versorgungswirtschaft", 1995, Heft 84, S. 19 m.w.N.

353 *Katz*, in: "Kommentar zur Gemeindeordnung von Baden-Württemberg", Hrsg.: Kunze u.a., § 102, Rdnr. 64

354 *Püttner*, Die öffentlichen Unternehmen, S. 40 f.

355 BVerwGE 82, 29 ff.; *Ehlers*, DVBl. 1998, Heft 10, 497, 500; *Ossenbühl*, "Bestand und Erweiterung des Wirkungskreises der Deutschen Bundespost", S. 137; *Rocke*, "Nebentätigkeiten kommunaler wirtschaftlicher Unternehmen", S. 41 ff.

chen Betätigung, wie etwa der Energie- und Wasserversorgung,[356] erfolgen. Die Rechtfertigung durch den öffentlichen Zweck des Hauptunternehmens reicht solange und soweit, wie der allgemeine Wirtschaftlichkeitsgrundsatz und das Rentabilitätsgebot, vgl. § 109 Abs. 1 Satz 2 GO NW, verlangen, dass vorhandene Produktions- bzw. Betriebsreserven, selbst unter Vornahme begrenzter Neuinvestitionen, vollständig ausgelastet und sinnvoll genutzt werden[357]. Dies gilt vor allem, wenn die Verluste im sozialwirtschaftlich betriebenen Kerngeschäft ausgeglichen bzw. minimiert werden sollen[358].

Eine Meinung in der Literatur ist der Auffassung, dass solche Annextätigkeiten kommunalrechtlich unzulässig seien. Denn auch Tätigkeitsbereiche, die lediglich der Gewinnerzielung dienten, seien vom öffentlichen Zweck ausgenommen, vgl. Art. 87 Abs. 1 Satz 2 BayGO. Dem steht allerdings, wie bereits ausgeführt, das Gebot zur Wirtschaftlichkeit entgegen, vgl. insoweit auch Art. 95 Abs. 1 BayGO[359].

Die Grenzen der zulässigen Nebentätigkeiten sind schwer zu bestimmen und hängen von der Einzelfallbeurteilung ab[360]. Sicherlich unzulässig sind Nebentätigkeiten die eine Beeinträchtigung der öffentlichen Zwecksetzung des Kerngeschäftes darstellen[361]. Ebenso müssen die Wirtschaftsklauseln beachtet werden,

---

356 vgl. *Ehlers*, "Verwaltung in Privatrechtsform", S. 205; *Schmidt-Jorzig*, in: HkWP, V S. 63

357 *Galette/Laux*, "Kommentar zur Gemeindeordnung von Schleswig-Holstein", § 101 Tz. 2.2.

358 Vgl. EuGH, Slg. 1993, I-2533 (I-2569)- Corbeau, wonach es einem Unternehmen, welches eine Dienstleistung von allgemeinem wirtschaftlichen Interesse erbringt, möglich sein müsse, das wirtschaftliche Gleichgewicht seines Betriebes mit Hilfe von rentablen Tätigkeitsbereichen sicherzustellen. Ausführlich zu diesem Urteil *Neu*, in: "Marktöffnung im nationalen und internationalen Postwesen", S. 132 ff.

359 *Hölzl/Hien*, in: "Kommentar zur Gemeindeordnung", Anm. 2.2 zu Art. 87 BayGO, S. 5

360 zulässige Nebentätigkeiten sind z.B. der Gelegenheitsverkehr städtischer Verkehrsbetriebe, die entgeltliche Bereitstellung von Reklameflächen durch Verkehrsunternehmen, der Verkauf von überschüssigem Eis der Schlachthöfe, der zeitweise Einsatz der Reparaturbetriebe der Verkehrsunternehmen für Dritte oder die gelegentliche Übernahme von Installations- und Wartungsarbeiten an Kundenanlagen durch die Versorgungsunternehmen. Unzulässig ist dagegen auf jeden Fall, wenn z.B. die KfZ-Werkstatt der Verkehrsbetriebe den privaten Werkstätten allgemein Konkurrenz machen würde, Treibstoff verkaufen oder gar mit Autos handeln würde, ebenso ist es den Energieversorgungsunternehmen verboten, Elektrogeräte zu vertreiben. Vgl. dazu *Ehlers*, DVBl. 1998, Heft 10, 479, 501; sowie *Moranig*, in: "Beiträge zur Kommunalen Versorgungswirtschaft", 1995, Heft 84, Hrsg.: VKU, S. 21 m.w.N.

361 *Ehlers*, DVBl. 1998, Heft 10, 479, 501; so hat auch das OLG Hamm für das Kommunalrecht von Nordrhein-Westfalen entschieden, dass die zur besseren Auslastung der städtischen Gärtnerei betriebene erwerbswirtschaftliche Tätigkeit nicht vom öffentlichen Zweck gedeckt sei; die Einrichtung müsse vielmehr so dimensioniert werden, dass sie für den öffentlichen Zweck passe, DVBl. 1998, 792.

wenn die Nebentätigkeit in einer neu aufgenommenen, unabhängigen von vorhandenen Produktionsmitteln entwickelten Aktivität besteht[362] bzw. die Nebenbetriebe selbständig sind[363].

b) Bedeutungen für kommunale Telekommunikationaktivitäten

Für die Aktivitäten der Kommunen bzw. der kommunalen Unternehmen auf dem Gebiet der Telekommmunikation ergibt sich daraus, dass diese Tätigkeiten ohne weitere Zulässigkeitsprüfung gemeindewirtschaftsrechtlich erlaubt sind, solange und soweit es sich um Leistungen handelt, durch die bereits vorhandene personelle und materielle Ressourcen effektiver und rationeller genutzt werden können, und dies sogar u.U. unter Vornahme begrenzter Neuinvestitionen. Welche der zahlreichen Telekommunikationsdienstleistungen hiervon erfaßt werden, ist generell nicht zu beantworten, sondern hängt von einer Einzelfallbetrachtung ab. Allgemein läßt sich jedoch sagen, dass die Kommunen neben den oben aufgeführten hilfsbetrieblichen Telekommuniktionsaktivitäten auch die vorhandenen Leerrohre, Trassen oder Kabel, die zur Strom, Fernwärme-, Gas- und Wasserversorgung, oder für den öffentlichen Personennahverkehr im Bereich der U-, S- und Straßenbahnen geschaffen wurden, kommunalwirtschaftsrechtlich zulässig privaten Telekommunikationunternehmen entgeltlich zum Aufbau von Telekommunikationsnetzen zur Verfügung stellen können. Dies gilt auch für das Abgebot leitungsbezogener Planungs-, Beratungs-, Wartungs- und anderer Netzmanagementdienste an andere private Netzbetreiber unter Ausnutzung von personellen und materiellen Überkapazitäten[364]. Ferner ist es den Kommunen erlaubt, ihre überschüssigen Kapazitäten durch das Angebot von Tele- und Mediendiensten im Rahmen der Randnutzung zu vermarkten[365].

Bei der Vermarktung der vorhandenen Telekommunikationsnetze ist ebenfalls davon auszugehen, dass im Rahmen der Randnutzungen bzw. Annextätigkeit die Vermarktung überschüssiger Kapazitäten an Telekommunikationsnetzen, die rein für den Eigenbedarf geschaffen wurden, ebenfalls ohne Prüfung der Wirtschaftsklauseln kommunalrechtlich zulässig ist, da sie eine effizientere Nutzung

---

362 *Moranig*, "Beiträge zur Kommunalen Versorgungswirtschaft", 1995, Heft 84, S. 20

363 *Püttner*, "Die öffentlichen Unternehmen", S. 40 f.; *Stern/Püttner*, "Die Gemeindewirtschaft", S. 178

364 *Decker*, in: Held u.a. (Hrsg.), Kommunalverfassungsrecht Nordrhein-westfalen, § 17 GO, Erl. 8.1a)-c); *Hellermann*, Örtliche Daseinsvorsorge, S. 342 f.; te Reh, ZögU 1996 (19), 405 f.

365 ebenso *Pünder*, DVBl. 1997, Heft 23, 1353, 1358; a.A. *Decker*, "Kommunalverfassungsrecht Nordrhein-Westfalen, Hrsg.: Held u.a., § 107 Anm. 8.1. d)

der vorhandenen kommunalen Einrichtungen darstellt[366]. Es besteht lediglich das Problem, dass ein weiterer Ausbau der Netze oder spezieller Dienstleistungsangebote angesichts des hierzu notwendigen Investitionsvolumens die Grenze der erlaubten Nebentätigkeit überschreitet. In diesem Zusammenhang wird man trotz des Entstehens von Synergieeffekten durch das gleichzeitige Verlegen von Energie- oder Wasser/Abwasserleitungen und Telekommunikationsleitungen nicht mehr von einer Nutzung vorhandener Produktionskapazitäten sprechen können, sondern vielmehr von neu aufgenommenen Tätigkeiten sprechen müssen[367].

c) Problem des Separierungsgebots im TKG

Ein Problem könnte allerdings ein zentraler Grundsatz des Telekommunikationsgesetzes, nämlich das Prinzip der strukturellen Separierung, darstellen. Das Prinzip der strukturellen Separierung ist in § 14 Abs. 1 TKG normiert und fordert, dass Unternehmen, die auf anderen Märkten als der Telekommunikation über eine marktbeherrschende Stellung nach § 19 UWG[368] verfügen, Telekommunikationsdienstleistungen in einem oder mehreren rechtlich getrennten Unternehmen führen müssen. Konsequenz daraus wäre, dass die Vermarktung überschüssiger Kapazitäten nicht als Nebentätigkeit eines nach kommunalem Wirtschaftsrecht zulässigen Betriebes, sondern in einem selbständigen Unternehmen, das der Prüfung der Wirtschaftsklauseln unterliegt, erfolgen muß[369].

Die strukturelle Separierung verfolgt das Ziel, eine notwendige Transparenz auf dem Telekommunikationsmarkt zu schaffen, um eine eventuelle Verfälschung des Wettbewerbs zu verhindern, die durch Quersubventionierung innerhalb des Unternehmens und der damit verbundenen Gefahr des Dumpings andernfalls entstehen könnte[370]. Derzeit verfügen die Kommunen bzw. die in ihrem Eigentum stehenden Stadtwerke meistens über eine derartige Stellung bei der Energieversorgung, sicher aber bei der Wasserversorgung und Abwasserentsorgung. Aus diesem Grund dürfen die Kommunen bzw. ihre Stadtwerke nur durch ein rechtlich verselbständigtes Unternehmen Telekommunikationsdienstleistungen gem. dem strukturellen Separierungsgebot des § 14 Abs. 1 TKG anbieten. Grundsätzlich gilt das Gebot der Separierung nicht nur für die Stadtwerke, sondern auch

---

366 ebenso *Pünder*, DVBl. 1997, Heft 23, 1353, 1358; *Moranig*, "Beiträge zur Kommunalen Versorgungswirtschaft", 1995, Heft 84, S. 21

367 *Moranig*, in:"Beiträge zur Kommunalen Versorgungswirtschaft", 1995, Heft 84, S. 21

368 UWG; Gesetz gegen unlauteren Wettbewerb

369 *Püttner*, Die öffentlichen Unternehmen, S. 40 f.; *Stern/Püttner*, Die Gemeindewirtschaft, S. 178

370 *Hellermann*, Örtliche Daseinsvorsorge und kommunale Selbstverwaltung, S. 338

für die Kommune selbst[371]. Dabei ist Indiz für das Vorliegen einer strukturellen Separierung, dass das Tochterunternehmen eigene Angestellte vorweisen kann, die nicht gleichzeitig bei der Muttergesellschaft beschäftigt sind[372].

Damit der Grundsatz der struktuellen Separierung greift, müßten die Vermarktung der überschüssigen Kapazitäten an Telekommunikationsnetzen, Kabeln, Trassen, Leitungen und Leerrohren, sowie die Vermarktung von leitungsbezogenen Planungs- Beratungs- Wartungs- und anderen Netzmanagementdiensten Telekommunikationsdienstleistungen sein, gem. § 14 Abs. 1 TKG. Telekommunikationsdienstleistungen i.S.d. TKG sind das gewerbliche Angebot von Telekommunikation einschließlich des Angebots von Übertragungswegen für Dritte, gem. § 3 Nr. 18 TKG. Telekommunikation wiederum bedeutet nach § 3 Nr. 16 TKG der technische Vorgang des Aussendens, Übermittelns und Empfangens von Nachrichten jeglicher Art in der Form von Zeichen, Sprache, Bildern oder Tönen mittels Telekommunikationsanlagen. Von Übertragungswegen wird im Zusammenhang mit dem TKG gesprochen, wenn Telekommunikationsanlagen in Form von Kabel- oder Funkverbindungen mit ihren übertragungstechnischen Einrichtungen als Punkt-zu-Punkt- oder Punkt-zu-Mehrpunkt-Verbindungen mit einem bestimmten Informationsdurchsatzvermögen (Bandbreite oder Bitrate) einschließlich ihrer Abschlußeinrichtungen vorliegen, vgl. § 3 Nr. 22 TKG.

Als Konsequenz dieser Begriffsdefinitionen im TKG wird deutlich, dass das Angebot von Übertragungswegen gem. § 3 Nr. 22 TKG somit auch unter den Begriff "Telekommunikationsdienstleistung" gem. § 3 Nr. 18 TKG subsummiert werden kann. Dies hat zur Folge, dass die Vermarktung von Telekommunikationsnetzen ohne Abschlußeinrichtungen einschließlich ihrer zugehörigen Schaltungs- und Verzweigungseinrichtungen, Telekommunikationsmasten, Schaltungsunterstützungen, Kabelschächten, Trassen und Leerrohre sowie die Vermarktung von leitungsbezogenen Planungs-, Beratungs-, Wartungs- und anderen Netzmanegementdiensten keine Telekommunikationsdienstleistungen gem. § 3 Nr. 18 TKG darstellen und somit nicht vom sachlichen Anwendungsbereich des TKG erfaßt werden[373]. Das Prinzip der strukturellen Separierung gem. § 14 Abs. 1 TKG ist also insofern auf eine derartige Vermarktung nicht anwendbar[374]. Da-

---

371 *Fiebig*, VR 1998, Heft 5, 161, 162

372 Bundesministerium für Post und Telekommunikation, Verfügung 116/1996

373 *Pünder*, DVBl. 1997, Heft 23, 1353, 1354

374 *Breuer*, ET 1996, 808 ff.; *Fiebig*, VR 1998, Heft 5, 161, 162; Dies gilt allerdings ausschließlich für rein passive Einrichtungen. Die technische Infrastrukturen, die im Gegensatz dazu aktive (Netz-) Dienste bzw. den Signaltransport bewirken, müssen im Eigentum der separierten Telekommunikationsgesellschaft stehen. Über diese aktiven Einrichtungen muß ferner eine separate Verfügungsgewalt bestehen und in der Konsequenz hieraus

her muß eine solche Nebentätigkeit von Hilfsbetrieben bzw. anderen kommunalrechtlich zulässigen Unternehmen hinsichtlich einer Übereinstimmung mit den Wirtschaftsklauseln nicht überprüft werden. Bei der Vermarktung von Telekommunikationsnetzen mit Abschlußeinrichtungen gilt hingegen zwingen das Gegenteil.

Zusammenfassend ist daher festzustellen, dass die aufgezählten Nebentätigkeiten kommunaler Wirtschaftsunternehmen grundsätzlich nicht einer Prüfung der sog. Wirtschaftsklauseln unterliegen und somit im Einklang mit dem kommunalen Wirtschaftsrecht stehen.

2. *Unternehmerische Tätigkeiten auf dem Gebiet des eigenen Wirkungskreises der Kommune*

Die über die schlichte Nebentätigkeit kommunaler Unternehmen auf dem Gebiet der Telekommunikation hinausgehenden unternehmerischen Aktivitäten der Kommunen auf diesem Sektor, die sog. kommunalen Telekommunikationsunternehmen, stellen den Schwerpunkt dieser Untersuchung dar. Diese kommunalen Telekommunikationsunternehmen könnten auch von einer Prüfung der Wirtschaftsklauseln befreit sein, wenn für sie ebenfalls der öffentliche Zweck fingiert werden könnte. Dies ist der Fall, wenn die unternehmerische Tätigkeit auf dem Telekommunikationssektor im Bereich des eigenen Wirkungskreises der Gemeinde erfolgt. Derartige Einrichtungen waren bereits schon gem. § 67 Abs. 2. Nr. 1 DGO nicht als wirtschaftliche Unternehmen anzusehen und unterlagen somit nicht dem kommunalen Wirtschaftsrecht[375]. Dies ist in den Gemeindeordnungen bis heute teilweise gesetzlich bestimmt, vgl. Art. 87 Abs. 1 Nr. 1 BayGO[376].

---

scheidet eine gemeinsame Nutzung aus. D.h. u.a. die Telekommunikationstochtergesellschaften von Stadtwerken dürfen von ihrer Muttergesellschaft keine Bandbreite bzw. Bitrate beziehen.

375 *Widtmann/Grasser*, Komm. z. Bay. GO, Art. 87, Rdnr. 8, S. 14

376 Dies entspricht der gefestigten Rechtsprechung des BayVerfGHs, der den Begriff "wirtschaftliches Unternehmen" in Art. 89 a.F. dahingehend verfassungskonform auslegte, dass Daseinsvorsorgebetriebe sog. wirtschaftliche Unternehmen im weiteren Sinne nicht unter die engen Vorraussetzungen des Art. 89 a.F. fielen, weil die Daseinsvorsorge zum Funktionskern der Gemeindeverwaltung gehört. Vgl. *Knemeyer*, Bayerisches Kommunalrecht, Rdnr. 256, S. 216; BayVerfGH, BayVBl. 1958, 51

a) Sonderfall der kommunalen Daseinsvorsorgebetriebe

Die oben aufgeführten Einrichtungen des eigenen Wirkungskreises dienen zweifelsfrei der kommunalen Daseinsvorsorge und tragen daher ihre öffentliche Zwecksetzung gewissermaßen auf der Stirn[377]. Dazu gehören sowohl gemeinnützige als auch wirtschaftliche, d.h. auf Gewinnerzielung ausgerichtete Daseinsvorsorgebetriebe[378]. So wird beispielsweise auch bei Wirtschaftsunternehmen wie Wasser-, Gas-, Elektrizitäts- und Heizkraftwerken der öffentliche Zweck fingiert[379].

b) Telekommunikationsunternehmen als Unternehmen der kommunalen Daseinsvorsorge

Zu den Daseinsvorsorgeunternehmen zählen nach der herrschenden Ansicht in der Literatur in einigen Bundesländern, wie in Bayern, aber auch neuere Entwicklungen wie die der Telekommunikation. Die Telekommunikation ist zwar von der Verfassung noch nicht als kommunaler Aufgabenbereich erfaßt, wird aber in der Regel als Annexaufgabe zur Versorgung mit Strom und Gas erfüllt und dient nach allgemeiner Auffassung einem öffentlichen Zweck, wie z.B. der Herstellung effektiven Wettbewerbs in der Telekommunikation oder der Verbesserung der Infrastruktur[380].

Einige Landesgesetzgeber haben für kommunale Telekommunikationsunternehmen daher gesetzlich für diesen Bereich einen öffentlichen Zweck angenommen. In der nordrhein-westfälische Gemeindeordnung wird durch eine Gesetzesklausel in § 107 Abs. 1 Satz 1 Nr. 1 b GO eine wirtschaftliche Betätigung der Kommunen erlaubt, um Leitungsnetze für die Zwecke der Telekommunikation einschließlich der Telefondienstleistungen allein oder zusammen mit Dritten zu erweitern oder zu betreiben[381].

Zunächst stellt sich die Frage, ob kommunale Telekommunikationsunternehmen überhaupt zur Daseinsvorsorge beitragen. Der Begriff der Daseinsvorsorge wur-

---

377 *Ehlers*, DVBl. 1998, Heft 10, 497, 498

378 *Widtmann/Grasser*, Komm. z. Bay. GO, Art. 87, Rdnr. 8, S. 15

379 vgl. einen Überblick über Daseinsvorsorgebetreibe in der Bek. des StMI v. 5.7.1987 im MABl. 1997, S. 428

380 *Widtmann/Grasser*, Komm. z. Bay. GO, Art. 87, Rdnr. 8, S. 15; *Masson/Samper*, Bay. Kommunalgesetze - Komm., Art. 87, Rdnr 21, S. 8 f. *Hölzl/Hien*, GO für den Freistaat Bayern - Komm., Art. 87 Anm. 2, S. 5; vgl. Gesetzesbegründung zu Art. 87 BayGO, abgedruckt in: FSt. 1998 Rdnr. 244 Ziff. 1; a.A. *Müller*, DVBl. 1998, 1256, 1263

381 *Ehlers*, DVBl. 1998, Heft 10, 497, 499

de 1938 von *Ernst Forsthoff* geprägt und in einem sehr weiten Sinn verstanden: "Alles, was von Seiten der Verwaltung geschieht, um Angelegenheiten oder nach objektiven Merkmalen bestimmte Personenkreise in den Genuß nützlicher Leistungen zu versetzen, ist Daseinsvorsorge."[382]. Mittlerweile erfaßt der Begriff der Daseinsvorsorge auch die Möglichkeit zur sozialen Teilnahme am Gemeinwesen bis hin zu Möglichkeit der Selbstverwirklichung in der sozialen Gemeinschaft[383]. Folglich stellt die Versorgung der Bürgerschaft mit Telekommunikationsdienstleistungen gerade in einer Informationsgesellschaft wie unserer ohne jeden Zweifel eine Leistung der Daseinsvorsorge dar. Allerdings ist der Begriff der Daseinsvorsorge sehr weit gefaßt[384]. Denn fast jede wirtschaftliche Aktivität der Gemeinde kann unmittelbar oder mittelbar einen Nutzen darstellen. Letztlich verbleibt der Begriff der Daseinsvorsorge bei einem politischen Leitziel, allenfalls bei einem soziologischen Begriff, nicht aber handelt es sich um einen Rechtsbegriff[385], der per se als Grenze kommunalwirtschaftlicher Betätigung fungieren kann[386]. Vielmehr bedarf es hierfür einer weiteren rechtlichen Konkretisierung.

Die kommunale Daseinsvorsorge, auf die im Zusammenhang mit dem kommunalen Wirtschafts- bzw. Unternehmensrecht konkret abzustellen ist[387], orientiert sich daher am eigenen Wirkungskreis der Kommune, letztlich also an dem Kernbereich der kommunalen Selbstverwaltungsgarantie gem. Art. 28 Abs. 2 Satz 1 GG[388]. Ihrem sachlichen Schutzgehalt entsprechend erfaßt und sichert die Garantie die kommunale Wirtschaftstätigkeit nur, soweit sie gegenständlich und räumlich eine Angelegenheit der örtlichen Gemeinschaft und ein durch sie begründetes öffentliches Interesse dem Wirkungsfeld öffentlicher Verwaltung zuzurechnen ist[389]. Nur so läßt sich m.E. die Fiktion eines öffentliche Zwecks gegenüber anderen Tätigkeitsgebieten rechtfertigen.

---

382 *Forsthoff*, Allg. Verwaltungsrecht, Vorbemerkung vor § 20; *Maurer*, "All. Verwaltungsrecht", § 2 II. 3. Rdnr. 6, S. 17

383 *Hill*, BB 1997, Heft 9, 425, 427 m.w.N.

384 vgl. zur Kritik an der Weite des Begriffs der Daseinsvorsorge *Ossenbühl*, DÖV 1971, 513 ff, m.w.N.

385 *Hidien*, "Die positive Konkretisierung der öffentlichen Zweckbindung ", S. 126, 128; *Gerke*, Jura 19854, 349, 352

386 *Hill*, BB 1997, Heft 9, 425, 427

387 *Ehlers*, DVBl. 1998, Heft 10, 497, 498

388 BayVerfGH, BayVBl. 1958, 51; *Widtmann/Grasser*, Komm. z. Bay. GO, Art. 87, Rdnr. 8, S. 15; Badura, DÖV 1998, Heft 19, 518, 519

389 BVerfGE 8, 122, 134; 79, 126, 143 ff.

aa) Telekommunikation als Aufgabe des eigenen Wirkungskreises

Folglich kann ein öffentlicher Zweck innerhalb der Zulässigkeitsprüfung von kommunalen Unternehmen nur dann fingiert werden, wenn die Gemeinde dadurch die ihnen im eigenen Wirkungskreis zugewiesenen Aufgaben, also innerhalb des Kernbereichs der kommunalen Selbstverwaltungsgarantie, wahrnimmt. Entscheidend für die Einordnung der kommunalen Telekommunikationsunternehmen als Betriebe der Daseinsvorsorge ist demnach die Beurteilung, ob derartige Aktivitäten dem Kernbereich der kommunalen Selbstverwaltungsgarantie nach Art. 28 Abs. 2 Satz 1 GG zuzuordnen sind.

Das Prinzip der Daseins- und Zukunftsvorsorge, also das Recht auf Schaffung, Erhalt und Verbesserung der Grunddaseinsvorsorge, ist unumstritten grundsätzlicher Bestandteil der kommunalen Selbstverwaltungsgarantie nach Art. 28 Abs. 2 Satz 1 GG[390]. Grund hierfür ist, dass die Gemeinde näher an den Bedürfnissen der Bürger ist und so auch flexibler auf den örtlichen Strukturwandel reagieren kann[391]. Da der genaue Rahmen der von der Daseinsvorsorge erfassten Aufgaben nicht exakt bestimmbar ist[392] und nicht jeder Bereich der Daseinsvorsorge nach übereinstimmender Auffassung der Rechtsprechung und Literatur von der kommunalen Selbstverwaltungsgarantie erfasst wird, ist hierfür die Einzelfallbetrachtung entscheidend[393].

Die Einzelfallbetrachtung hat auf Grund der zentralen Bedeutung der neuen Medien, insbesondere der Telekommunikation, für die soziale, kulturelle und wirtschaftliche Struktur der Gemeinden innerhalb einer Gesellschaft, die sich auf dem Sprung von einer Industrie- zu einer Dienstleistungs-/Informationsgesellschaft befindet, ergeben, dass kommunale Aktivitäten auf dem Telekommunikationssektor grundsätzlich vom Daseins- und Zukunftsvorsorgeprinzip erfasst werden und somit einen Bestandteil der kommunalen Selbstverwaltungsgarantie darstellen[394].

Art. 28 Abs. 2 Satz 1 GG ist allerdings keine Norm mit kompetenzbegründender Funktion, sondern lediglich eine Bestimmung zur Aufgaben- bzw. Kompetenzverteilung, die ausschließlich staatsgerichtet die Verteilung von Verwaltungszu-

---

390 *Müller*, DVBl. 1998, 1256, 1262; *Stober*, "Kommunalrecht", S. 40,

391 *Stober*, "Kommunalrecht", S. 40, m.w.N.

392 *Wächter*, in: "Kommunalrecht", Hrsg.: ders., S. 58, Rdnr. 58

393 *Müller*, DVBl. 1998, 1256, 1262 m.w.N.

394 vgl. ausführlich oben unter 2.Teil, B) I. 3. b), S. 60 ff.

ständigkeiten zwischen den verschiedenen Verwaltungsebenen Bund, Länder, Kreise und Gemeinden regelt[395]. Daraus resultiert eine Befassungsgrenze für die kommunale Selbstverwaltung in dem Fall, dass ein Bereich wie beispielsweise die Telekommunikation gem. spezialrechtlich geregelten bundesverfassungsrechtlichen Vorgaben ausschließlich dem Bund zugewiesen wird[396]. Auf dem Gebiet der Telekommunikation weist der Verfassungsgesetzgeber in Art. 87 f Abs. 1 GG die Problematik der Daseinsvorsorge in Form einer zu gewährleistenden Grundversorgung ausdrücklich und ausschließlich dem Bund zu[397]. Dadurch bleibt kein Raum für die Telekommunikation als Bestandteil der kommunalen Daseins- und Zukunftsvorsorge als Kernbereich der kommunalen Selbstverwaltungsgarantie gem. Art. 28 Abs. 1 Satz 1 GG. Eine Ausnahme ist m.E. nur unter der Vorraussetzung denkbar, daß der Bund seinem Auftrag zur Gewährleistung einer flächendeckend angemessenen und ausreichenden Grundversorgung nicht nachkommen würde und die Gefahr der Unterversorgung mit Telekommunikationsdienstleistungen für den ländlichen Raum gegeben wäre.

Ferner hat die Postreform II das Erbringen von Telekommunikationsdienstleistungen aus dem Funktionsbereich öffentlicher Verwaltung schlechthin herausgelöst, so dass, was in dieser Weise nicht mehr zum Wirkungsfeld öffentlicher Verwaltung zählt, auch von der Selbstverwaltungsgarantie nicht mehr erfaßt sein kann[398].

Daher ist eine Zuordnung der Telekommunikation zu den Aufgaben des eigenen Wirkungskreises nicht möglich. Eine Fiktion des öffentlichen Zwecks für die kommunalen Telekommunikationsunternehmen bei der kommunal wirtschaftsrechtlichen Zulässigkeitsprüfung ist demnach unzulässig.

bb) Ausdrückliche Fixierung der Zulässigkeit von kommunalen Telekommunikationsunternehmen im Kommunalrecht

Eine im Gemeinderecht gesetzlich festgeschriebene grundsätzliche Zulässigkeit von kommunalen Telekommunikationsunternehmen oder gesetzliche Fixierung deren öffentlicher Zwecksetzung wie in Nordrhein-Westfalen, vgl. § 107 Abs. 1 Satz 1 Nr. 1 b GO NW, ist ebenfalls unzulässig. Dies ist schon allein wegen der

---

395 *Badura*, DÖV 1998, Heft 19, 818,823; *Kluth*, "Grenzen kommunaler Wettbewerbsteilnahme", S. 47

396 *Stober*, in: "Kommunalrecht", S. 41

397 *Lerche*, in: "Maunz/Dürig/ Herzog/Scholz, Grundgesetz Komm.", Art. 87 f GG, Rdnr. 71, 74 u. 81

398 *Badura*, DÖV 1998, Heft 19, 818, 823; *Möstl*, Bay.VBl. 1999, Heft 18, 547, 552

diesbezüglich fehlenden Gesetzgebungskompetenz der Länder verfassungswidrig und nichtig. *Möstl* dagegen bejaht eine diesbezügliche Gesetzgebungskompetenz der Länder, da durch eine derartige Regelung im Schwerpunkt die Grenzen kommunaler Wirtschaftstätigkeit bestimmt würden, nicht aber der Telekommunikationsmarkt in bestimmter Weise ausgestaltet würde. Das kommunale Wirtschaftsrecht würde dadurch nur den bundesrechtlich vorgegebenen Strukturen des Telekommunikationsmarkts angepaßt werden. Eine über Art. 28 Abs. 2 Satz 1 GG hinausgehende Aufgabenzuweisung sei nicht schon an sich unzulässig und in anderen Bereichen, wie z.B. den übertragenen Angelegenheiten, üblich. Ferner wäre es dem Freistaat selbst nach Art. 87 f GG möglich, Telekommunikationsunternehmen zu betreiben, folglich müsse er es auch seinen Kommunen gestatten können[399].

Grundsätzlich geht es hier nicht um die Übertragung der Aufgabe Telekommunikation auf die Kommunen, hierfür hätten gem. Art. 87 f Abs.1 GG die Länder keine Kompetenzen, sondern ausschließlich der Bund. Schwerpunkt ist vielmehr, ob durch ein Landesgesetz bestimmt werden darf, dass kommunale Unternehmen in einem Marktsektor wie der Telekommunikation, der nicht zum Kernbereich der kommunalen Selbstverwaltungsgarantie zählt, kommunalrechtlich zulässig sind, ohne dass explizit ein öffentlicher Zweck vorliegen muß. Nicht zuletzt wegen der Gemeinwohlbindung der öffentlichen Hand ist eine Verfolgung eines öffentlichen Zweckes schon nach Art. 28 Abs. 2 GG zwingend[400]. Eine diesbezügliche Fiktion kann ausschließlich für Tätigkeitsfelder erfolgen, die dem Kernbereich der Selbstverwaltungsgarantie angehören und zu deren Erfüllung die Kommunen im eigenen Aufgabenkreis verpflichtet sind. Diesen Kernbereich kann der Landesgesetzgeber allerdings nicht beeinflussen.

Ferner liegt es in der Kompetenz des Bundes, ob und wie öffentliche Unternehmen auf dem Telekommunikationsmarkt als Anbieter von Dienstleistungen auftreten können. Der Landesgesetzgeber kann daher nicht feststellen, dass es den Kommunen generell erlaubt ist, auf dem Telekommunikationsmarkt unternehme-

399 *Möstl*, Bay.VBl. 1999, Heft 18, 547, 553

400 *Heintzen*, "Rechtliche Grenzen und Vorgaben für eine Wirtschaftliche Betätigung der Kommunen im Bereich der Gebäudereinigung", S. 102 f.; a.A. *Möstl*, Bay.VBl. 1999, Heft 18, 547, 553, der eine aus Art. 28 Abs. 2 GG folgende Grenze für Übertragbarkeit privatwirtschaftlicher Tätigkeit dann erreicht sieht, wenn diese ein solches Ausmaß erreicht hat, dass die am Gemeinwohl orientierte Leistungsfähigkeit der Gemeinden in ihrem Selbstverwaltungsbereich in den Hintergrund gerückt würde oder in Frage gestellt würde.

risch tätig zu werden[401]. Abgesehen davon erscheint es wenig glücklich, durch eine ausdrückliche gesetzliche Fiktion der öffentlichen Zweckbindung für den Telekommunikationssektor die Kommunalwirtschaft unterschiedlichen Zulässigkeitskriterien zu unterwerfen.

Somit handelt es sich bei den kommunalen Telekommuniktionsunternehmen nicht um sog. wirtschaftliche Unternehmen im weiteren Sinne, wie die Daseinsvorsorgebetriebe, sondern um wirtschaftliche Unternehmen im engeren Sinne, für deren kommunalrechtliche Zulässigkeit die Witschaftsklauseln erfüllt werden müssen[402]. Ihre öffentliche Zielsetzung muß demnach nachgewiesen werden, sie wird nicht fingiert.

c) Annexkompetenz

Grundsätzlich wird auch von den Befürwortern der Zugehörigkeit der kommunalen Telekommunikationsunternehmen zu der Gruppe der Daseinsvorsorgebetriebe anerkannt, dass die Telekommunikation noch kein Bestandteil des Kernbereichs der kommunalen Selbstverwaltungsgarantie ist. Allerdings wird von diesem Meinungsstrang argumentiert, dass die Telekommunikation in der Regel als Annexaufgabe zur Versorgung mit Strom und Gas von der Verfassung erfaßt wird[403].

Der Begriff "Annex" stammt aus dem Staatsrecht, genauer aus dem Bereich "Verteilung der Gesetzgebungskompetenzen". Voraussetzung für die Inanspruchnahme einer Annexkompetenz ist dabei zunächst ein enger, "unlösbarer" Zusammenhang der Sachbereiche. Vor allem aber muß die kraft Annex-Kompetenz zu erlassende "Anhang-Regelung" in einem funktionalen Verhältnis zum ausdrücklichen Kompetenztitel stehen - was etwa der Fall ist, wenn Stadien der Vorbereitung und Durchführung geregelt werden -, und in Ihrer Zielsetzung ausschließlich hierauf bezogen sein[404].

---

401 zum Problem "nemo potest plus iuris transferre quam ipse habet" genauer *Löwer*, in: "Stellungnahme zur LT-Drs. 12/1497", abgedruckt in: Zuschriften 12/1506 und 12/1497

402 *Knemeyer*, "Bayerisches Kommunalrecht", Rdnr. 256, S. 216, BayVerfGH, BayVBl. 1958, 51 ff.

403 *Widtmann/Grasser*, Komm. z. Bay. GO, Art. 87, Rdnr. 8, S. 15; *Masson/Samper*, Bay. Kommunalgesetze -Komm., Art. 87, Rdnr. 21, S. 8 f.; *Hölzl/Hien*, GO für den Freistaat Bayern- Komm., Art. 87 Anm. 2, S. 5; Gesetzesbegründung zu Art. 87 BayGO, FSt. 1998, Rdnr. 244, Ziff. 1

404 *Degenhardt*, in: "Staatsrecht I", Rdnr. 106, S.40

Hier handelt es sich nicht um einen Fall der Gesetzgebungskompetenz, sondern der Aufgabenverteilung zwischen den verschiedenen Verwaltungsebenen. Dabei sind allerdings dieselben Kriterien, der enge "unlösbare" Sachzusammenhang und die einheitliche funktionale Zielsetzung der Aufgaben, entscheidend für das Vorliegen einer Annextätigkeit.

Zu beurteilen ist demnach, ob die Versorgung der Gemeindebürger mit Strom oder Gas in einem engen, "unlösbaren" Sachzusammenhang mit der Versorgung mit Telekommunikationsdienstleistungen erfolgt. Die Annahme, dass die Telekommunikation eine Annexaufgabe zur Versorgung mit Strom oder Gas ist, ist wahrscheinlich darin begründet, dass die meisten kommunalen Telekommunikationsgesellschaften Tochtergesellschaften von Stadtwerken sind, die diese Versorgungsaufgaben wahrnehmen. Zugegeben, beide Aufgaben stellen eine Versorgungseinrichtung dar, und beide Einrichtungen benutzen häufig die gleichen Kabeltrassen und -rohre. Die Telekommunikation erfolgt aber nicht durch die gleichen Kabel wie die Strom- oder Gasversorgung. Die Telekommunikationsleitungen werden vielmehr durch die vorhanden Tras- sen, Rohre und auch Stromleitungen eigenständig durch eine spezielle Press- und Rammtechnik hindurchgeschossen[405]. Für das Telekommunikationsnetz werden auch Straßenbahntrassen bzw. Versorgungsleitungen, Wasser- und Abwasserleitungen verwendet[406]. Im Gegensatz zur Stromversorgung bedürfen die Telekommunikationsdienstleistungen zusätzlich einer völlig eigenständigen und ausgefeilten hochmodernen Übertragungstechnik und Abschlußeinrichtungen. Ebenfalls sind die erzielten Umsätze der kommunalen Telekommunikationsunternehmen ein Indiz dafür, dass der Telekommunikationsbereich eigenständig ist, und nicht bei Gelegenheit mit der Strom- bzw. Gasversorgung erbracht wird. Die kommunale Versorgung mit Telekommunikationsdienstleistungen ist daher schon kein Annex zur Versorgung mit Strom oder Gas, weil aus rein tatsächlichen Gründen kein enger, unlösbarer Sachzusammenhang gegeben ist.

Die Telekommunikation könnte allerdings im Ausnahmefall eine Annexaufgabe der Stromversorgung sein, wenn sich die neueste technische Entwicklung der sog. "Power-Line" durchsetzt. "Power-Line" ermöglicht es, daß durch ein Stromkabel Strom und Telefonate parallel übertragen werden[407]. In diesem Zusammenhang spricht man auch vom Telefonieren über die Steckdose. Diese

405 *Hoeren*, MMR 1998, Heft 1, 1, 2 f.

406 *Gersdorf*, AfP 1998, 470,470; *Weiland*, Der Bayerische Bürgermeister 1998, 380,380; *Moraing*, Der Städtetag 1995, 513, 513; *Stopka*, in: "Jahrbuch Telekommunikation und Gesellschaft 1996", 65, 69 f.; *Möstl*, Bay.VBl. 1999, Heft 18, 547, 547

407 Vgl. SZ vom 12.3.1999, S.27, und SZ vom 19. 5. 1999, S. 3/5.

Technologie steckt aber noch in den Kinderschuhen und wird derzeit erst auf ihre Marktfähigkeit hin untersucht.

Gegen die Funktion der Telekommunikation als "Annexaufgabe" zur Versorgung mit Strom und Gas spricht ferner, dass die Telekommunikation im Gegensatz zur Versorgung mit Strom und Gas kein Bestandteil des Kernbereichs der kommunalen Selbstverwaltungsgarantie gem. Art. 28 Abs. 2 Satz 1 GG ist[408], sondern gem. Art. 87 f Abs. 1 GG in der ausschließlichen Zuständigkeit des Bundes liegt[409]. Dies würde kontrakarriert, wenn die Telekommunikation als Annexaufgabe quasi über die Hintertür durch die Fiktion einer öffentlichen Zweckrichtung einem Bestandteil des Kernbereichs der kommunalen Selbstverwaltungsgarantie gem. Art. 28 Abs. 2 Satz 1 GG gleichgestellt wird.

Die strikte Trennung des Telekommunikationsbereiches von anderen Versorgungsaufgaben wird auch im Bundesrecht deutlich. Aufgrund des Prinzips der strukturellen Separierung in § 14 Abs. 1 TKG dürfen die Kommunen bzw. ihre Stadtwerke nur durch ein rechtlich verselbständigtes Unternehmen Telekommunikationsdienstleistungen anbieten[410]. Dabei muß das Telekommunikationsunternehmen über ausschließlich für sie tätige Angestellte verfügen und die alleinige Verfügungsgewalt über die technische Infrastruktur für aktive Netzdienste bzw. den Signaltransport besitzen, d. h. das Telekommunikationsunternehmen darf von den Stadtwerken keine Bandbreite oder Bitrate beziehen[411].

Generell gegen eine zu weite Ausdehnung der Tätigkeitsbereiche für kommunale Unternehmnen durch sog. "Annexaufgaben", bei denen grundsätzlich die öffentliche Zwecksetzung fingiert wird, spricht der Gesetzeszweck des kommunalen Wirtschafts- bzw. Unternehmensrechts. Bekanntlich ist das finanzpolitische Ziel des kommunalen Wirtschafts- bzw. Unternehmensrechts, die Gemeinden vor wirtschaftlichen Risiken und daraus resultierenden finanziellen Verlusten zu schützen, damit nicht der Gemeindehaushalt belastet wird und dadurch ihre Leistungsfähigkeit zur Erfüllung der eigentlichen Gemeindeaufgaben in Frage gestellt wird[412]. Falls den Kommunen der Zugang zu unternehmerischem Handeln durch eine zu weitreichende Fiktion kommunalrechtlicher Zulässigkeitskriterien

408 *Möstl*, Bay.VBl. 1999, Heft 18, 547, 553

409 *Lerche*, in: Maunz/Dürig/ Herzog/Scholz, Grundgesetz, Kommentar, Art. 87 f GG, Rdnr. 71, 74 u. 81

410 *Fiebig*, VR 1998, Heft 5, 161, 162

411 *Fiebig*, VR 1998, Heft 5, 161, 162

412 *Masson/Samper*, Bayerische Kommunalgesetze - Kommentar, Art. 87, Rdnr. 7, S. 5; *Hill*, BB 1997, Heft 9, 425, 427; *Gerke*, Jura 1985, 340, 351; *Reinhard*, DÖV 1990, 500, 504

erleichtert würde, würde das unternehmerische Risiko von den Kommunen leicht unterschätzt und es bestünde die Gefahr der Mißwirtschaft. Dadurch könnte die kommunale Leistungsfähigkeit erheblich geschwächt werden. Um dies zu verhindern, gebietet das kommunale Unternehmens- bzw. Wirtschaftsrecht eine einschränkende Auslegung der Bereiche, für die die Zulassungskriterien fingiert werden. Eine sog. Annexaufgabe ist daher grundsätzlich nicht mit dem Gesetzeszweck des kommunalen Wirtschafts- bzw. Unternehmensrechts vereinbar.

Wegen der dargestellten strikten Trennung der Bereiche Telekommunikation und Versorgung mit Strom und Gas kann die Telekommunikation folglich keine Annexaufgabe zur Versorgung mit Strom und Gas sein[413]. Es fehlt insofern der erforderliche enge, unlösbare Sachzusammenhang. Folglich wird die öffentliche Zielsetzung bei kommunalen Telekommunikationsunternehmen nicht fingiert. Vielmehr ist erforderlich, dass die öffentliche Zielsetzung im Rahmen der Prüfung bezüglich Vereinbarkeit mit den Wirtschaftsklauseln i.S.d. § 67 DGO mittels einer Einzelfallprüfung explizit nachgewiesen wird. Grundsätzlich ist nämlich auch bei Einrichtungen, die nicht der kommunalen Daseinsvorsorge dienen, ein öffentlicher Zweck nachweisbar. Eine engere Auslegung würde einen Widerspruch zu Art. 28 Abs. 2 Satz 1 GG darstellen[414]. Das BVerwG stellt insofern klar, dass öffentliche Zwecke das wirtschaftliche Unternehmen auch dann rechtfertigen können, wenn damit keine Daseinsvorsorge betrieben wird. Im sozialen Rechtsstaat des Grundgesetzes können die Gemeinden durch ihre Unternehmen im öffentlichen Interesse zahlreiche und vielgestaltige Aufgaben übernehmen, die durch die genannte Zweckbestimmung gedeckt sind[415].

II. Eingeschränkt gestattete wirtschaftliche Unternehmen

In der Konsequenz des gerade Ausgeführten sind die kommunalen Telekommunikationsunternehmen sog. eingeschränkt gestattete wirtschaftliche Unternehmen[416], die des Nachweises bedürfen, dass ein öffentlicher Zweck sie erfordert bzw. rechtfertigt[417]. Seit der letzten Kommunalrechtsänderung in Nordrhein-

---

413 im Ergebnis ebenso *Möstl*, Bay.VBl. 1999, Heft 18, 547, 552

414 Vgl. insofern *Masson/Samper*, Bayerische Kommunalgesetze - Kommentar, Art. 87, Rdnr. 21, S. 9

415 BVerwGE 39, 339, 333; BVerwGE 98, 273,275; *Hellermann*, Örtliche Daseinsvorsorge, S. 151; a.A. *Badura*, DÖV 1998, 818, 821 u. *Möstl*, BayVBl. 1999, 547, 551, die die kommunale Wirtschaftstätigkeit auf die öffentlichen Aufgaben begrenzen, für die die Gemeinde Erfüllungsverantwortung trägt.

416 *Stober*, in: "Kommunalrecht", S. 339

417 § 102 Abs. 1 Nr. 1 bwGO, Art 87 Abs. 1 Nr. 1 bayGO, § 100 Abs. 2 Nr. 1 bbgGO, 121 Abs. 1 S. 1 heGO, § 68 Abs. 1 Nr. 1 mvKV, § 108 Absl S. 2 Nr. 1 ndsGO, § 85 Abs. 1

Westfalen am 9.6.1999 ist das Erfordernis eines dringenden öffentlichen Zwekkes gem. § 107 Abs. 1 Satz 1 Nr. 1 lit. a) nwGO a.F. aus dem Kommunalrecht völlig verschwunden, vgl. § 107 Abs. 1 Satz 1 Nr. 1 nwGO. Allerdings könnte durch die ausdrücklich normierte Fiktion der Zweckbindung für kommunale Telekommunikationsunternehmen in § 107 Abs. 1 Satz 1 Nr. 1 nwGO der Eindruck entstehen, die gesetzliche Fiktion sei nötig, weil es keinen öffentlichen Zweck für diesen Bereich gebe. Dem ist jedoch nicht so, da der Gesetzgeber lediglich zum Ausdruck bringen wollte, dass er für diesen Bereich einen öffentlichen Zweck anerkenne[418].

Das unternehmerische Engagement der Kommunen auf dem Telekommunikationssektor wird vor allem durch die Verbesserung der Finanzausstattung der Kommunen, die Wirtschaftsförderung bzw. Standortsicherung, ein effizientes Stadtmanagment, eine krisenfeste und ungestörte Versorgung der Bevölkerung, der Wettbewerbsförderung, der Schaffung von Arbeitsplätzen und der Berücksichtigung von ortsspezifischen Belangen begründet[419]. Ob diese Gründe einem öffentlichen Zweck im Sinne der Gemeindeordnungen der Länder entsprechen, gilt es im Anschluß zu klären. Dabei ist entscheidend was unter einem derartigen "öffentlichen Zweck" generell zu subsummieren ist.

1. Begriffsbestimmung "öffentlicher Zweck"

Was nun im Einzelnen mit dem Merkmal "öffentlicher Zweck" gemeint ist, läßt sich abstrakt nur schwer fassen. Mit Blick auf die Mehrdeutigkeit und die Wandelbarkeit dieses Begriffes handelt es sich hier um einen normativen, also wertausfüllungsbedürftigen, unbestimmten Rechts- bzw. Gesetzesbegriff, dessen rechtsstaatlich verläßliche, rationalisierbare Auslegung sowohl allgemein methodische als auch kompetenzielle Probleme aufwirft[420].

An Definitionsversuchen hat es daher im Schrifttum nicht gemangelt[421]. Überwiegend heißt es, unter einem öffentlichen Zweck verstehe man jede gemein-

---

Nr. 1 rpGO, § 108 Abs. 1 Nr. 1 saKSVG, § 97 Abs. 1 Nr. 1 sächsGO, § 116 Abs. 1 Nr. 1 sanhGO, § 101 Abs. 1 Nr. 1 shGO, § 71 Abs. 1 Nr. 1 thürKO

418 *Ehlers*, DVBl. 1998, Heft 10, 497, 499

419 vgl. hierzu oben ausführlich 1. Teil, A) II. S. 3 ff.

420 *Gern*, in: "Kommunalrecht", S. 384, Rdnr. 392; *Moraing*, in: "Beiträge zur kommunalen Versorgungswirtschaft", Heft 84, 1995, S. 23

421 *Pagenkopf*, Kommunalrecht, S. 150 u. *Bulla*, DVBl. 1975, 674 f. setzen den öffentlichen Zweck mit den Aufgaben der örtlichen Daseinsvorsorge gleich, deren Unterlassung einer Vernachlässigung der von der Gemeinde zu erfüllenden öffentlichen Aufgaben gleich käme; *Stern/ Püttner*, "Die Gemeindewirtschaft ", S. 73, verstehen unter einem öffentlichen

wohlorientierte, im öffentlichen Interesse der Einwohner liegende Zielsetzung, also die Wahrnehmung sozialer, gemeinwohl- und damit einwohnernützíger Aufgaben[422]. Der Begriff geht dabei, wie bereits erwähnt, weit über den Rahmen der sog. Daseinsvorsorge hinaus. Es sind also vielfältige öffentliche Zwecke denkbar, etwa sozialpolitische, wettbewerbspolitische oder umweltpolitische Zwecke bis hin zu wirtschaftsfördernden und arbeitsplatzsichernden Aktivitäten[423].

Ergiebiger als die positive Bestimmung der öffentlichen Zwecksetzung ist dagegen die negative Abgrenzung. Nach der überwiegenden Ansicht in Rechtsprechung und Schrifttum sind rein erwerbswirtschaftlich-fiskalisch motivierte Unternehmen den Kommunen untersagt, da die alleinige Gewinnerzielungsabsicht keinen öffentlichen Zweck darstellt[424]. Das Unternehmen muß vielmehr unmittelbar durch seine Leistung und nicht nur mittelbar durch seine Gewinne und Erträge dem Wohl der Gemeindebürger dienen[425]. Fraglich ist allerdings, ob diese klare Interpretation des Zweckbegriffes in unmittelbaren bzw. mittelbaren Nutzen auch bei anderen Zielsetzungen greift oder vielmehr faktisch dadurch begrenzt wird, dass letztlich das gemeinsame Wohl der Gemeindebürger entscheidend für das Vorliegen eines öffentlichen Zwecks ist.

2. *Einschätzungsprärogative*

Zur Entscheidung der Frage, welche Tätigkeiten zur Förderung des Gemeinwohls geboten sind, ist in erster Linie die gewählte Vertretungskörperschaft, der Gemeinde- bzw. Stadtrat, zuständig. Ihr kommt daher nach der absolut h.M. ein Beurteilungsspielraum, eine sog. Einschätzungsprärogative[426], hinsichtlich der

---

Zweck jede gemeinwohlorientierte Zielsetzung, die von der Privatwirtschaft nicht oder nicht hinreichend wahrgenommen wird.

422 Vgl. statt vieler *Cronauge*, der Gemeindehaushalt 1998, 131, 133; *Ehlers* JZ 1990, 1089, 1091; *Moraing*, WiVerw. 1998, Heft 4, 233, 252; *Hidien*, in: Gemeindliche Betätigung rein erwerbswirtschaftlicher Art", S.138 ff.; *Schmidt-Jortzig*, in: HkWP V, S. 57 f.

423 *Hill*, BB 1997, Heft 9, 425, 427; *Gerke*, Jura 1985, 340, 352; *Ehlers*, DVBl. 1998, Heft 10, 497, 499; *Moraing*, WiVerw. 1998, Heft 4, 233, 252; ein weitreichender Überblick bei *Hidien*, in: "Die positive Konkretisierung der öffentlichen Zweckbindung", S. 103 ff.

424 BVerwGE 39, 329, 333 f.; *Stober*,"Kommunalrecht ", S. 339; *Hidien*, Gemeindliche Betätigung rein erwerbswirtschaftlicher Art und "öffentlicher Zweck", S.71 ff; *Gern*, in: "Kommunalrecht", S. 384 f. Rdnr. 392; a.A. *Otting*, DVBl. 1997, 1258, 1262; *Moraing*, WiVerw. 1998, Heft 4, 233, 252; *Oebbecke*, Die Verwaltung 1996, 323, 329 ff.

425 BVerfGE 61, 82, 107 f.; BVerfGE 339,329,333 f.; bayVGH, BayVbl. 1983, 498

426 statt vieler *Gern*, "Kommunalrecht", S. 384, Rdnr. 392; *Moraing*, WiVerw. 1998, Heft 4, 233, 252; *Stober*, "Kommunalrecht", S. 339; *Ehlers*, DVBl. 1998 Heft 10, 497, 498; *Hölzl/Hien*, GO für den Freistaat Bayern - Komm., Art. 87 Anm. 2.2, S. 3

Frage zu, ob ein öffentlicher Zweck durch die wirtschaftliche Betätigung der Gemeinde gefördert wird. Das Bundesverwaltungsgericht formuliert insofern, dass die Verfolgung öffentlicher Zwecke hauptsächlich den Anschauungen und Entschließungen ihrer maßgebenden Organe überlassen ist und von den örtlichen Verhältnissen, finanziellen Möglichkeiten der Gemeinde, Bedürfnissen der Einwohnerschaft und anderen Faktoren abhängt. Die Beurteilung des öffentlichen Zwecks für die Errichtung und Fortführung eines Gemeindeunternehmens ist daher der Beurteilung durch den Richter weitgehend entzogen. Im Grunde handelt es sich um die Frage sachgerechter Kommunalpolitik, die - wie jedes sinnvolle wirtschaftliche Handeln- in starkem Maße von Zweckmäßigkeitsüberlegungen bestimmt wird[427].

Aufgabe der Aufsichtsbehörde oder der Rechtsprechung kann es daher nicht sein, kommunalpolitische Fehleinschätzungen zu korrigieren, sondern zu überprüfen, ob eine Förderung des Wohls der Einwohner durch eine bestimmte wirtschaftliche Betätigung schlechthin ausgeschlossen ist. Andernfalls müßten die Aufsichtsbehörden letztlich nicht rechtliche, sondern kommunalpolitische Erwägungen anstellen. Dem Gericht verbleibt m.E. letztlich lediglich eine negative Prüfungskompetenz[428].

Damit wird deutlich, dass der Sinn der Formulierung "öffentlicher Zweck" in den Gemeindeordnungen darin liegt, den Kommunen einen speziellen Erwägungs- und Begründungszwang aufzuerlegen[429], um der Kommunalaufsicht und den Gerichten eine Plausibilitätskontrolle zu ermöglichen[430].

3. *Öffentliche Zweckbindung kommunaler Telekommunikationsunternehmen*

Von einigen Vertretern im Schrifttum wird bestritten[431] bzw. bezweifelt[432], dass die Ziele, die die Kommunen mit einem Engagement auf dem Telekommmunikationssektor erreichen wollen, trotz ihrer weitreichenden Einschätzungsprärogative einem öffentlichen Zweck dienen. Auf dem Prüfstand steht daher die

---

427 BVerwGE 39, 329, 334

428 *Hellermann*, Örtliche Daseinsvorsorge, S. 208; Hill, BB 1997, 425, 428; a.A. *Badura*, DÖV 1998, Heft 19, 818, 821, der ein vollständiges gerichliches Überprüfungsrecht befürwortet

429 *Schmidt-Jortzig*, in: Handbuch der kommunalen Wissenschaft und Praxis, Bd. 5., S. 57

430 *Pünder*, DVBl. 1997, Heft 23, 1353, 1358

431 *Müller*, DVBl. 1998, 1256, 1263; Stellungnahme der Bundesregierung zum 11. Hauptgutachten der Monopolkommission, Tz. 29., abgedruckt in BT-Drucks. 12/7998, S. 11

432 *Möstl*, BayVBl. 1999, Heft 18, 547, 551 f.

Frage, ob die kommunalen Ziele[433], wie z.B. die Verbesserung der Finanzausstattung der Kommunen, die Wirschaftsförderung bzw. Standortsicherung, ein effizientes Stadtmanagment, eine krisenfeste und ungestörte Versorgung der Bevölkerung, der Wettbewerbsförderung, der Schaffung von Arbeitsplätzen und der Berücksichtigung von ortsspezifischen Belangen einen öffentlichen Zweck im Sinne des kommunalen Wirtschafts- bzw. Unternehmensrecht darstellen.

a) Ziel der Verbesserung der Finanzausstattung der Kommunen

Ein besonderes Augenmerk haben viele Kommunen auf das Betreiben von Telekommunikationsdiensten gerichtet, weil auf diesem Betätigungsgebiet große Gewinne erwartet werden[434]. Dies verwundert angesichts der großen finanziellen Probleme der deutschen Kommunen nicht. Auf der anderen Seite sind die Gewinnchancen auf dem Telekommunikationssektor enorm. So soll der Umsatzerlös der bereits tätigen kommunalen Telekommunikationsunternehmen im Jahr 2000 ca. 282 Millionen DM betragen[435].

aa) Ablehnende Haltung der h.M.

Ein derart rein erwerbswirtschaftlich-fiskalisch motiviertes Unternehmen der Kommunen ist nach der absolut vorherrschenden Meinung untersagt, da die alleinige Gewinnerzielungsabsicht keinen öffentlichen Zweck darstellt[436]. Das Unternehmen muß vielmehr unmittelbar durch seine Leistung und nicht nur mittelbar durch seine Gewinne und Erträge dem Wohl der Gemeindebürger dienen[437].

bb) Bejahende Ansicht im neueren Schrifttum

Im neueren Schrifttum macht sich vor dem Hintergrund der allgemeinen Finanznot der Kommunen allerdings eine beachtliche Gegenmeinung[438] stark bemerk-

---

433 vgl. hierzu oben ausführlich 1. Teil, A), II., S. 3 ff.; *Hellermann*, Örtliche Daseinsvorsorge, S. 344 ff.

434 *Ehlers*, DVBl. 1997, Heft 3, 137, 138

435 Der Städtetag 1997, 289, 291

436 BVerwGE 39, 329, 333 f.; *Stober*, "Kommunalrecht", S. 339; *Hidien*, Gemeindliche Betätigung rein erwerbswirtschaftlicher Art und "öffentlicher Zweck"; *Gern*, "Kommunalrecht", S. 384 f. Rdnr. 392; *Hellermann*, Örtliche Daseinsvorsorge, S. 345

437 BVerfGE 61, 82, 107 f.; BVerfGE 339,329,333 f.; bayVGH, BayVBl. 1983, 498

438 *Otting*, DVBl. 1997, 1258, 1262; zögernd wohl auch *Moraing*, WiVerw. 1998, Heft 4, 233, 252; *Oebbecke*, Die Verwaltung 1996, 323, 329 ff., der vor dem Hintergrund der haushaltlichen Gebote des Haushalts eine Abweichung von sonstigen gesetzlichen Regeln für statthaft erachtet.

bar, die eine öffentliche Zwecksetzung schon dann als gegeben ansieht, wenn Gewinne anfallen, welche die Haushalte entlasten. Die Festlegung auf einen öffentliche Zweck soll den Ausschluß reiner Erwerbswirtschaft nicht zwingend gebieten. Denn das in der verfassungsrechtlichen Selbstverwaltungsgarantie mitenthaltene Recht auf eine angemessene Finanzausstattung gewähre den Kommunen in einer Situation kommunaler Unterfinanzierung die Ausschöpfung aller nicht hoheitlichen Einnahmequellen, zu denen auch die Erzielung von Gewinnen durch rein erwerbswirtschaftliche Betätigung gehöre[439].

Die Situation der kommunalen Unterfinanzierung ist dann gegeben, wenn über die den Kommunen zur pflichtgemäßen Erledigung zugewiesenen Aufgaben hinaus kein minimaler Spielraum für die Erledigung von freiwilligen Aufgaben verbleibt[440]. Wenn zusätzlich zu diesem Fall die eigenen Steuerquellen zur Aufgabenerfüllung nicht ausreichen, steht der Kommune ein Finanzausgleichsanspruch gegen das Land zu[441]. Sollte dieser Anspruch ins Leere gehen, weil die fehlende Leistungsfähigkeit des Landes eine ungeschriebene Grenze jeder rechtlichen Verpflichtung darstellt, ultra posse nemo obligatur[442], spricht man von einer kommunalen Unterfinanzierung. In dieser Lage steht der Kommune nach einer Ansicht in der Literatur in Anlehnung an die Regel des strafrechtlichen Notstands das Recht zur Abweichung von sonstigen gesetzlichen Regeln zu, weil der Haushaltsausgleich das wesentlich überwiegende Interesse darstellt[443]. Gegenüber dieser ultima ratio stelle die Erschließung neuer Einnahmequellen, wie die der rein erwerbswirtschaftlichen Tätigkeit und der damit verbundenen extensiven Auslegung des Begriffes "öffentlicher Zweck", das mildere Mittel dar[444].

Ein weiteres Argument lautet, dass die Sperrung von Einnahmemöglichkeiten durch den Staat ähnlich wie eine Aufgabenentziehung wirke. Denn nach der Rechtsprechung des Bundesverfassungsgerichts ist die Hochzonung einer Aufgabe jedenfalls dann gerechtfertigt, wenn die ordnungsgemäße Aufgabenerledigung durch die Gemeinde nicht mehr sichergestellt ist[445]. Wichtigste Voraussetzung einer ordnungsgemäßen Aufgabenerledigung ist aber deren Finanzierung. Stünde es demnach dem Gesetzgeber völlig frei, jenseits der finanziellen Min-

---

439 *Otting*, "Neues Steuerungsmodell", S. 199 u. 218

440 *Schwarz*, "Finanzverfassung und kommunale Selbstverwaltung", S. 69; *Knemeyer*, Der Städtetag 1988, 330, 331; *Birk/Inhester*, DVBl. 1993, 1281, 1284

441 *Scholz*, in: Maunz/Dürig/Herzog/Scholz, Grundgesetz - Kommentar, Band II, Art. 28 Rdnr. 84c

442 *Diederichsen*, Der Staat 1995, 33, 48; *Oebbecke*, Die Verwaltung, 1996, 323, 331

443 *Oebbecke*, Die Verwaltung, 1996, 323, 329 u. 331 f.

444 *Otting*, DVBl. 1997, 1258, 1262

445 BVerfGE 79, 127, 153

destausstattung den Kommunen ihre sonstigen Finanzquellen zu entziehen, hätte er es selbst in der Hand, die verfassungsrechtlichen Voraussetzungen für eine Aufgabenentziehung zu schaffen[446].

cc) Diskussion

Im Gegensatz hierzu bleibt festzuhalten, dass auch die rein erwerbswirtschaftlich-fiskalisch motivierte unternehmerische Tätigkeit ein Bruch geltenden Rechts ist, da in einigen Ländergesetzgebungen dies expressis verbis für unzulässig erachtet wird, vgl. Art. 87 Abs. 1 S. 2 BayGO oder § 109 GO NW. Von einem milderen Mittel kann bei diesem Gesetzesverstoß demzufolge nicht die Rede sein. Ferner wird durch eine Unterfinanzierung den Kommunen keine bestimmte Aufgabe entzogen. Die Kommunen haben die Auswahlmöglichkeit, welche Aufgabe sie in dieser Situation nicht mehr erfüllen wollen bzw. können. Insofern ist eine völlig divergierende Ausgangsposition zur Rechtsprechung des Bundesverfassungsgerichts bezüglich der Aufgabenhochzonung gegeben. Folglich liegt allenfalls ein indirekter Aufgabenentzug vor, der einer wesentlich geringeren verfassungsrechtlichen Rechtfertigung bedarf. Somit ist eine rein erwerbswirtschaftliche Betätigung von Kommunen zur Abwendung dieser Situation nicht zwingend geboten.

Schon die amtliche Begründung zu § 67 DGO führte aus, dass es einer Gemeinde nie erlaubt sei, zu wirtschaften, wenn ihr einziges Ziel dabei die Gewinnerzielung sei[447]. Wenn das bloße Gewinnstreben als öffentlicher Zweck anerkannt wäre, würde diese Zulässigkeitsschranke des kommunalen Wirtschaftsrechts faktisch obsolet, denn schlicht jede unternehmerische Tätigkeit wäre mit dem Argument der Gewinnerzielungabsicht eines öffentlichen Zwecks gerechtfertigt.

Abgesehen davon steht nach einer weitverbreiteten Auffassung im Schrifttum das Verfassungsrecht ohnehin der reinen erwerbswirtschaftlichen Betätigung der öffentlichen Hand entgegen[448]. Wenn die derart erzielten Einnahmen zur Erfüllung rechtmäßiger Staatsaufgaben verwendet werden, liegt die reine Erwerbswirtschaft des Staates mittelbar im öffentlichen Interesse. Die mittelbare Gemeinwohlförderung bedarf allerdings der besonderen Rechtfertigung[449]. Nach der Rechtsprechung des Bundesverfassungsgerichts ist die Finanzierung der staatli-

---

446 *Otting*, DVBl. 1997, 1258, 1262 f.

447 *Ehlers*, DVBl. 1998, Heft 10, 497, 499

448 *Berg*, GewArch. 1990, 225, 228; *Ehlers*, JZ 1990, 1089, 1091; *Altenmüller*, DVBl. 1981, 619, 620; a.A. *Otting*, DVBl. 1997, 1258, 1260 m. w. N.

449 ebenso *Moraing*, WiVerw. 1998, Heft 4, 233, 259

chen Aufgaben von Bund, Ländern und Gemeinden in erster Linie durch Steuererlöse zu gewährleisten[450]. Diese grundgesetzliche Finanzverfassung wäre völlig hinfällig, wenn daneben beliebig andere Abgaben erhoben und Einnahmen erzielt werden könnten. Daher muß die ausschließlich erwerbswirtschaftlich motivierte Wirtschaftsteilnahme des Staates begrenzt werden. Andernfalls wäre bei dem ohnehin schon außerordentlich großen Betätigungsspielraum, den die extensive Allgemeinwohlbindung der öffentlichen Hand bietet, die staatliche Wirtschaftsteilnahme nicht begrenzbar. Denn das Gewinnstreben als Gemeinwohlbeitrag würde jede wirtschaftliche Tätigkeit rechtfertigen. Eine explizite Rechtfertigung staatlichen Wirtschaftens wäre nicht mehr nötig. Der Staat stünde folglich dem privaten Sektor gleich. Dies ist aber vom Grundgesetz gerade nicht gewollt. Der Zweck mögliche Gewinne in den Haushalt einstellen zu können, heiligt insofern nicht das Mittel staatlicher Erwerbswirtschaft. Daher ist dem Staat rein erwerbswirtschaftliches Gewinnstreben untersagt. Etwas anderes kann in der Konsequenz hieraus nicht für Kommunen gelten[451].

dd) Zusammenfassung

Aus diesen Gründen muß die Ansicht im neueren Schrifttum abgelehnt werden, dass rein erwerbswirtschaftliche Beweggründe auch in der Situation der kommunalen Unterfinanzierung einen "öffentlichen Zweck" im Sinne des kommunalen Wirtschafts- bzw. Unternehmensrechts der Bundesländer darstellen. Somit wäre ein kommunales Telekommunikationsunternehmen unzulässig, wenn es einzig das Ziel des bloßen "Moneymakings" verfolgen würde. Auf das selbe Ergebnis würde man im Übrigen auch dann gelangen, wenn man der neueren Ansicht im Schrifttum folgen würde. Danach können nämlich nur solche wirtschaftlichen Aktivitäten gerechtfertigt werden, die auch im Ergebnis die Erzielung von Einnahmen für die Gemeinde zur Folge haben, nicht also riskante oder erst nach erheblichen Anlaufinvestitionen ertragbringende Unternehmungen[452]. Ein kommunales Telekommunikationsunternehmen ist allerdings gerade im Anfangsstadium sehr inves-titionsintensiv, zudem ist das unternehmerische Risiko wegen der kurzen Innovationszeiten in dieser Branche extrem hoch, so daß nicht mit sofortigen Gewinnen, die unmittelbar dem Gemeindehaushalt zukommen, gerechnet werden kann[453]. Kommunale Telekommunikationsunternehmen dienen daher übereinstimmend nicht einem „öffentlichen Zweck", wenn ihre vorrangige Zielsetzung rein erwerbswirtschaftlich-fiskalischer Natur ist.

---

450 BVerfGE 93, 319, 342

451 vgl. zu dieser Argumentation *Ehlers*, DVBl. 1998, Heft 10, 497, 499 f.

452 *Otting*, DVBl. 1997, 1258, 1262

453 vgl. hierzu ausführlich oben Kap. 1. Teil, A) IV. , S. 14 ff.

ee) Ausnahme der Wahrnehmung einer erwerbswirtschaftlichen Chance bzw. Gewinnmitnahme

Ausdrücklich festzuhalten ist in diesem Zusammenhang, dass das Erfordernis der öffentlichen Zwecksetzung eine Gewinnerzielung bzw. die Wahrnehmung einer erwerbswirtschaftlichen Chance der kommunalen TK-Unternehmen nicht ausschließt[454]. Im Gegenteil wird vielmehr durch das in den Gemeindeordnungen verankerte Rentabilitätsgebot gefordert, dass die wirtschaftlichen Unternehmen einer Kommune einen Ertrag für den gemeindlichen Haushalt erbringen sollen, vgl. § 109 Abs. 1 Satz 2 GO NW bzw. Art. 95 Abs. 1 Satz 1 BayGO. Diese Direktrive bliebe indes gegenstandslos, wenn bereits das schlichte Ertragsstreben ipso iure von der öffentlichen Zweckbindung ausgeschlossen wäre. Das Rentabilitätsgebot ist zudem verfassungsrechtlich nicht zu beanstanden und wird von Art. 86 (ex-Art.90) EGV sogar im wesentlichen gefordert. Insofern kann eine kommunalwirtschaftliche Betätigung unter diesem Gesichtspunkt allenfalls dann Einschränkungen erfahren, wenn die Gewinnerzielung ihr alleiniger und ausschließlicher Zweck ist[455]. D. h. ferner, die öffentliche Zwecksetzung und das erwerbswirtschaftliche Gewinnstreben dürfen nicht auf derselben Ebene liegen. Denn eine Gewinnmitnahme ist letztlich nur in zweiter Linie zulässig, nämlich nur dann, wenn dadurch der öffentliche Zweck nicht beeinflußt wird[456].

b) Ziel der Wirschaftsförderung bzw. Standortsicherung

Jede Kommune steht in unmittelbarer Konkurrenz zu ihrem Umfeld um Standort- und Investitionsentscheidungen potentieller Investoren. Die Qualität eines Wirtschaftsstandortes wird dabei zukünftig stärker als bisher vom Zustand der Telekommunikationsinfrastruktur, der Verfügbarkeit von Diensten und dem Niveau der mit Telekommunikation verbundenen Kosten bestimmt[457]. Eine besondere Bedeutung hat dabei das bedarfsgerechte Angebot für kleinere und mittlere Unternehmen, die dadurch ihre Wettbewerbsfähigkeit auf dem nationalen und internationalen Märkten verbessern können[458]. Durch die Tätigkeit kommunaler Telekommunikationsunternehmen werden neben der Sicherung bereits bestehender Unternehmen auch die Voraussetzungen zur Ansiedlung neuer Unternehmen, meist solcher der zukunftsfähigen Informations- und Kommunikati-

---

454 *Moraing*, WiVerw. 1998, Heft 4, 233, 253; *Hellermann*, Örtliche Daseinsvorsorge, S. 345
455 Deutlich in diesem Sinne etwa BVerfGE 39, 329, 333 f.
456 *Ehlers*, DVBl. 1998, Heft 10, 497, 500 f.
457 *Stopka*, Jahrbuch Telekommunikation und Gesellschaft 1996, 65, 69
458 *Lohmann*, Jahrbuch Telekommunikation und Gesellschaft 1996, 81, 85

onsbranche geschaffen. Kommunale Telekommunikationsunternehmen führen also zu einer Wirtschaftsföderung[459].

Fraglich ist allerdings, ob die kommunale Wirtschaftsförderung durch die kommunalen Telekommunikationsunternehmen einen öffentlichen Zweck i.S.d. kommunalen Wirtschafts- bzw. Unternehmensrechts darstellt. Kommunale Wirtschaftsförderung ist die zur Daseinsvorsorge zählende Aufgabe der Gemeinden, Städte und Landkreise, die durch Schaffung bzw. Verbesserungen der Standortbedingungen für die Wirtschaft das wirtschaftliche und soziale Wohl der Bevölkerung in der Gemeinde oder im Kreis sichert oder steigert[460]. Nach dem oben ausgeführten werden durch die kommunalen Telekommunikationsunternehmen die Standortbedingungen für Unternehmen geschaffen bzw. verbessert. Diese Unternehmen tragen also unstrittig zur Wirtschaftsförderung bei. Der damit verbundene positive Impuls für die lokale Wirtschaft verbessert die Bereiche Leben, Wohnen und Arbeiten der Gemeindebewohner. Er dient somit dem Wohl der Gemeindebürger. Es liegt also grundsätzlich in der Wirtschaftsförderung ein öffentlicher Zweck im Sinne des kommunalen Wirtschafts- bzw. Unternehmensrechts vor[461].

Die Wirtschaftsförderung als solche wird sogar als Teil des kommunalen Aufgabenkreises angesehen[462]. Die öffentliche Zweckbindung würde sogar ohne Prüfung unterstellt. Die kommunalen Telekommunikationsunternehmen wären demnach sog. fiktiv gestatteten und keine eingeschränkt gestatteten wirtschaftlichen Unternehmen. Die Telekommunikation zählt allerdings ausdrücklich nicht zu den Pflichtaufgaben der Kommune. Diese Feststellung würde kontrakarriert, wenn durch die Effekte der kommunalen Tätigkeit auf diesem Gebiet, der Telekommunikationssektor per se einer Pflichtaufgabe der Kommunen gleich gestellt werden würde. Die kommunalen Telekommunikationsunternehmen bleiben daher sog. eingeschränkt gestattete wirtschaftliche Unternehmen.

aa) Mittelbare oder unmittelbare Zweckbindung

Bezüglich der Zweckbindung drängt sich jedoch die Frage auf, ob hierfür auch eine mittelbare Zweckerfüllung genügt. Die Wirtschaftsförderung folgt ja nicht

---

459 siehe ausführich oben unter Kap. 1. Teil, A), II., S. 3

460 *Knemeyer/Rost-Haigis*, DVBl. 1981 241, 245; kritisch zu dieser weiten Begriffsbestimmung *Altenmüller*, DVBl. 1981 619, 619 f.

461 VGH BW, NJW 1995, 274, 274 f.; *Moraing*, in: "Beiträge zur kommunalen Versorgungswirtschaft", Heft 84, 1995, S. 28; *Püttner*, DÖV 1983, 698, 699

462 vgl. VG Münster, DÖV 1963, 622 f.

unmittelbar aus der Tätigkeit der kommunalen Telekommunikationsunternehmen, wie z. B. die Verbesserung der Infrastruktur, sondern erst dadurch, dass die verbesserte Infrastruktur positive Wirkungen auf die Standortqualität ausübt und somit für die Neuansiedlung von Unternehmen bzw. für eine Verbesserung der Rahmenbedingungen der bereits ansässigen Unternehmen sorgt. Die Frage, ob das kommunale Wirtschaftsrecht eine unmittelbare Verfolgung eines öffentlichen Zwecks fordert oder eine mittelbare Verfolgung genügen läßt, ist im Schrifttum sehr umstritten.

Die Befürworter[463] der unmittelbaren Verfolgung eines öffentlichen Zweckes berufen sich bei ihrer Meinung auf die Sasbach-Entscheidung des Bundeverfassungsgerichts. Hiernach müsse ein kommunales Unternehmen unmittelbar durch seine Leistung und nicht nur mittelbar durch seine Erträge den Gemeindeeinwohnern dienen[464].

Die Vertreter im Schrifttum[465], die eine mittelbare Verfolgung eines öffentlichen Zwecks für die Anforderungen des kommunalen Wirtschaftsrechts ausreichen lassen, berufen sich bei ihrer Meinung auf die von Rechtsprechung und Literatur[466] überwiegend für zulässig erachteten Tätigkeiten zur Nutzung sonst brachliegenden Wirtschaftspotentials. Derartige Tätigkeiten dienen ebenfalls nicht unmittelbar dem mit dem Unternehmen eigentlich verfolgten Zweck, sondern beabsichtigen vielmehr eine Steigerung seiner Rentabilität und sollen auf diese Weise - also erst mittelbar - dem eigentlichen öffentlichen Zweck dienen. Demnach sei eine mittelbare Gemeinwohlförderung als öffentliche Zwecksetzung keineswegs ausgeschlossen, sondern sie seien allenfalls in besonderem Maße rechtfertigungsbedürftig[467].

---

463 *Held*, in: "Organisation kommunaler Aufgabenerfüllung", Hrsg.: Henneke, S. 113, 120; *Altenmüller*, DVBl. 1981 619, 623 explizit für Arbeitsplatzschaffung; *Erdmann*, DVBl. 1998, Heft 1, 13, 17

464 BVerfGE 61, 82, 107

465 *Kluth*, "Grenzen komunaler Wettbewerbsteilnahme", S. 11; *Hill*, BB 1997, Heft 9, 425, 427; *Gerke*, Jura 1985, 340, 352; *Gern*, "Kommunalrecht", S. 384, Rdnr. 392; *Ehlers*, DVBl. 1998, 497, 499

466 BVerwGE 82, 29 ff.; *Ehlers*, DVBl. 1998, 497, 500; *Ossenbühl*, Bestand und Erweiterung des Wirkungskreises der Deutschen Bundespost, S. 137; *Rocke*, Nebentätigkeiten kommunaler wirtschaftlicher Unternehmen, S. 41 ff.; *Hidien*, Die positive Konkretisierung der öffentlichen Zweckbindung, S. 76 ff.

467 vgl. *Ehlers*, DVBl. 1998, Heft 10, 497, 499; *Moraing*, WiVerw. 1998, Heft 4, 233, 259; *Hidien* hält eine mittelbare Zweckerfüllung sogar ohne jegliche Rechtfertigung für zulässig, vgl. *Hidien*, Die positive Konkretisierung der öffentlichen Zweckbindung, S. 77

bb) Stellungnahme

Es bleibt festzuhalten, dass in der Sasbach-Entscheidung des Bundeverfassungsgerichts ausschließlich auf den rein erwerbswirtschaftlichen Zweck abgestellt wird, nicht generell auf alle mittelbaren Zwecksetzungen. Dies wird auch darin deutlich, dass in der amtlichen Begründung zu § 67 DGO[468] explizit nur die rein erwerbswirtschaftliche Zwecksetzung kommunaler Unternehmen untersagt wurde und seither in der Literatur lediglich dieser eine mittelbare Zweck expressis verbis ausgeschlossen wird. Zum anderen werden aber mittelbare Zweckbindungen zur Nutzung sonst brachliegender Wirtschaftsressourcen gemäß dem Rentabilitätsgebot grundsätzlich anerkannt. Dies kann nur die Schlußfolgerung zulassen, dass mittelbare Zwecksetzungen nicht generell ausgeschlossen sein können. Allerdings ist bei mittelbaren Zwecksetzungen eine besondere Rechtfertigung nötig, um den Zweck zu konkretisieren. Je mittelbarer die Zwecksetzung dabei sein wird, um so mehr werden die Anforderungen an die Rechtfertigung wachsen.

Abgesehen davon ist die genaue Differenzierung, wo die mittelbare Zwecksetzung beginnt und wo die unmittelbare aufhört, angesichts des fast nicht greifbaren Begriffs des "öffentlichen Zwecks" kaum möglich[469]. Das Merkmal "öffentlicher Zweck" ist vielmehr ein normativer, also wertausfüllungsbedürftiger, unbestimmter Rechtsbegriff, bei dessen Konkretisierung sich wandelnde politische, wirtschaftliche und rechtliche Rahmenbedingungen zu berücksichtigen sind[470]. Bei einer derartig dynamischen Betrachtungsweise ist in einer Zeit, in der im Bewußtsein der Öffentlichkeit die Termini "Konzern Stadt" bzw. "Serviceunternehmen Stadt" vorhanden sind, von einer weiten Interpretation des öffentlichen Zwecks auszugehen. Wenn der Begriff "öffentlicher Zweck" zeitgemäß weit interpretiert wird, muß konsequenterweise erst recht die Tätigkeit des kommunalen Unternehmens ihre Zwecksetzung auch mittelbar erfüllen können. Zudem stellen mittelbare Impulse aufgrund der dadurch entstehenden Dominoeffekte oftmals die nachhaltigere Erfüllung öffentlicher Zwecksetzungen dar, weil dadurch auch indirekt gesellschaftliche Kräfte veranlaßt werden, dem öffentlichen Zweck zu dienen.

---

468 abgedruckt bei *Hidien*, Gemeindliche Betätigungen rein erwerbswirtschaftlicher Art und "öffentlicher Zweck", S.26, in der Amtlichen Begründung zu § 67 DGO heißt es insofern nur, dass die Leistungen und Lieferungen des gemeindlichen Unternehmens selbst einem öffentlichen Zweck dienen müssen. Damit ist allerdings nichts über eine mittelbare bzw. unmittelbare Zweckbindung ausgesagt.

469 Vgl. *Hidien*, Die positive Konkretisierung der öffentlichen Zweckbindung, S. 77

470 *Cronauge*, der Gemeindehaushalt 1998, 131, 135

Dafür, dass die öffentliche Zweckbindung auch mittelbar erfüllt werden kann, spricht auch die verfassungskonforme Auslegung. Denn die Wirtschaftstätigkeit der Kommunen ist Bestandteil der kommunalen Selbstverwaltungsgarantie gem. Art. 28 Abs. 2 Satz 1 GG. Durch den Fall der Monopole, speziell auch im Energiesektor, herrscht nun freier Wettbewerb, in dem die kommunalen Unternehmen mit Privaten konkurrieren. Die Anforderungen der Kunden werden immer größer und weiter, sie erfassen in Paketlösungen auch Neben- und Serviceleistungen, die mit der ursprünglichen Versorgungsleistung nicht mehr in einem unmittelbaren Zusammenhang stehen. Im Energiesektor erwarten immer mehr Kunden Nebenleistungen, wie z.B. die sog. Gebäudemanagmentdienste, die per se nicht von einem öffentlichen Zweck getragen sind[471]. Wenn die kommunalen Unternehmen ihre Wettbewerbsfähigkeit aufgrund mangelnder Flexibilität der Gemeindeordnung verlieren, ist auf den einzelnen Sektoren faktisch mangels Nachfrage ihre Wirtschaftstätigkeit gänzlich gefährdet. Das den Gemeinden durch die Verfassung in Art. 28 Abs. 2 Satz 1 GG zugesicherte Recht zu Wirtschaftstätigkeiten droht dadurch leerzulaufen. Dies ist durch eine verfassungskonforme Auslegung des kommunalen Wirtschaftsrechts zu verhindern, um letztlich die Chancengleichheit zwischen öffentlichen und privaten Unternehmen im Wettbewerb zu gewährleisten[472]. Daher ist davon auszugehen, dass auch eine mittelbare Zweckerzielung zulässig ist.

In dem Bereich der kommunalen Wirtschaftsförderung, die Teil des Aufgabenkreises der Gemeinde ist[473], spricht ein zusätzliches Argument für die Zulässigkeit der mittelbaren Zweckerfüllung. Denn es ist völlig unstrittig, dass die Kommunen die örtliche Wirtschaft nur durch indirekte Fördermaßnahmen, mit denen nicht unmittelbar in den Wirtschaftsprozeß eingegriffen wird, in mannigfacher Weise fördern dürfen und insoweit eine aktive Wirtschaftsförderungspolitik betreiben können[474]. Wenn grundsätzlich kommunale Wirtschaftsförderung nur durch indirekte Maßnahmen ohne gesetzliche Einschränkungen möglich ist, könnte diese kommunale Aufgabe nicht durch die Tätigkeit kommunaler Unternehmen erbracht werden, wenn nur die unmittelbare Zweckerfüllung durch das kommunale Wirtschaftsrecht erlaubt wäre. Folglich wäre die Gemeindeordnung

---

471 *Moraing*, WiVerw. 1998, Heft 4, 233, 255 f.

472 *Kühne*, RdE 1998, Heft 2, 41, 48

473 *Knemeyer/Rost-Haigis*, DVBl. 1981, Heft 6, 241, 245 m.w.N.

474 *Altenmüller*, DVBl. 1981, 619, 620; nach dem direkte kommunale Wirtschaftsförderungsmaßnahmen nur innerhalb der sehr engen Schranken des allgemeinen Wirtschaftsrechts möglich sind, vgl. insbesondere hierzu die S. 621 ff. m. w. N.; a.A. *Hidien*, Die positive Konkretisierung der öffentlichen Zweckbindung, S. 109, der generell direkte und indirekte kommunale Wirtschaftsförderung zuläßt und darin einen öffentlichen Zweck i. S. d § 67 DGO sieht.

in sich unschlüssig, denn gerade die kommunalen Aufgaben sollen auch durch kommunale Wirtschaftsunternehmen in Privatrechtsform erfüllt werden können. Somit ist davon auszugehen, dass auch eine mittelbare Zweckbindung eine Aufgabenerfüllung im Sinne des kommunalen Wirtschaftsrechts darstellt.

cc) Zusammenfassung

Da die kommunale Wirtschaftsförderung als ein die wirtschaftliche Betätigung einer Kommune rechtfertigender öffentlicher Zweck anerkannt ist, stellt sich nur noch die Frage nach der Rechtfertigung, da die kommunalen Telekommunikationsunternehmen nur mittelbar wirtschaftsfördernd wirken. Die Rechtfertigung hängt m.E. dabei von der Wirkung und der Bedeutung der wirtschaftsfördernden Maßnahme auf das Wohl der Gemeindeeinwohner ab, nach der sich auch der öffentliche Zweck richtet. Betrachtet man die zentrale Bedeutung der Telekommunikations- und Informationstechnik für unsere Gesellschaft, die sich auf dem Sprung in eine Dienstleistungs- und Informationsgesellschaft befindet, ist von einer immensen Relevanz einer Telekommunikationsinfrastrukrur in hoher Qualität zu niedrigen Preisen für die kommunale Wirtschaft und somit auch für das soziale und wirtschaftliche Wohl der Gemeindeeinwohner auszugehen. Bei einer derartig zentralen wirtschaftsfördernden Bedeutung der kommunalen Telekommunikationsunternehmen ist von einer Rechtfertigung bezüglich der mittelbaren Zweckerfüllung auszugehen.

Festzuhalten bleibt daher, dass kommunale Telekommunikationsunternehmen den öffentlichen Zweck der kommunalen Wirtschaftsförderung erfüllen und damit ihre wirtschaftliche Betätigung im Einklang mit dem kommunalen Wirtschaftsrecht steht.[475]

c) Zweck einer krisenfesten und ungestörten Versorgung der Bevölkerung

Unstreitig sind gemeindliche Wirtschaftsunternehmen durch einen öffentlichen Zweck gerechtfertigt, wenn sie die krisenfeste und ungestörte Versorgung der Bevölkerung gewährleisten[476]. Denn in einem derart innovationsreichen Bereich besteht die ernstzunehmende Gefahr, dass der ländliche Raum qualitativ schlecht

[475] so auch *Moraing*, in: "Beiträge zur kommunalen Versorgungswirtschaft", Heft 84, 1995, S. 28 u. 30; *Pünder*, DVBl. 1997, 1353, 1358; vorsichtig bejahend auch *Möstl*, BayVBl., 1999, Heft 18, 547, 552

[476] statt vieler *Gerke*, Jura 1985, Heft 7, 349, 352 m. w. N.

versorgt wird. Dadurch besteht für diesen die Gefahr, in eine Art "Telekommunikationsschatten" zu geraten[477].

Grundsätzlich ist allerdings der Bund mittels entsprechender Bundesgesetze dazu verpflichtet, eine flächendeckend angemessene und ausreichende Telekommunikationsdienstleistung zu gewährleisten, vgl. Art. 87 f Abs. 1 GG. Man spricht hierbei auch von der Gewährleistung sog. Universaldienstleistungen. Doch im Gegensatz zu der dem Wortsinn zu unterstellenden Bedeutung einer umfassenden maximalen Versorgung versteht man einhellig unter dem Begriff Universaldienstleistungen die Gewährleistung eines Mindeststandards[478], der für die Öffentlichkeit als Grundversorgung unabdingbar geworden ist, vgl. § 17 Abs. 1 Satz 2 TKG. Neuere technische Entwicklungen werden hiervon nicht erfaßt[479]. Dieser Mindeststandard umfaßt derzeit gem. § 1 Nr. 1 TUDLV[480] lediglich einen analogen Telefonanschluß mit ISDN-Leistungsmerkmalen und bleibt somit hinter den Ansprüchen vieler Bürger, insbesonders aber auch zahlreicher Unternehmen hinsichtlich der Möglichkeiten der Datenübertragung zürück[481].

Es ist die ernstliche Gefahr gegeben, dass die privaten Telekommunikationsunternehmen nur in den lukrativen Ballungsgebieten die teure Hochtechnologie einsetzen und den ländlichen Raum auf dem Niveau der Universaldienstleistungen stagnieren lassen. Diese Unternehmen sind nämlich ausschließlich an einer Gewinnmaximierung interessiert. Es ist sogar zu befürchten, dass dieser gesetzlich gebotene Mindeststandard auf die Dauer unterschritten wird und es sogar zu Versorgungslücken kommen kann, deren Schließung gem. §§ 18 -22 TKG bis zu zwei Jahre in Anspruch nehmen kann[482]. Daher dient die Infrastruktursicherung durch Telekommunikationsunternehmen in diesem Bereich unstrittig der krisenfesten und ungestörten Versorgung der Bevölkerung mit Telekommunikations-

---

477 *Giesen/Gerbrand*, Stadt und Gemeinde 1996, 15, 17; *Pünder*, DVBl. 1997, Heft 23, 1353, 1354 f.

478 *Lerche*, in: Maunz/Dürig/Herzog/Scholz, Grundgesetz - Kommentar, Art. 87 f Rdnr. 73; *Stern*, DVBl. 1997, 309, 313; *Windhorst*, in Sachs, Grundgesetz - Kommentar, Art. 87 f, Rdnr. 10

479 *Scheuerle*, in: "Jahrbuch der Telekommunikation", Hrsg.: Kubicek u.a., 217, 218

480 TUDLV bedeutet Telekommunikations-Universaldienstleistungsverordnung; BR-Drucks. 715/96

481 *Pünder*, DVBl. 1997, Heft 23, 1353, 1355; *Giesen/Cronauge*, Stadt und Gemeinde 1996, 15, 18

482 *Kubicek*, CR 1997, Heft 1, 1, 9

dienstleistungen und somit einem öffentlichen Zweck im Sinne des kommunalen Wirtschaftsrechts[483].

Der Legitimität dieser kommunalen Zielsetzung können weder der dem Bund verfassungsrechtlich zugewiesene Infrastruktursicherungsauftrag noch die ihm dienenden Vorschriften des TKG's über die Gewährleistung der sog. Universaldienstleistungen entgegengehalten werden[484]. Dies impliziert das Bundesverfassungsgericht in seinem Beschluß zur unentgeltlichen Nutzung der öffentlichen Verkehrswege gem. § 50 TKG[485], in dem es den Kommunen ausdrücklich gestattet, im Rahmen der Vorgaben des TKG's Übertragungswege zu betreiben und Telekommunikationsdienstleistungen anzubieten, um hierdurch Aufgaben der kommunalen Daseinsvorsorge zu erfüllen. Hierzu gehört unzweifelhaft auch die über eine minimale Versorgung der Bürger hinausgehende Möglichkeit der Nutzung neuester und hochwertiger Telekommunikationtechnik[486].

d) Zweck zum Schutz vor Monopolstellungen und zur Förderung des Wettbewerbes

Der Schutz der Einwohner vor der Ausnutzung einer Monopolstellung und die damit implizierte Förderung des Wettbewerbs sind unstrittig geradezu als klassische öffentliche Zwecke anerkannt[487], da sie eindeutig dem Wohl der Bürger dienen.

Trotz der Liberalisierung des Telekommunikationsmarktes durch die Postreform II ist die Deutsche Telekom AG derzeit bei Ortsgesprächen de facto Monopolist, da dieses Marktsegment für die anderen Mega-Carrier mangels eigenen Netzes unrentabel ist[488]. Ungeachtet der Möglichkeit der Entgeltregulierung durch die Regulierungsbehörde gem. §§ 23 ff. TKG ist der DTAG eine äußerst bequeme Preisgestaltung möglich, da eine ernstzunehmende Konkurrenz fehlt. Dies hat zur Folge, dass in Deutschland bis zu zehnmal höhere Preise für Ortsgespräche

---

483 *Hien/Hölzl*, Komm. z. GO, Anm. 3 zu Art. 87 BayGO, S. 10; *Widtmann/Grasser*, Komm. z. Bay. GO, Art. 87, Rdnr. 8, S. 16; *Masson/Samper*, Bay. Kommunalgesetze - Komm., Art. 87, Kap. 5.1, Rdnr. 21, S. 9, a.A. *Möstl*, BayVBl. 1999, 547, 552

484 a.A. *Möstl*, BayVBl. 1999, Heft 18, 547, 552

485 BVerfG Beschluß vom 7.1. 1999 - 2 BvR 929/97, DVBL. 1999 697, 697 f. u. MMR, 1999, , 355, 355

486 *Hellermann*, Örtliche Daseinsvorsorge, S. 345 f.

487 *Gerke*, Jura 1985, Heft 7, 349, 352 m. w. N.; *Habermehl*, VR 1987, 105, 107; *Moraing*, "Beiträge zur kommunalen Versorgungswirtschaft", Heft 84, 1995, S.29; *Pünder*, DVBl. 1997, 1353, 1358; Hellermann, Örtliche Daseinsvorsorge, S. 346

488 *Weiland*, Der Bayerische Bürgermeister 1998, 180, 180

verlangt werden können, als international üblich[489]. Leidtragende hiervon sind vor allem die Gemeindebürger und lokalen Unternehmen des Mittelstands, die hauptsächlich Ortsgespräche tätigen[490]. Zudem besteht die Gefahr, dass die DTAG mit den Gewinnen bei den Ortsgesprächen andere Dienstleistungen quersubventioniert und somit eine Wettbewerbsverzerrung in anderen Marktsegmenten verursacht.

Kommunale Telekommunikationsunternehmen können als Wettbewerber zur DTAG den lokalen Telekommunikationsmarkt beleben, indem sie auf ihr bereits bestehendes Telekommunikationsnetz zurückgreifen, dieses weiter ausbauen und mit anderen überregionalen Telekommunikationsunternehmen zusammenarbeiten[491]. Dies wird zu einer deutlichen Absenkung der Tarife für Ortsgespräche zum Nutzen der Kunden/Bürger und der lokalen Wirtschaft führen. Diese Tendenz bestätigen auch die Erfahrungen in Städten, in denen kommunale Telekommunikationsgesellschaften bereits tätig sind[492].

Kommunale Telekommunikationsunternehmen sind daher notwendig, um auf lokaler Ebene die Ziele der Postreform II, die Liberalisierung des Telekommunikationsmarktes und die Schaffung eines freien Wettbewerbs[493], dessen Förderung auch in § 1 TKG als Gesetzeszweck fixiert ist, zu realisieren. Dies stellt somit unzweifelhaft einen öffentlichen Zweck dar.

e) Zweck der Arbeitsplatzschaffung bzw. -sicherung

Als öffentlicher Zweck im Sinne des kommunalen Wirtschaftsrechts, der von kommunalen Telekommunikationsunternehmen verfolgt wird, wird oft die Schaffung und der Erhalt von Arbeitsplätzen genannt. Allein die NetCologne GmbH aus Köln beschäftigt derzeit ca. 300 Angestellte in hochqualifizierten, zukunftsfähigen Berufen[494].

Arbeitsplatzschaffung bzw. -sicherung als öffentlicher Zweck wird von Vertreten im Schrifttum entweder pauschal abgelehnt[495] oder generell befürwortet[496]. Diese

---

489 *Büssow/Schönershofen*, Der Städtetag 1997, 231, 231
490 *Giesen/Gerbrand*, Stadt und Gemeinde 1996, 15, 19; *Moyson*, Jahrbuch Telekommunikation und Gesellschaft 1996, 75, 75; *Weiland*, Der Bayerische Bürgermeister 1998, 180, 180
491 *Hellermann*, Örtliche Daseinsvorsorge, S. 346
492 vgl. insoweit oben Kap. 1. Teil, B), II., S. 22 f. bzw. Kap. 1. Teil, B), III., S. 25
493 vgl. BT-Drucks. 12/8108, S. 1 u. S. 5
494 vgl. HanseNet Pressemitteilung vom 5. Mai 1999
495 *Altenmüller*, DVBl. 1981, 619, 623; *Müller*, DVBl. 1998, 1256, 1263

Lösungsansätze sind m.E. zu undifferenziert. Sicherlich ist prima facie jeder gewonnene oder erhaltene Arbeitsplatz im Interesse und im Wohl der Gemeindebürger, da weniger Finanzmittel von der Gemeinde für die Folgelasten der Arbeitslosigkeit, wie z.B. die Sozialhilfe, aufgebracht werden müssen. Dies stellt aber eine zu kurz greifende Argumentation dar. Denn jedes unternehmerische Engagement oder jede Beteiligung an einem wirtschaftlichen Unternehmen bedeutet per se die Schaffung bzw. den Erhalt von Arbeitsplätzen. Somit würde jedes kommunale Unternehmen bzw. jede Unternehmensbeteiligung die Erfüllung eines öffentlichen Zwecks mit sich bringen. Dieses Zulassungskriterium des kommunalen Wirtschaftsrecht würde letztlich obsolet werden. Daher erfüllen m. E. die direkt in den gemeindlichen Unternehmen entstehenden oder gesicherten Arbeitsplätze nicht einen öffentlichen Zweck im Sinne des kommunalen Wirtschaftsrechts[497].

Eine völlig andere Situation ist dann gegeben, wenn durch das unternehmerische Engagement der Kommunen im Telekommunikationsbereich indirekt durch verbesserte wirtschaftliche Rahmenbedingungen Arbeitsplätze geschaffen bzw. gesichert werden, in dem sich neue Unternehmen ansiedeln bzw. bestehende Unternehmen effektiver wirtschaften können. In diesem Fall ist der öffentliche Zweck der Arbeitsplatzsicherung bzw. -schaffung zu bejahen, da nicht die Gefahr besteht, das dies durch jede unternehmerische Tätigkeit der Kommunen erreicht wird. Ferner droht daher diese Zulässigkeitshürde nicht, an sich hinfällig zu werden. Allerdings ist zu beachten, dass bei einer mittelbaren Zweckerfüllung, wie hier, eine besondere Rechtfertigung erforderlich ist (siehe oben). Das Maß der Rechtfertigung bemißt sich nach der Bedeutung des Zwecks und des Mittels, mit der dieser erreicht werden soll, für das Wohl der Gemeindebürger, das als maßgebliches Indiz für eine sachgerechte Kommunalpolitik gilt.

Bei der zentralen gesellschaftspolitischen Bedeutung der Telekommunikation in der sich anbahnenden Dienstleistungs- und Kommunikationsgesellschaft ist die Telekommunikation ein Schlüsselfaktor für die Schaffung bzw. Erhaltung von Arbeitsplätzen. Durch die hohen Investitionen der kommunalen Unternehmen in die Telekommunikationsinfrastruktur und durch deren generelle wirtschaftsför-

---

496 *Ehlers*, DVBl. 1998, 497, 499; *Gern*, Kommunalrecht., S. 384, Rdnr. 392; *Hill*, BB 1997, 425, 429; *Pünder*, DVBl. 1997, 1353, 1358; *Hidien*, Die positive Konkretisierung der öffentlichen Zweckbindung, S. 107

497 insoweit auch zweifelnd bei Arbeitssicherung mittels Kauf einer Brauerei durch eine Gemeinde *Ehlers*, DVBl. 1998, Heft 10, 497, 499

dernde Wirkung stellen sich indirekt äußerst positive Effekte auf dem lokalen Arbeitsmarkt ein[498].

Es ist also festzustellen, dass kommunale Telekommunikationsunternehmen indirekt den öffentlichen Zweck der Arbeitsplatzsicherung bzw. -schaffung realisieren können. Eine diesbezügliche konkrete Aussage kann nur mittels einer entsprechenden Einzelfallprüfung erfolgen.

f) Öffentlicher Zweck der Berücksichtigung ortsspezifischer Belange und das effiziente Stadtmanagment

Sehr häufig werden auch kommunale Telekommunikationsunternehmen mit den öffentlichen Zwecken der Berücksichtigung ortsspezifischer Belange und des effizienten Stadtmanagements begründet, da zu den vielfältigen öffentlichen Zwecken auch sozialpolitische Ziele zählen[499].

Zum einen ist es sicher im Interesse und zum Wohl der Gemeindebürger, wenn kommunale Telekommunikationsunternehmen im Gegensatz zu ihren meist bundesweit operierenden Konkurrenten die örtlichen Zustände und Bedürfnisse genau kennen und so ein marktorientiertes Dienstleistungsangebot den Bürgern anbieten können[500]. Daneben können die Gemeinden über ihre Einflußmöglichkeiten in den kommunalen Telekommunikationsunternehmen dafür sorgen, dass gemeindespezifische Interessen, insbesondere städteplanerische Gesichtspunkte, angemessen berücksichtigt werden[501]. Die Berücksichtigung ortsspezifischer Belange stellt somit einen öffentlichen Zweck im Sinne des kommunalen Wirtschaftsrechts dar.

Zum anderen fördert ein effizienteres Stadtmanagement das Wohl der Gemeindebürger. Durch die kommunalen Telekommunikationsunternehmen werden die verschiedenen kommunalen Ämter miteinander und mit den Bürgern vernetzt. Dadurch ist ein effizienteres Arbeiten innerhalb der Verwaltung, aber auch mit dem Bürger möglich[502]. Man denke nur an die Online-Antragsstellung und die zahlreichen Informations- und Werbemöglichkeiten, die einer Kommune durch

---

498 vgl. insoweit *Norwig/Kemming*, Jahrbuch Telekommunikation und Gesellschaft 1996., 86, 90

499 *Hellermann*, Örtliche Daseinsvorsorge, S. 345

500 vgl. näher dazu Kap. 1. Teil, A), II., S. 4

501 *Büssow/Schönershofen*, Der Städtetag 1997, 231, 232; *te Reh*, Der Städtetag 1997, 361, 362

502 *Moryson*, Jahrbuch Telekommunikation und Gesellschaft 1996, 75, 75

die sog. Mehrwertdienste der Telekommunikation, wie dem Internet, offenstehen[503]. Durch kommunale Telekommunikationsunternehmen wird zum Wohl der Bürger das Stadtmanagment effizienter. Darin ist unstrittig ein öffentlicher Zweck im Sinne des kommunalen Wirtschaftsrechts zu sehen.

Kommunale Telekommunikationsunternehmen erfüllen grundsätzlich auch die öffentlichen Zwecke der Berücksichtigung ortsspezifischer Belange und des effizienten Stadtmanagements. Wobei sicherlich diese Zwecke für die Kommunen im Vergleich zu den vorangenannten Politikzielen eine untergeordnete Bedeutung haben.

g) Zusammenfassung

Abschließend bleibt festzuhalten, dass kommunale Telekommunikationsunternehmen grundsätzlich hinsichtlich folgender öffentlicher Zwecke im Sinne des kommunalen Wirtschafts- bzw. Unternehmensrechts ausgerichtet sein können: die Wirtschaftsförderung bzw. Standortsicherung, ein effizientes Stadtmanagement, eine krisenfeste und ungestörte Versorgung der Bevölkerung, der Wettbewerbsförderung, der Schaffung von Arbeitsplätzen und der Berücksichtigung von ortsspezifischen Belangen. Das genaue Vorliegen der einzelnen öffentlichen Zwecke obliegt jedoch der konkreten Einzelfallprüfung.

4. Rechtfertigung bzw. Erforderlichkeit der kommunalen Telekommunikationsunternehmen durch einen öffentlichen Zweck

Nach den Vorgaben des § 67 Abs. 1 Nr. 1 DGO schreiben die meisten Gemeindeordnungen der Länder vor, dass die kommunalen Unternehmen durch einen öffentlichen Zweck gerechtfertigt werden müssen. Seit der Gesetzesänderung vom 9.6. 1999 in Nordrhein-Westfalen[504] ist Bayern das einzig Land, das diesbezüglich eine Verschärfung vorsieht. Nach Art. 87 Abs. 1 Satz 1 Nr. 1 BayGO muß ein öffentlicher Zweck das kommunale Unternehmen erfordern. Gerechtfertigt ist ein öffentliches Unternehmen schon dann, wenn es das Gemeindewohl fördert. Erfordert wird es dagegen erst dann, wenn seine Unterlassung eine Vernachlässigung oder Schädigung des Gemeinwohls bedeuten würde[505]. Hiervon ist allerdings bei der Zukunftstechnologie der Telekommunikation und deren Bedeutung für die Entwicklung des ländlichen Raums, aber auch der Konkurrenz-

503 *Lohmann*, Jahrbuch Telekommunikation und Gesellschaft 1996, 81, 84

504 LT-Drucks. 12/3730 u. 12/3770

505 *Plagenkopf*, in: "Kommunalrecht", 1976, Hrsg.: ders., 15. Abschnitt, § 43 II. 4., S. 150

fähigkeit der Kommunen untereinander unzweifelhaft auszugehen. Kommunale Telekommunikationsunternehmen sind daher nach den Vorgaben des kommunalen Wirtschaftsrechts durch einen öffentlichen Zweck sowohl gerechtfertigt als auch erfordert.

5. Ergebnis

Zusammenfassend muß also festgestellt werden, dass für kommunale Telekommunikationsunternehmen die Bindung an einen öffentlichen Zweck im Sinne der Nachfolgebestimmungen der Länder zu § 67 Abs. 1 Nr. 1 DGO u. § 69 Abs. 1 DGO im Gegensatz zur Ansicht einiger Vertreter im Schrifttum und vor allem den Zweifeln der Bundesregierung[506], grundsätzlich möglich ist. Es bedarf allerdings jeweils des konkreten Nachweises in einer Einzelfallprüfung. Hauptsächlich wird mit den kommunalen Telekommunikationsunternehmen der öffentliche Zweck der Wirtschaftsförderung der Kommunen verfolgt, wie dies beispielhaft bei der M"net GmbH in München[507], der NEFkom GmbH in Nürnberg Fürth und Erlangen[508] und der Augustakom GmbH in Augsburg[509] sehr anschaulich der Fall ist. Generell scheidet als einziger öffentlicher Zweck die Gewinnerzielungsabsicht aus. Eine Gewinnmitnahme ist hingegen zulässig, ja sogar vom Rentabilitätsgebot gefordert.

In der Praxis besteht allerdings dabei die Gefahr, dass die öffentliche Zweckbindung der kommunalen Telekommunikationsunternehmen und das Gebot, nach Möglichkeit einen Ertrag für den Haushalt zu erwirtschaften, gegeneinander ausgespielt werden. Bei schlechter Wirtschaftsführung exkulpiert man sich gerne mit dem Hinweis auf die öffentliche Zwecksetzung. Umgekehrt wird die Vernachlässigung der öffentlichen Zwecke mit dem Rentabiltätsgebot begründet. Um eine klare Zuordnung der verschiedenen Zielsetzungen zu ermöglichen, ist es ratsam, die sich aus der öffentlichen Zwecksetzung und dem Rentabilitätsgebot ergebenden Erfordernisse voneinander zu unterscheiden. Dies kann vielfach in der Weise geschehen, dass zunächst ein Wirtschaftsplan erstellt wird, der dem eines privaten Unternehmens entspricht. Anschließend werden dann die im Interesse der öffentlichen Zwecksetzung notwendigen Korrekturen, z.B. im Hinblick auf die Quantität und Qualität des Leistungsangebots oder die Höhe der Entgelte, vorgenommen. Dadurch wird nicht nur die öffentliche Zwecksetzung

---

506 vgl. *Müller*, DVBl. 1998, 1256, 1263; Stellungnahme der Bundesregierung zum 11. Hauptgutachten der Monopolkommission, BT-Drucks. 13/7998, S. 11, Tz. 29.

507 *Konle*, "Die Telekommunikation in der Wirtschaft ", Hrsg: Bay. Städtetag, 1998, 31, 33

508 *Rühl*, "Die Telekommunikation in der Wirtschaft ", Hrsg.: Bay. Städtetag, 1998, 43, 46

509 AK-Info-Broschüre: "Der clevere Anschluß für Ihre Nummer", S. 1

transparent gemacht, sondern es werden zugleich die Kosten der Zwecksetzung berechenbar und klare Verantwortlichkeiten geschaffen.

III. Unternehmensformen

1. Organisationsform

Da die wirtschaftliche Betätigung der Kommune auf dem Telekommunikationssektor die öffentliche Zweckbindung nach dem Kommunalrecht grundsätzlich erfüllt, stellt sich jetzt die Frage, welche Organisationsform ihren Anforderungen am besten gerecht wird.

Die zutreffende Organisationsentscheidung steht insofern nach h. M. im Ermessen der Kommune[510].

Gegen diese im Belieben der Kommune stehende Wahlfreiheit macht sich im Schrifttum eine im Vordringen befindliche Auffassung bemerkbar[511]. Hiernach ist von einem generellen Vorrang des öffentlichen Rechts bei der Organisationswahl auszugehen und eine Flucht in das Privatrecht als rechtswidrig anzusehen, wenn die öffentliche Organisationsform genauso geeignet wie die privatrechtliche ist. Denn die Organisationsprivatisierung schwäche die kommunale Selbstverwaltung, weil sie in stärkerer Weise als die öffentlich-rechtliche Verselbständigung zu einer weitgehenden Abkopplung von den Selbstverwaltungsträgern führe. Überließe man es dem Belieben der Kommunen, ob sie die Gesellschaftsform in Anspruch nehmen wollen, könnte dies leicht zu einer völligen Denaturierung der kommunalen Selbstverwaltung führen, da sich fast alle Selbstverwaltungsaufgaben auf Gesellschaften übertragen ließen, so daß den Kommunen selbst nichts mehr zum Verwalten bliebe. Die Verkümmerung der Gemeinden und Gemeindeverbände zu bloßen Holding-Einheiten entspräche aber nicht dem verfassungsrechtlichen Leitbild der kommunalen Selbstverwaltung. Daher müsse die Inanspruchnahme der privaten Gesellschaftsform auch dort, wo es an einer Vorrangregelung fehle, als begründungsbedürftig angesehen und von dem Nachweis der besseren Eignung gegenüber den öffentlich rechtlichen Organisationsformen abhängig gemacht werden. Diese Ansicht hat sich sogar in der Form

---

510 Ehlers, DÖV 1986, 897, 903; Glauben, ZG 1997, 147, 149; *Knemeyer*, Kommunales Wirtschaftsrecht, Rdnr. 211 ff.; *Schmidt*, ZGR 1996, Heft 3, 345, 349 u. 356 f.; *Scholz/Pitschas*, HkWP V, 128, 129 f.

511 Vgl insoweit *Ehlers*, DVBl. 1997, Heft 3, 137, 141 m.w.N.

von Präferenzbestimmungen für die öffentlich rechtlichen Organisationsformen in den Kommunalverfassungen einiger Länder manifestiert[512].

Diese Auffassung ist abzulehnen, weil den Gemeinden durch die von Art. 28 Abs. 2 GG geschützte Organisationsfreiheit grundsätzlich das Recht zusteht, frei nach ihrem Ermessen über die Rechts- und Organisationsform ihrer Unternehmen zu entscheiden[513]. Dies gilt inbesondere für die Erfüllungvon freiwilligen Aufgaben, wie der Telekommunikation[514].

Aber selbst wenn man dieser Auffassung nicht folgt, ist es gerade in einem sehr innovativen und kurzlebigen Wirtschaftsbereich wie der Telekommunikation erforderlich, über die nötige Flexibilität und Schnelligkeit bei Unternehmensentscheidungen verfügen zu können, die eine öffentliche Rechtsform nicht aufweisen kann. Daneben sprechen grundsätzlich steuerliche, konjunktur- und finanzpolitische, personal- und haushaltsrechtliche sowie haftungs -und verbandsrechtliche Erwägungen für die private anstelle der öffentlich- rechtlichen Organisationsform[515]. Somit ist im Telekommunikationsbereich die private Rechtsform gegenüber der öffentlichen Rechtsform die effektivere und somit auch vorzugswürdig.

Darüber hinaus schrumpft das Ermessen bei der Organisationswahl im Telekommunikationsbereich auf Null, da gem. Art. 87 f Abs. 2 Satz 1 GG Telekommunikationsdienstleistungen durch private Anbieter erbracht werden müssen. Art. 87 f Abs. 2 Satz 1 GG i.V.m. Art. 143 b Abs. 1 Satz 1 GG verpflichtet insoweit zu einer Organisationsprivatisierung, die auch für kommunale Telekommunikationsunternehmen gilt. Gleiches ergibt sich aus dem Prinzip der strukturellen Separierung in § 14 Abs. 1 TKG. Danach müssen Lizenznehmer mit marktbeherrschender Stellung auf anderen Märkten ihre Telekommunikationsdienstleistungen in rechtlich selbständigen Unternehmen, also in Privatrechtsform, anbieten. Damit sollen unerwünschte Quersubventionen und aggressives Preisdumping finanzstarker Großunternehmen verhindert werden[516]. Dies trifft aber auch die Kommunen und ihre Tochterunternehmen, die Stadtwerke, da sie vie-

512 Vgl. §§ 103 Abs. 1 Nr. 1 GO BW; 69 KV M.-V.; 117 Abs. 1 Nr.1 GO Sa.-Anh.; 102 Abs. 1 Nr. 1 GO Schl.-H.; 73 Abs. 1 Nr. 2 ThürKO; § 108 NW GO

513 *Schmidt*, Öffentliches Wirtschaftsrecht, Allg. Teil, S. 528; *Graf Vitzthum*, AöR 104 (1979), 580, 581

514 *Hellermann*, Örtliche Daseinsvorsorge, S. 234

515 *Habermehl*, VR 1987, Heft 4, 105, 108; *Scholz/Pitschas*, HkWP V, 128, 132 m. w. N.; zustimmend *Ehlers*, DVBl. 1997, 137, 141, allerdings beschränkt auf den Vergleich mit einem Zweckverband.

516 *Holznagel/Bysikiewicz/Enaux/Nienhaus*, Grundzüge des Telekommunikationsrechts, S. 48

lerorts noch über eine marktbeherrschende Stellung bei der lokalen Energieversorgung und sicher über eine Monopolstellung bei der Versorgung mit Wasser und Abwasser verfügen[517].

Die Privatrechtsform der kommunalen Telekommunikationsunternehmen ist somit bindend. Fraglich ist allerdings, welche Privatrechtsform für die Belange der Kommunen ideal ist. In manchen Ländern, wie Bayern, ist es normiert, dass die kommunalen Unternehmen in Privatrechtsform nur zulässig sind, wenn die Haftung auf einen bestimmten ihrer Leistungsfähigkeit angemessenen Betrag begrenzt wird, vgl. Art. 92 Abs. 1 Nr. 3 BayGO. Selbst wenn dies nicht gesetzlich vorgeschrieben ist, ist es den Kommunen zu raten, sich haftungsrechtlich abzusichern, damit Sie sich finanziell nicht übernehmen[518]. In der Praxis haben sich bei den 83 bereits bestehenden kommunalen Telekommunkationsunternehmen daher auch die Rechtsformen der GmbH und der GmbH & Co.KG durchgesetzt[519].

2. *Public-Private-Partnership*

Die Form der Public-Private-Partnership[520] ist im Bereich des kommunalen Telekommunikationsengagements wegen ihrer Synergieeffekte weit verbreitet. Dadurch wird technisches und ökonomisches Know-how ideal mit Infrastrukturvorteilen und Bürger/-Kundennähe gepaart und zudem das finanzielle Risiko für die Kommunen etwas abgefedert[521].

Bei derartigen gemischt wirtschaftlichen Unternehmen muß bei der Entscheidung der Kommune über die Beteiligung als Minus zur Errichtung einer privatrechtliche Eigengesellschaft ebenfalls die Wirtschaftsklausel der Nachfolgebestimmungen des § 67 DGO beachtet werden. (arg. a maiore ad minus), vgl. insoweit auch Art. 87 Abs. 3 Satz 1 BayGO. Ansonsten wäre es der wirtschaftenden Gemeinde erlaubt, durch einen organisatorischen Kunstgriff (Beteiligung

517 *Fiebig*, VR 1998, Heft 5, 161, 162

518 *Habermehl*, VR 1987, Heft 4, 105, 108

519 ATekom-info, 1999/Februar, Heft 39, Hrsg.: VKU, S. 1-8,

520 Der Begriff der "private public partnership" überschneidet sich mit demjenigen des gemischt wirtschaftlichen Unternehmens. Beide stehen für Unternehmen, die in den Formen des privaten Gesellschaftsrechts geführt werden und an denen mindestes eine öffentliche Institution und mindestens ein privater Gesellschafter beteiligt sind; auf eine Beteiligungsquote kommt es insoweit nicht an; vgl. dazu *Schmidt-Assmann*, BB 1990 Beil. Nr. 34 S. 2; *Wiedemann*, Gesellschaftsrecht, S. 126

521 Vgl. zu den Nachteilen von "Private-Public-Partnership" *Bös/Schneider*, ZGR 1996, 519 ff.

statt Eigenbetrieb), sich ihrer rechtlichen Bindungen zu entziehen[522]. Diese Beteiligungsschleuse gilt auch für den Fall, dass sich die Eigen- bzw. Beteiligungsgesellschaften von Gemeinden ihrerseits an dritten Gesellschaften beteiligen, sog. Schachtelbeteiligungen. Die Einhaltung der Wirtschaftsklauseln ist allerdings, wie oben dargestellt bzw. noch erwiesen werden muß, in den seltensten Fällen ein Problem.

Die weitgehende Autonomie der privatrechtlichen Unternehmen mit gemeindlicher Beteiligung durch das Gesellschaftsrecht, birgt dennoch die Gefahr, dass die Bindung an die gemeinderechtlichen Bestimmungen unterlaufen wird. Daher ist es notwendig, bei Gründung bzw. Beteiligung an einem gemischt wirtschaftlichen Unternehmen einen angemessenen Einfluss der Gemeinde auf den allgemeinen Geschäftsbetrieb zu gewährleisten. Dies erfolgt durch die Sicherstellung der öffentlichen Zwecksetzung und der Einräumung ausreichender Ingerenzbefugnisse, vgl. insoweit Art. 92 Abs. 1 Nr. 1 u. 2, Art. 93 Abs. 2 Satz 1 BayGO[523].

a) Sicherstellung der öffentlichen Zwecksetzung

Die Bindung an eine öffentliche Zwecksetzung schreibt das Kommunalrecht auch im Beteiligungfall ausdrücklich vor, vgl. Art. 92 Abs. 1 Nr. 1 BayGO. Dabei kann eine Gewinnmitnahme, wie bereits dargestellt, erst in zweiter Linie, nämlich nur insoweit zulässig sein, als dadurch der öffentliche Zweck nicht beeinträchtigt wird. Hierin besteht allerdings gerade der Zielkonflikt, der der Public-Private-Partnership immanent ist. Es stehen sich nämlich das Interesse der öffentlichen Hand auf Durchsetzung des öffentlichen Zwecks und das auf Gewinnmaximierung gerichtete Interesse des privaten Gesellschafters gegenüber[524]. Soll die Dominanz des öffentlichen Zwecks aber mehr als eine formelhafte Beschwörung sein, muß der öffentliche Zweck in der Gesellschaftssatzung eindeutig fixiert und steuerungstauglich präzisiert werden. Denn fehlt es an einer solchen Zweckbestimmung, geht das Gesellschaftsrecht davon aus, dass der Gesellschaftszweck auf Gewinnerzielung gerichtet ist[525]. Bei der AG bzw. GmbH sind grundsätzlich als Unternehmenszweck auch öffentliche Interessen und Zwecke zulässig, gem. §§ 1 GmbHG, 3 AktG[526]. Eine Außnahme besteht nur dann, wenn

522 *Schmidt-Jortzig*, HkWP V, S. 65

523 *Ehlers*, DVBl. 1997, Heft 3, 137, 142; *Schmidt-Jortzig*, HkWP V, S. 65 f.

524 *Habersack*, ZGR 1996, Heft 3, 544, 548; *Zöllner*, Kölner Komm. z. AktG, vor § 394, Rdnr. 6 ff.

525 *Schön*, ZGR 1996, Heft 3, 429, 445

526 *Lutter/Hommelhoff*, GmbHG, § 1, Rdnr. 5; *Kraft*, in: "Kölner Komm. z. AktG", § 3 AktG, Rdnr. 14

hoheitliche Aufgaben als Unternehmensziele festgelegt werden sollen, da diese von gemischt-wirtschaftlichen Unternehmen als Privatrechtssubjekte nicht wahrgenommen werden können[527]. Für eine "Private-Public-Partnership" ist dies allerdings auf dem Telekommunikationssektor unbedenklich, da seit der Postreform II nach Art. 87 Abs. 2 Satz 1 GG Telekommunikationsdienstleistungen an sich keine Hoheitsaufgaben mehr darstellen.

Zudem ist eine grundsätzliche Änderung des Gesellschaftszwecks, etwa ein Wechsel von der sozialwirtschaftlichen oder ideellen Zielsetzung zu einer rein erwerbswirtschaftlichen Zielsetzung, nach § 33 Abs. 1 Satz 2 BGB nur mit Zustimmung aller Gesellschafter möglich[528]. Um generell eine Änderung der Satzungsbestimmungen mitbestimmen zu können, ist es der Gemeinde zu raten, mehr als 25% der Gesellschaftsanteile zu besitzen, da hierfür eine Mehrheit von mindestens 75 % der Gesellschaftsanteile nötig ist, vgl. §§ 53 Abs. 2, 3 Abs. 1 Nr. 2 GmbHG; §§ 179 Abs. 3, 23 Abs. 3 Nr. 2 AktG.

Der Unternehmenszweck einer Telekommunikationsgesellschaft mit kommunaler Beteiligung müßte daher folgendermaßen in der Satzung formuliert sein: "Zweck der Gesellschaft ist das Erbringen von Telekommunikationsdienstleistungen mit dem Ziel, die Gemeindeeinwohner krisenfest und zeitgerecht zu versorgen, sowie die lokale und regionale Wirtschaft hierdurch zu fördern (alternativ können die oben besprochenen öffentlichen Zwecke aufgeführt werden). Eine Gewinnerzielung wird erst in zweiter Linie angestrebt und ist diesem Zweck stets unterzuordnen.".

Die öffentliche Zwecksetzung muß nicht nur bei der Gründung der Gesellschaft, sondern auf Dauer bestehen. Daher sollte zum Zweck der Kontrolle eine Bestimmung in die Gesellschaftssatzung aufgenommen werden, welche die Gesellschaft zu einer Berichterstattung über die Einhaltung der öffentlichen Zwecksetzung und Zweckerreichung verpflichtet[529].

Dennoch muß beachtet werden, dass durch die Bestimmung des Unternehmenszwecks kein Einfluß auf die laufende Geschäftsführung des gemischt-

---

527 *Scholz/Aulehner*, ArchPT 1993, Heft 2, 103, 163; *dies.*, ArchPT 1993, Heft 3, 221, 246

528 *Schmidt*, Gesellschaftsrecht, S. 56 ff.; 646 f.; *Zöllner*, Kölner Komm. z. AktG, § 179 AktG, Rdnr. 114; *ders.*, in: Baumbach/Hueck, GmbHG, § 53, Rdnr. 14; a.A.: *Scholz/Aulehner*, ArchPT 1993, 103, 163

529 Nach § 108 Abs. 2 Satz 2 Nr. 2 GO NW muß eine Gemeinde auf eine entsprechende Ausgestaltung hinwirken, wenn ihr mehr als 50 % der Anteile an dem Unternehmen gehören. A.A. insoweit *Noack*, StuGR, 1995, 379, 381

wirtschaftlichen Unternehmens, sondern lediglich eine Grobsteuerung erfolgen kann. Gleichwohl liegt darin die optimale Möglichkeit, das gemischt-wirtschaftliche Unternehmen an die Gemeinde anzubinden. Denn dadurch wird das gemischt-wirtschaftliche Unternehmen in seiner Gesamtheit verpflichtet, zur Erfüllung des Unternehmenszwecks beizutragen. Zudem werden dadurch Kollisionen zwischen den Interessen der Gemeinde und denen der privaten Mitgesellschaftern vermieden.

b) Einräumung ausreichender Ingerenzbefugnisse

Es ist heute in Rechtsprechung und Schrifttum unbestritten, dass die Kommunen rechtlich verpflichtet sind, sich gegenüber ihren rechtlich verselbständigten Einrichtungen ausreichende Ingerenz- und Kontrollbefugnisse vorzubehalten[530]. Da sich ein eigenständiges Verwaltungsgesellschaftsrecht[531] nicht durchgesetzt hat, ist mit der h. M. davon auszugehen, dass die Einwirkungspflicht der Gemeinde im Rahmen der gesetzlichen Möglichkeiten des Gesellschaftsrechts erfolgen muß und sich nicht am Modell der hierarchischen Verwaltungsorganisation orientieren darf[532]. Andernfalls würde jene unternehmerische Autonomie, die mit der Organisationsform der Gesellschaft des privaten Rechts angestrebt wird, zurückgenommen werden und so eine erfolgreiche wirschaftliche Betätigung unmöglich. Die privatrechtlichen Steuerungsinstrumente sind neben der bereits behandelten Fixierung des Unternehmenszwecks in der Satzung, die Beteiligung an diesem Unternehmen, die Besetzung ihrer Gesellschaftsorgane und die Gestaltung der Unternehmensverträge[533].

aa) Die Beteiligung

Die Möglichkeiten der Einflußnahme auf das gemischt wirtschaftliche Telekommunikationsunternehmen hängt zunächst davon ab, ob eine sog. Mehrheits- oder Minderheitsbeteiligung vorliegt. Bei der Mehrheitsbeteiligung korrespondiert die Kapitalmehrheit grundsätzlich mit der Stimmenmehrheit (§§ 133, 134 AktG; §§ 14, 47 GmbHG). Dadurch kann die Gemeinde indirekt durch die Bestellung des Geschäftsführers gem. § 46 Nr. 5 GmbHG, wie auch direkt mittels

---

530 BVerwG, NJW 1990, 134, 134 f.; *Spannowsky*, ZGR 1996, Heft 3, 400, 413 ff.

531 *v. Danwitz*, AöR 120 (1995), 595 ff.; *Haverkate*, VVDStRL 46 (1988), 217, 226 ff.; *Stober*, NJW 1984, 449, 455; *Ehlers*, Verwaltung in Privatrechtsform, S. 321 f.

532 *Emmerich*, Das Wirtschaftsrecht der öffentlichen Unternehmen, S. 161 f., 203 ff., 221 ff.; *Kropff*, in: "Geßler u.a. (Hers.), Komm. z. AktG", 1994, vor §§ 394, 395, Rdnr. 14 ff.; *Habersack*, ZGR 1996, Heft 3, 544, 555; *Lutter/Timm*, BB 1978, 836, 840 f.; *Hellermann*, Örtliche Daseinsvorsorge, S. 244

533 *Widtmann/Grasser*, Bay.GO - Komm., Art. 93 BayGO, Rdnr. 7, S. 6 ff.

Weisung der Gesellschafterversammlung an den Geschäftsführer gem. § 37 Abs. 1 GmbHG auf die Unternehmenspolitik einer GmbH entscheidenden Einfluß nehmen[534]. Im Gegensatz dazu verfügt die Hauptversammlung der AG, die zugunsten des Vorstandes entmachtet wurde, über bescheidenere Kompetenzen[535]. Die Hauptversammlung einer AG kann, mit Ausnahme der Entscheidung über die Verwendung des Bilanzgewinns gem. § 119 Abs. 1 Nr. 2 AktG, nicht unmittelbar auf die Geschäftsführung des Unternehmens einwirken, gem. § 119 Abs. 2 AktG[536]. Allerdings verfügt sie über eine indirekte Einflußmöglichkeit durch die Besetzung des Aufsichtsrates im Rahmen der §§ 101 Abs. 1 Satz 1, 119 Abs. 1 Nr. 1 AktG[537].

bb) Besetzung der Gesellschaftsorgane

Ferner kann die Gemeinde mittels ihrer Unternehmensbeteiligung auf die weiteren Organe der Gesellschaft, deren Aufsichtsrat und Vorstand bzw. Geschäftsführer, einwirken, indem sie über ihre Besetzung mitentscheidet. Hierbei ist aber eine Mehrheitsbeteiligung nicht entscheidend. Denn die Gemeinde kann sich im Gesellschaftsvertrag ein Entsendungsrecht zum Aufsichtsrat festschreiben lassen (§ 101 Abs. 2 AktG) und/oder allgemeine Auswahlkriterien für die Besetzung von Aufsichtsrat und Vorstand formulieren (§ 101 Abs. 4 AktG)[538] und somit ihren Einfluß auf das Unternehmen verstärken. Bei der Gesellschaftsform der GmbH kann sich die Kommune darüber hinaus, auch wenn dies nicht wie im Aktienrecht gesetzlich verankert ist, als Sonderrecht nach § 35 BGB im Gesellschaftsvertrag die Befugnis zur Entsendung[539], Präsentation[540] oder Benennung[541] eines oder mehrerer Geschäftsführer einräumen lassen und kann ferner auf die Errichtung und Besetzung eines fakultativen oder obligatorischen Aufsichtsrates einwirken (vgl. § 113 Abs. 3, 4 GO NW).

Die Bindungswirkung der Organmitglieder an den Willen der Gemeinde kann durch die Entsendung einerseits mittelbar, andererseits unmittelbar erfolgen.

534 *Baumbach/Hueck*, in: "Komm. z. GmbHG", § 37 GmbHG, Rdnr. 10 ff.

535 *v. Trott z. Solz*, Die staatlich beeinflußte Aktiengesellschaft, S. 25

536 *Schneider*, "Die Gebietskörperschaft als Konzernspitze", S. 12 f.

537 *v. Trott z. Solz*, Die staatlich beeinflußte Aktiengesellschaft, S. 24 ff.

538 *v. Rechenberg*, "Die Hauptversammlung als oberstes Organ der AG, S. 73 ff.; *Noack*, StuGR 1995, 379, 380

539 BGH WM 1989, 250 ff.; *Noack*, StuGR 1995, 379, 380: Entsendung bedarf nicht der Bestätigung durch die Gesellschafterversammlung.

540 *Lutter/Hommelhoff*, Komm. z. GmbHG, § 46 GmbHG, Rdnr. 12: Präsentation darf nur aus wichtigem Grund von der Gesellschafterversammlung zurückgewiesen werden.

541 OLG Hamm, ZIP 1986, 1188 ff. mit Anm. *Lutter*: Benennung darf aus sachlichen Gründen zurückgewiesen werden.

Mittelbar deshalb, weil z.B. das Aufsichtsratsmitglied nur auf Zeit entsandt bzw. gewählt ist, vgl. § 102 Abs. 1 AktG, und so um eine Wiederwahl bemüht ist. Daneben kann das Aufsichtsratsmitglied jederzeit abberufen werden, gem. § 103 Abs. 1 u. 2 AktG. Für den Geschäftsführer einer GmbH gilt gem. § 38 Abs. 1 GmbHG entsprechendes.

Außerdem ist eine direkte Einflußnahme auf das Aufsichtsratsmitglied durch die Gemeinde mittels Weisung denkbar. Dies widerspricht allerdings der prinzipiellen Weisungsfreiheit von Aufsichtsratsmitgliedern (arg. §§ 76, 111 AktG)[542]. Ferner resultiert aus dem Vorrang des Gesellschaftsrechts vor dem Kommunalrecht, dass das Aufsichtsratsmitglied gezwungen ist, in erster Linie den Belangen der Gesellschaft zu dienen, wenn diese im Widerspruch zu den Interessen und Weisungen der Gemeinde stehen[543]. Aufgabe des Aufsichtsrates ist es nämlich letztlich, das Unternehmensinteresse der Gesellschaft zu verfolgen[544].

Das Besetzungsrecht der Gesellschaftsorgane kann daher die Wahrnehmung öffentlicher Interessen durch das gemischt wirtschaftliche Unternehmen nur insoweit sicherstellen, als diese mit denen der Gesellschaft übereinstimmen[545]. Darüber hinaus kann die Gemeinde die laufende Geschäftsführung der Gesellschaft über Personalentscheidungen nur mittelbar und rechtlich unverbindlich beeinflussen.

cc) Gestaltung von Unternehmensverträgen

Unternehmensverträge stellen ebenfalls ein zwar mögliches, bei ausschließlicher Verwendung jedoch kein optimales Instrument für die Kommune zur Einwirkung auf das gemischt wirtschaftliche Telekommunikationsunternehmen dar.

So kann durch den Unternehmensvertrag festgeschrieben werden, dass für eine Änderung der Satzung eines gemischt wirtschaftlichen Unternehmens die Zustimmung des kommunalen Anteilseigners zwingend erforderlich ist. Dies ist nur dann möglich, wenn die Kommune selbst Gesellschafter und nicht Dritter ist, vgl. insoweit § 23 Abs. 5 AktG[546]. Darüber hinaus kann die Kommune, von deren

---

542 *Püttner*, Die öffentlichen Unternehmen, S. 235; Ein Weisungsrecht bei entsandten Aufsichtsratsmitgliedern ist zwar strittig muß allerdings ebenfalls abgelehnt werden, weil zwischen Aufsichtsrat und Hauptversammlung kein Auftrags-, sondern ein Treueverhältnis besteht, vgl. *Leisner*, WiVerw. 1983, 212, 216

543 BGHZ 36, 296, 306

544 *Kraft*, Das Verwaltungsgesellschaftsrecht, S.148

545 *Leisner*, WiVerw. 1983, 212, 217

546 *Zöllner*, Kölner Komm. z. Aktienrecht", § 179, Rdn. 44

Unternehmereigenschaft als Bestandteil der öffentlichen Hand auszugehen ist[547], die AG durch einen Beherrschungsvertrag gem. § 291 Abs. 1 AktG sehr effektiv durch zulässige Weisungen beeinflussen[548]. Derartige Verträge sind bei der GmbH hingegen nicht erforderlich, da sie die nach dem Gesetz dem Geschäftsführer eingeräumten Befugnisse weitgehend an sich ziehen kann[549]. Die Gemeinde kann daher aufgrund ihrer starken Position den Geschäftsführer zwingen, ihre Interessen und Weisungen zu berücksichtigen.

Bei einer kombinierten Verwendung des Unternehmensvertrags mit der Festsetzung des Unternehmenszwecks kommt diesem unterstützend eine sehr effektive Rolle bei der Gewährleistung des kommunalen Einflusses auf das gemischt wirtschaftliche Unternehmen zu.

dd) Zusammenfassung

Wenn der öffentliche Zweck der Telekommunikationsgesellschaft mit kommunaler Beteiligung als Unternehmenszweck in der Gesellschaftssatzung festgeschrieben ist, und in dem Gesellschaftsvertrag die oben skizzierten Einflußmöglichkeiten manifestiert sind, ist davon auszugehen, dass die Kommune ihrer Pflicht zur Sicherstellung der öffentlichen Zwecksetzung und der hierfür nötigen Einräumung ausreichender Ingerenzbefugnisse nachkommt, vgl. insoweit Art. 92 Abs. 1 Nr. 1 u. 2, Art. 93 Abs. 2 Satz 1 BayGO. Wenn es auch nicht gelingen wird, jede Unternehmensentscheidung im Interesse der Kommune zu treffen, so ist ihr doch mehr als lediglich eine Grobsteuerung möglich. Dies muß aber für die Wahrnehmung der Ingerenzpflicht in diesem Rahmen ausreichen, da ansonsten die Vorteile der gesetzlich zulässigen gemischt-wirtschaftlichen Unternehmen, nämlich die effizientere Wirtschaftsweise durch Beteiligung von Privaten und die damit verbundene und durch die private Rechtsform gerade beabsichtigte selbständigere Unternehmensführung gegenüber dem Eigen- bzw. Regiebetrieb, verloren gehen würden[550].

In diesem Zusammenhang ist es allerdings den Kommunen zu raten, ihr unternehmerisches Engagement auf dem Telekommunikationssektor in der Rechtsform der GmbH zu organisieren, da hier der Einfluß der Kommune auf die Ge-

---

547 *Emmerich/Sonnenschein*, Konzernrecht, S. 44 f.; *Biedenkopf/Koppensteiner*, Kölner Komm. z. Aktienrecht", § 291, Rdnr. 2; a. A. *Leisner*, WiVerw. 1983, 212, 219

548 ein umfassender Überblick hierzu bei *Widtmann/Grasser*, Bay. GO - Komm., Art. 93 BayGO, Rdnr. 7, S. 8 f.

549 *Schneider*, Die Gebietskörperschaft als Konzernspitze, S. 12 f.

550 ebenso *Hellermann*, Örtliche Daseinsvorsorge, S. 244

schäftsführung, wie oben gezeigt, durch einfache Regelung im Gesellschaftsvertrag unmittelbar erfolgen kann[551].

c) Ergebnis

Abschließend ist davon auszugehen, dass kommunale Telekommunikationsunternehmen als Eigengesellschaft oder in der Form der Private-Public-Partnership mit dem kommunalen Wirtschaftsrecht, vorbehaltlich der erforderlichen Einzelfallprüfung, grundsätzlich vereinbar sind. Insoweit kann sich hieraus auch kein Verstoß gegen ein Rückverstaatlichungsverbot auf dem Telekommunikationssektor ergeben.

551 *Schön*, ZGR 1996, Heft 3, 440, 446 ff.

B) Leistungsfähigkeit der Gemeinde

Alle Gemeindeordnungen bestimmen als weitere Voraussetzung, dass "das Unternehmen nach Art und Umfang in einem angemessenen Verhältnis zur Leistungsfähigkeit der Gemeinde und zum voraussichtlichen Bedarf/Erfolg stehen muß", vgl. z.B. § 121 Abs. 1 Nr. 2 GO Hessen. Es soll hiermit die Gemeinde vor Initiativen bewahrt werden, die ihre Verwaltungs-, insbesondere ihre Finanzkraft überforderten oder die erzielbaren Vorteile jedenfalls soweit aufwögen, dass insgesamt keine effektive Verbesserung für die gemeindliche Aufgabenerfüllung erreicht würde[552]. Dies ist insbesondere dann der Fall, wenn aufgrund des Investitions- und des Unterhaltungsbedarfs sowie des Kostendeckungsgrades das wirtschaftliche Unternehmen nur durch dauernde Zuschüsse größeren Ausmaßes finanziert werden kann, so dass die Leistungsfähigkeit für die Erfüllung der übrigen, vorrangig zu erledigenden Aufgaben leidet[553].

Bei der momentanen Finanzmisere der Kommunen drängt sich jedoch der Verdacht auf, dass die hohen Investitionen, die für ein adäquates High-Quality-Netz erforderlich sind[554], schnell die finanzielle Leistungsgrenze der Gemeinde erreichen. Zudem ist das unkalkulierbare Risiko der Preisentwicklung auf dem Telekommunikationsmarkt, auf dem seit der Liberalisierung durch die Postreform II am 1.1.1998 geradezu ein Preiskrieg herrscht[555], und das Risiko der hohen Dynamik und der kurzen Innovationszeit auf diesem Markt zu beachten. Es ist also mit hohen Investitionen zu rechnen, wenn man konkurrenzfähig bleiben will[556]. Eine mittel- bzw. langfristige Unternehmensentwicklung ist daher in diesem Sektor schwer einzuschätzen. Auf der anderen Seite ist der Telekommunikationsmarkt auch ein Boommarkt der Zukunft, auf dem, gerade in lokalen Marktnischen, hohe Gewinne erzielt werden können, die die Investitionssummen rechtfertigen können. Ferner sind derzeit 83 kommunale Telekommunikationsunternehmen erfolgreich tätig, wie die vier Vorzeigeunternehmen oben belegen, ohne

---

552 *Schmidt-Jorzig*, HkWP V, S. 59; *Stober*, Kommunalrecht, S. 340; *Held*, WiVerw. 1998, 264, 279

553 *Hegele/Ewert*, Kommunalrecht im Freistaat Sachsen, S. 187

554 Nach einer Aussage von Herrn *Schäfers* von der kommunalen Telekommunikationsgesellschaft ISIS GmbH aus Düsseldorf ist von etwa 40 Mio. DM je 100.000 Einwohner als Startinvestitionen auszugehen, vgl. insoweit *Held*, Organisation kommunaler Aufgabenerfüllung, Hrsg. Henneke, S. 113, 121

555 *te Reh*, Der Städtetag 1997, 361, 363

556 *Stopka*, Jahrbuch Telekommunikation und Gesellschaft 1996., 65, 71

dass die beteiligten Kommunen aufgrund ihres Engagements Pflichtaufgaben hätten vernachlässigen müssen[557].

Letztlich ist allerdings auch die Einschätzung der gemeindlichen Leistungsfähigkeit eine Frage der sachgerechten Kommunalpolitik, die politisch entschieden und verantwortet werden muß. Damit besteht auch diesbezüglich eine Einschätzungsprärogative der kommunalen Entscheidungsträger und nur eine Plausibilitätskontrolle der Gerichte und der Kommunalaufsicht, die lediglich offensichtliche Fehleinschätzungen, Ermittlungsdefizite und den Abwägungsausfall umfaßt[558].

Die Kommunen müssen also vor der Gründung eines Telekommunikationsunternehmens sorgfältig dessen Chancen und Risiken prüfen. Ratsam ist in diesem Zusammenhang eine Marktanalyse durch Experten von außen[559]. Ob ein kommunales Telekommunikationsunternehmen nach Art und Umfang in einem angemessenen Verhältnis zur Leistungsfähigkeit der Gemeinde und zum voraussichtlichen Erfolg steht, wie dies alle Gemeindeordnungen Deutschlands vorschreiben, obliegt letztlich einer Einzelfallentscheidung. Beachtenswert erscheint dabei, dass mit einer höheren Wertschöpfung das Unternehmensrisiko wächst, d. h. je mehr Marktsegmente abgedeckt werden und je mehr Dienstleistungen angeboten werden, umso mehr steigt das Unternehmensrisiko[560]. Eine Einbeziehung privater Geldgeber und Teilhaber wäre im Sinne einer „Public-Private-Partnership“ ebenso ratsam, um dass Unternehmensrisiko zu senken. Die Erfahrungen der 83 bisher erfolgreich tätigen kommunalen Telekommunikationsunternehmen sind dabei als positives Indiz für die Möglichkeit zu werten, dass das Zulässigkeitskriterium der Leistungsfähigkeit bei Telekommunikationsunternehmen grundsätzlich eingehalten werden kann. Im Übrigen wird in der Diskussion um eine Reform des kommunalen Wirtschaftsrechts immer wieder betont,

557 siehe näher dazu oben Kap. 1. Teil, B), S. 17 ff.
558 vgl. *Schmidt-Jorzig*, HkWP V, S. 60
559 *Voeth*, Der Städtetag, 1996, 97
560 *te Reh*, Der Städtetag 1997, 361, 363

dass auf die Kriterien Leistungsfähigkeit und Bedarf mangels Relevanz in der kommunalen Praxis ersatzlos verzichtet werden kann[561].

561 *Held*, WiVerw. 1998, Heft 4, 264, 279; a.A. *Hellermann*, Örtliche Daseinsvorsorge, S. 244

C) Verhältnis von Kommunalwirtschaft und Privatwirtschaft

I. Kommunalrechtliche Grenzen

Das Verhältnis von Kommunalwirtschaft und Privatwirtschaft wird mit Ausnahme der Gemeindeordnungen der Länder Baden-Württemberg (§ 102 GO), Hessen (§121 GO), und Nordrhein-Westfalen (§ 107 GO)[562] durch eine weitere Zulässigkeitsklausel, der sog. Subsidiaritätsklausel, geprägt, die allerdings unterschiedlich formuliert ist. Dem Kern der im einzelnen leicht divergierenden Formulierungen nach muß die Kommune darauf achten, dass Leistungen ihres Telekommuniktionsunternehmens nicht besser und wirtschaftlicher durch einen anderen erfüllt werden oder erfüllt werden können, vgl. insofern bereits § 67 Abs. 1 Nr. 3 DGO[563]. Diese Grenzziehungen der sog. Subsidiaritätsklausel engen die Kommunalwirtschaft nicht übermäßig zugunsten der Privatwirtschaft ein. Zum einen kommt es nicht darauf an, ob die Privatwirtschaft ökonomischer agiert, sondern ob sie den dringenden öffentlichen Zweck ebensogut oder besser erfüllen kann. Zum anderen steht den Kommunen auch bei dieser Zulässigkeitsklausel eine Einschätzungsprärogative zu[564]. Nach dieser Regelung ist Leistungsparität im Verhältnis zu privaten Anbietern als Voraussetzung für eine wirtschaftliche Tätigkeit der Kommunen notwendig, aber auch ausreichend. Um daher keinen falschen Inhalt zu suggerieren, sollte man den Begriff Subsidiaritätsklausel

---

562 in Bayern droht die Subsidiaritätsklausel durch die Ausnahme von kommunalen Daseinsvorsorgeunternehmen in Art. 87 Abs. 1 Satz 1 Nr. 4 BayGO ebenfalls obsolet zu werden. Hierdurch wäre der größte Teil der kommunalen Unternehmen von der Subsidiaritätsklausel ausgenommen. Die Widersinnigkeit dieser Ausnahmeregelung spiegelt sich schon darin, dass es keine Grauzone zwischen kommunalen Daseinsvorsorgeunternehmen und rein auf Gewinnerzielung ausgerichtete Tätigkeiten, die nach der amtlichen Gestzelbegründung (LT-Drs. 13/10828, S. 17 u. 19) hierdurch verhindert werden sollen, gibt. Letztere sind allerdings schon mangels öffentlichen Zweck, gem. Art. 87 Abs. 1 Satz 2 BayGO unzulässig. Um folglich die Funktion der Subsidiaritätsklausel auch in Bayern zu erhalten, ist der Begriff der kommunalen Daseinsvorsorge auf die gem. Art. 83 Abs. 1 BV in den eigenen Wirkungskreis der Gemeinde fallenden Aufgaben teleologisch zu reduzieren. A.A insofern *Hölzel/Hien*, GO für den Freistaat Bayern- Kommentar, Art. 87 BayGO, Anm. 2.5, S. 7

563 Nach den Gemeindeordnungen von Bayern (Art. 87 Abs. 1 Satz 1 Nr. 4 GO), Thüringen (§ 71 Abs. 1 KommunalO), Brandenburg (§ 100 Abs. 3) und Mecklenburg-Vorpommern (68 Abs. 1 Nr. 3 Kommunalverf.) ist hingegen eine wirtschaftliche Betätigung nur dann zulässig, wenn diese die gemeindliche Aufgabe besser oder (in Mecklenburg-Vorpommern: "und") wirtschaftlicher als Dritte", erfüllen können. Zu den verfassungsrechtliche Bedenken gegen diese Normenziele siehe *Hellermann*, Örtliche Daseinsvorsorge, S. 217 ff.

564 *Gerke*, Jura 1985, 349, 352; *Habermehl*, VR 1987, 105, 108; *Hill*, BB 1997, 425, 429

im Rahmen des kommunalen Wirtschaftsrechts vermeiden und statt dessen von einer "Funktionssperre" sprechen[565].

Die Funktionssperre ist auch in den Ländern, deren Kommunalrecht auf diese Zulässigkeitsvoraussetzung explizit verzichtet, zu beachten. Denn wenn ein privates Unternehmen den öffentlichen Zweck besser und wirtschaftlicher erfüllen kann, kann man kaum davon sprechen, daß eine kommunalwirtschaftliche Betätigung „erforderlich" bzw. „gerechtfertigt" ist. Einzig diese Interpretation wird dem Sinn und Zweck der Wirtschaftsklauseln gerecht, die kommunalen wirtschaftlichen Aktivitäten im Interesse der eigentlichen kommunalen Aufgabenverwirklichung, der Rationalität und Sparsamkeit öffentlichen Haushaltsgebarens sowie einer Schonung der Privatwirtschaft niedrig zu halten[566].

Der von der Funktionssperre geforderte Vergleich zwischen Kommunalwirtschaft und Privatwirtschaft gestaltet sich schon deshalb äußerst schwierig, da kommunale Unternehmen im Gegensatz zu den privaten Unternehmen gerade nicht primär der Gewinnerzielung, sondern der Erfüllung des öffentlichen Zwecks verpflichtet sind[567]. Als Anhaltspunkte für die Entscheidungsfindung können die Zuverlässigkeit privater Wettbewerber, die gleichmäßige Versorgung der Einwohner, das soziale Bedürfnis der Leistungsempfänger und die daraus resultierende Notwendigkeit sozial ausgerichteter Leistungsentgelte, die Wirtschaftlichkeit der Betriebsführung sowie sämtliche Qualitätsmerkmale der Lei-

565 *Moraing*, WiVerw. 1998, Heft 4, 233, 260; *Schmidt-Jortzig*, HkWP V,S. 61

566 *Badura*, DÖV 1998, Heft 19, 818, 821 f.; *Ehlers*, DVBl. 1998, 497, 502; *Erichsen*, Kommunalrecht, S. 280 f.; *Gerke*, Jura 1985, 349, 355; *Gern*, Kommunalrecht, Rdnr 393, S. 385; *Pünder*, DVBl. 1997, 1353, 1359; wohl ebenso *Püttner*, Kommunalrecht Baden-Württemberg, Rdnr. 301, S. 118; *Schmidt-Jortzig*, HkWP V, S. 61; a.A. *Cronauge*, Kommunale Unternehmen, S. 143 f., Rdnr 474; *Moraing*, WiVerw. 1998, , 233, 260; *Oebbecke*, StuGR 1995, 387, 389; *Otting*, Neues Steuerungsmodell, S. 132 f.; *Schoch*, DÖV 1993, 377, 380; *Hellermann*, Örtliche Daseinsvorsorge, S. 215 f.; die Hauptargumente der Gegenmeinung sind dabei zum einen, dass ein Vergleich zwischen einem optimal wirtschaftenden Unternehmen und einer ebenso optimal wirtschaftlichen Betätigung der Kommune im Einzelfall unmöglich sei, da die wirtschaftlichen Unternehmen der Kommune gerade nicht primär der Wirtschaftlichkeit und damit der Gewinnerzielung verpflichtet seien, sondern in erster Linie den öffentlichen Zweck nachhaltig erfüllen sollen, zum anderen, dass durch die Streichung der Funktionssperre der Landesgestzgeber (1994 in Nordrhein-Westfalen) den Kommune die Möglichkeit geben wollte, sich auch dann wirtschaftlich zu engagieren, wenn ein Dritter sich im gleichen Markt bislang wirtschaftlicher betätigte. Dennoch eine Funktionssperre aus dem Zulassungskriterium "öffentlicher Zweck" herauszulesen würde dem Willen des Landesgesetzgebers diametral entgegenstehen. Hierfür gibt allerdings die amtliche Gestzesbegründung keinen Anhaltspunkt (vgl. LT-Drs. 11/4983 S.24 f. Rdnr. 54).

567 *Ehlers*, DVBl. 1998, Heft 10, 497, 501; *Moraing*, WiVerw. 1998, Heft 4, 233, 260

stung herangezogen werden[568]. Dabei gilt der Grundsatz, je wichtiger eine kommunale Leistung für den Bürger ist, desto größer ist das Bedürfnis nach einer krisenfesten, stetigen und möglichst ungestörten Darbietung, und zwar zu sozial gerechtfertigten Bedingungen. Gerade die Kontinuität der Aufgabenerfüllung, sowie die Möglichkeit, bestimmte kommunalpolitische Zielvorstellungen verwirklichen zu können, werden oft den Ausschlag dafür geben, dass ein Privater diesen Zweck nicht ebensogut verwirklichen kann, selbst wenn er wirtschaftlicher agieren sollte[569].

Somit ist es der Kommunalaufsichtsbehörde, auch wenn an die Erforderlichkeit neuartiger Wirtschaftsbetätigungen strengere Anforderungen als an hergebrachte Aktivitäten zu stellen sind, z.B. nicht gestattet, kommunale Telekommunikationsdienstleistungen allein deshalb zu verbieten, weil es private Wettbewerber gibt und das Telekommunikationsgesetz eine flächendeckende Grundversorgung mit Telekommunikationsdienstleistungen zu erschwinglichen Preisen garantiert. Die Grundversorgung ist nämlich für viele Unternehmen und Bürger unzureichend, weil sie nur den herkömmlichen Sprachtelefondienst, nicht aber weitergehende, technisch ausgereiftere und neuartige Dienstleistungen erfaßt[570].

In Anbetracht, dass es einem privaten Anbieter ca. 40 Milliarden DM kosten würde, alle 40 Millionen privaten Haushalte in Deutschland an ein Netz anzuschließen[571], wird allein aus betriebswirtschaftlichen Gesichtspunkten heraus deutlich, dass kommunale Telekommunikationsunternehmen über wesentlich bessere wirtschaftliche Startbedingungen verfügen. Kommunale Telekommunikationsunternehmen können nämlich im Gegensatz zu ihren privaten Konkurrenten auf eine zum Teil schon vorhandene Infrastruktur an Nachrichtennetzen zur Verteilung von Bild- und Tonsignalen zurückgreifen, bzw. diese über bereits bis zum Bürger reichende Netze für Strom, Gas, Wasser, Abwasser oder Fernwärme, sowie über Leerrohre entlang der Leitungstrassen und Verkehrswege kostengünstig aus- und aufbauen[572]. Zudem können die Kommunen und ihre Unternehmen im Telekommunikationssektor auf Synergieeffekte bei der Verlegung von Leitungen, z.B. im Rahmen von Erschließungsmaßnahmen, ihren langjährigen Kundenkontakten und ihr Know-How hinsichtlich Planung, Bau

568 *Cronauge*, Kommunale Unternehmen, S. 143, Rdnr. 473
569 *Hellermann*, Örtliche Daseinsvorsorge, S. 347
570 *Ehlers*, DVBl. 1998, Heft 10, 497, 502
571 *Büssow/Schönershofen*, Der Städtetag 1997, 231, 231
572 *Gersdorf*, AfP 1998, 470, 470; *Stopka*, Jahrbuch der Telekommunikation und Gesellschaft 1996, S. 65, 69 f. ; *Moryson*,Jahrbuch der Telekommunikation und Gesellschaft 1996, S. 75, 75 f.

und Betrieb von Netzen und anderen langlebigen Investitionsgütern zurückgreifen[573]. Diesen infrastrukturellen und betriebswirtschaftlichen Vorteil der kommunalen Telekommunikationsunternehmen können private Konkurrenten kaum ausgleichen. Indiz hierfür ist auch, dass bislang kaum sichtbare Bemühungen der Privatwirtschaft zu beobachten sind, die auf den Betrieb eines lokal bzw. regional tätigen Telekommunikationsunternehmens abzielen. Selbst ein Wettbewerb im Ortsbereich ist derzeit nicht möglich, da die DTAG momentan Monopolist in diesem Marktsegment ist[574]. Ferner ist aufgrund des hohen wirtschaftlichen Risikos, das mit lokalen bzw. regionalen Telekommunikationsunternehmen verbunden ist, kaum davon auszugehen, dass ein privater Konkurrent die im öffentlichen Interesse gebotene krisenfeste und von Monopolstellungen ungestörte qualifizierte Versorgung mit Telekommunikationsdienstleistungen oder andere wirtschafts- bzw. wettbewerbsfördernde Notwendigkeiten langfristig und umfassend wirtschaftlicher und besser wahrnehmen können als die Gemeinde bzw. deren Unternehmen[575]. Um ihrer Darlegungs- und Beweislast im Einzelfall zu genügen, werden die kommunalen Unternehmen mit Blick auf die konkreten örtlichen Gegebenheiten deutlich machen müssen, inwieweit die bisherige Versorgung mit Telekommunikation ungenügend und dass entsprechendes Engagement privater Unternehmen nicht zu erwarten ist. Hilfreich ist dabei für die Kommune der ihr diesbezüglich zustehende Beurteilungsspielraum, die sog. Einschätzungsprärogative oder Prognoseentscheidung, so dass davon auszugehen ist, dass für die praktische Anwendung kaum ein Fall denkbar ist, in dem die Funktionssperre ein kommunales Unternehmen verhindern könnte[576]. Denn dies käme einer Bankrotterklärung der Kommune gleich und bedürfte wohl nur der organisatorischen Überprüfung. Daher wird die Funktionssperre generell für zahnlos oder gar völlig entbehrlich betrachtet[577].

Dennoch sollten sich die Kommunen bei der Erfüllung ihrer Darlegungslast an den Anforderungen der brandenburgischen und thüringischen Gemeindeordnung

[573] *Moraing*, Der Städtetag 1995, 513, 513

[574] *Weiland*, Der Bayerische Bürgermeister 1998, 180, 180

[575] *Moraing*,"Beiträge zur Kommunalen Versorgungswirtschaft", Heft 84, 1995, S. 34 f. m.w.N

[576] Dies gilt auch für die sehr restriktiven Kommunalverfassungen der ostdeutschen Bundesländer, insbesondere auch die Kommunalverfassung von Mecklenburg-Vorpommern, nach der die Gemeinden sich nur dann wirtschaftlich betätigen dürfen, wenn sie die gemeindlichen Aufgaben besser und wirtschaftlicher als dritte erfüllen können, § 68 Abs. 1 Nr. 3 KV MeVo. Darin ist im Gegensatz zur Funktionssperre eine reine Subsidiaritätsklausel zu sehen, die der Gemeinde zudem die volle Beweislast aufbürdet. Vgl. insofern *Cronauge*, Kommunale Unternehmen, Rdnr. 475 ff., insbesondere Rdnr. 478

[577] *Cronauge*, Kommunale Unternehmen, S. 143 f., Rdnr. 474; *Schoch*, DVBl. 1994, 962, 972

orientieren. Hiernach müssen die Gemeinden vor Aufnahme neuartiger Wirtschaftstätigkeiten ein Markterkundungsverfahren durchführen, vgl. §§ 100 Abs. 3, 101 Abs. 4 GO Bdg., 71 Abs. 1 Nr. 3 ThürKO. Diese an § 7 Abs. 2 BHO angelehnten Regelungen sind zu begrüßen und zur freiwilligen Beachtung den Kommunen in anderen Bundesländern zu empfehlen, da sie nur so eine verantwortliche und nachvollziehbare Entscheidung treffen können[578]. So muß beispielsweise in Nordrhein-Westfalen der Gemeinderat vor der Entscheidung über die Gründung von bzw. die unmittelbare oder mittelbare Beteiligung an Telekommunikationsunternehmen künftig über die Chancen und Risiken des beabsichtigten wirtschaftlichen Engagements auf der Grundlage einer Marktanalyse unterrichtet werden, vgl. § 41 Abs. 1 Satz 3 GO NW[579]. Klarstellend ist in diesem Zusammenhang auch die Formulierung in Art. 95 Abs. 2 BayGO, dass gemeindliche Wirtschaftsunternehmen keine wesentliche Schädigung, keine Aufsaugung selbständiger Betriebe in Landwirtschaft, Handwerk, Handel, Gewerbe und Industrie bewirken dürfen. Damit ist es den kommunalen Telekommunikationsunternehmen z.B. untersagt, Handel mit Telekommunikationsendgeräten bzw. -einrichtungen zu betreiben. Diese Ergebnis wäre allerdings auch ohne gesonderte gesetzliche Klarstellung Konsequenz der Funktionssperre[580].

Zusammenfassend ist daher festzustellen, dass es eher unwahrscheinlich ist, dass kommunale Telekommunikationsunternehmen in der Praxis an der Funktionssperre des § 67 Abs. 1 Nr. 3 DGO und dessen Nachfolgebestimmungen scheitern werden. Ein exaktes Ergebnis hängt allerdings von den konkreten Umständen der jeweiligen Einzelfallprüfung ab.

II) Verfassungsrechtliche Grenzen der kommunalen Telekommunikationswirtschaft

Nachdem das kommunale Wirtschaftsrecht für die kommunalen Telekommunikationsunternehmen keine wirksame rechtliche Grenze darstellt, stellt sich die Frage, inwieweit diesen Gesellschaften aus dem Verfassungsrecht Grenzen erwachsen.

---

578 *Ehlers*, DVBl. 1998, Heft 10, 497, 502

579 *Backhaus/Bauer/Stadie*, Telekommunikationsmarktstrukturanalyse für den lokalen Telekommunikationsmarkt Ulm/Neu-Ulm, S.1 ff.; *Backhaus/Reinkemeier/Stadie*, Marktstrukturanalyse für den lokalen Telekommunikationsmarkt am Beispiel der Stadt Lünen", S.1 ff.

580 a.A. *Moraing*, WiVerw. 1998, Heft 4, 233, 261

1. Grundrechtsbindung/ - fähigkeit der kommunalen Telekommunikationsunternehmen

a) Auch wenn das Grundgesetz die öffentliche Hand nicht auf eine nur mit marktkonformen Mitteln zu steuernde soziale Marktwirtschaft festlegt[581], ist die Kommunalwirtschaft in der Form der Eigengesellschaft grundsätzlich an die Grundrechte gebunden und somit nicht fähig Träger von Grundrechten zu sein, weil die öffentliche Verwaltung auch dann Verwaltung bleibt, wenn sie wirtschaftet[582].

b) Strittig ist dies insoweit nur bei den gemischt wirtschaftlichen Unternehmen im Bereich der Private-Public-Partnership, die gerade bei kommunalen Telekommunikationsunternehmen häufig zu finden ist. Dabei ist von entscheidender Bedeutung, dass die Kapitalbeteiligungen äußerst flexibel gestaltet werden können, die Frage der Grundrechtsbindung aber eine "entweder-oder Entscheidung" fordert.

Dieses Dilemma löst sich nach einer Auffassung im Schrifttum dadurch, dass die gemischt-wirtschaftlichen Unternehmen als Privatsubjekte betrachtet werden und so deren Grundrechtsbindung verneint wird[583].

Anderer Ansicht ist das Bundesverfassungsgericht[584] in einem Kammerbeschluß des Ersten Senats, in dem das Gericht einer Aktiengesellschaft, die zu 72 % der Hansestadt Hamburg gehörte, die Grundrechtsfähigkeit abspricht. Die Grundrechtsfähigkeit einer juristischen Person des Privatrechts hänge nämlich von der Funktion ab, in der sie von einem beanstandeten Akt der öffentlichen Gewalt getroffen werde. Wenn diese Funktion in der Wahrnehmung gesetzlich zugewiesener und geregelter öffentlicher Aufgaben der Daseinsvorsorge bestehe, sei die juristische Person insoweit nicht grundrechtsfähig. Dabei sei ausreichend, dass die öffentliche Hand einen entscheidenden Einfluss auf die Geschäftsführung

---

581 BVerfGE 4, 7 , 17 f.

582 *Erichsen*, Kommunalrecht, S. 274; *Ehlers*, DVBl. 1998, 497, 502 u. 504; *v. Arnauld*, DÖV 1998, 437, 440; a.A.: *Vesting*, in: „AlternativKomm z. GG", Art. 87 f. Rdnr. 90 ff. (im Erscheinen), der für die Nachfolgeunternehmen generell die Grundrechtsbindung verneint, vgl. insoweit Rdnr. 90, und für private Unternehmen, die unter Wettbewerbsbedingungen in öffentliche Aufgaben eingebunden sind, die Grundrechtsfähigkeit bejaht, selbst wenn sie staatlich beherrscht sind, vgl. insoweit Rdnr 94.

583 *Scholz*, FS Lorenz, S. 213, 223; *Koppensteiner*, NJW 1990, 3105 ff.; *Ehlers*, JZ 1990, 1089, 1096

584 BVerfG, NJW 1990, 1783, 1783

habe[585]. Jedoch stellt sich die Frage, wann ein solcher entscheidender Einfluss gegeben ist. Für das Bundesverfassungsgericht ist dies bei 72% der Kapitalanteile der Fall[586], für andere dagegen schon bei mehr als einem Viertel der Gesellschaftsanteile[587].

Dieser Lösungsansatz führt nicht zu einer Trennschärfe, wann die gemischtwirtschaftlichen Unternehmen von der öffentlichen Hand beherrscht bzw. nicht beherrscht werden[588], zumal die Organe des gemischt wirtschaftlichen Unternehmens dem Unternehmensinteresse verpflichtet sind und nicht den Weisungen der Mehrheitsaktionäre[589]. Zudem werden die Grundrechte der privaten Anteilseigner, deren Anteile rein erwerbswirtschaftlich ausgerichtet und daher durch die Grundrechte geschützt sind, und die Privatrechtsform des Unternehmens völlig übersehen[590]. Aus diesen Gründen ist davon auszugehen, dass gemischt wirtschaftliche Unternehmen Privatrechtssubjekte sind und somit Träger von Grundrechten. Eine Grundrechtsträgerschaft eines gemischt wirtschaftlichen Unternehmens ist allenfalls bei einer Wahrnehmung von öffentlichen Aufgaben mittels Beleihung anzunehmen[591].

Zu dem gleichen Ergebnis gelangt man allerdings auch, wenn man der Rechtsprechung des Bundesverfassungsgerichts folgt. Hiernach soll zwar grundsätzlich die Grundrechtsfähigkeit von juristischen Personen dann zu verneinen sein, wenn man ihre Kapitalanteile mehrheitlich vom Bund bzw. Staat gehalten werden[592].

Diese Konstellation ist zwar bei der Deutsche Telekom AG gegeben, da etwa 45% des gezeichneten Kapitals immer noch vom Bund direkt gehalten werden. Ähnlich ist die Situation bei den meisten kommunalen Telekommunkationsun-

---

585 In die gleiche Richtung argumentiert *Dürig*, Maunz/Dürig/Herzog/Scholz, Komm. z. Grundgesetz", Art. 19 Abs. 3 GG, Rdnr. 45, der die Grundrechtsträgerschaft an dem Tätigkeitsbereich und der Zuweisung dieses Bereichs an Individuen und deren Vereinigungen festmacht, generell allerdings die Grundrechtsträgerschaft gemischt-wirtschaftlicher Unternehmen verneint. Denn wenn zwei dasselbe tun, ist es nicht immer das Gleiche.

586 BVerfG, NJW 1990, 1783, 1783

587 *Maser*, "Geltung der Grundrechte für juristische Personen und teilrechtsfähige Verbände", S. 1 ff.

588 *Kühne*, Anmerkung zu BVerfG, 1 BvR 705/88, JZ 1990 335, 335 f.

589 BGHZ 36, 296, 306

590 *Schmidt-Aßmann*, in: BB-Beilage (34) 1990, S. 2 f.; *Scholz*, FS Lorenz, 1991, S. 213, 223; *Koppensteiner*, NJW 1990, 3105 ff.; *Ehlers*, JZ 1990, 1089, 1096; *Pieroth*, NWVBl. 1992, 84, 85

591 *Scholz*, FS Lorenz, 1991, S. 213, 223

592 BVerfG, NJW 1990, 1783, 1783

ternehmen, an denen die Kommunen über ihre Versorgungsunternehmen meistens über die Kapitalmehrheit verfügen. Die Rechtsprechung des Bundesverfassungsgericht differenziert in diesen Fällen jedoch weiter dahin, ob der Gegenstand des betreffenden Unternehmens ausschließlich Aufgaben der öffentlicher Daseinsvorsorge umfaßt[593]. Des weiteren ist die Grundrechtsfähigkeit von der konkreten Funktion, in der das Unternehmen von dem beanstandeten Akt der öffentlichen Gewalt betroffen ist, abhängig[594].

Die Deutsche Telekom AG handelt sowohl bei ihren Aufgaben als auch bei ihrer konkreten Funktion bei der Gewährung des Netzzugangs gemäß der verfassungsrechtlichen Vorgabe des Art. 87 f Abs. 1 S. 1 GG rein privatwirtschaftlich. Die Nachfolgeunternehmen und andere Anbieter mit staatlicher bzw. kommunaler Beteiligung werden somit den Privaten gleichgestellt[595]. Daraus ergibt sich zum einen zwingend die Grundrechtsfähigkeit der Deutschen Telekom AG, zum anderen aber auch in der Konsequenz daraus die Grundrechtsfähigkeit der gemischt-wirtschaftlichen Unternehmen mit (Mehrheits-) Beteiligung von Gebietskörperschaften[596].

Da die Telekommunikationsdienstleistungen seit der Einführung des Art. 87 f Abs. 1 S. 1 GG per se nicht mehr als öffentliche Aufgabe anzusehen sind, sondern rein privatwirtschaftlich erbracht werden müssen, entfällt ebenso die unmittelbare Grundrechtsbindung der gemischt-wirtschaftlichen Unternehmen auf dem Telekommunikationssektor mit kommunaler Beteiligung[597].

---

593 zuletzt BVerfGE 45, 63 u. 80 f.

594 BVerfGE 4, 7, 17; 53, 336, 345; 66, 116, 130

595 *Stern*, DVBl. 1997, 309, 310; *Rottmann*, ArchPT 1994, Heft 3, 193, 194

596 vgl. VG Berlin, B. v. 12.8.1997- 27 A 272/97; *Stern*, DVBl. 1997, 309, 310; *Fuhr/Kerkhoff*, MMR 1998, , 6, 9; *Rottmann*, ArchPT 1994, Heft 3, 193, 194; *Königshofen*, AfP 1995, Heft 2, 122, 119 f.

597 *Königshofen*, AfP 1995, Heft 2, 122, 119 f., eine mittelbare Grundrechtbindung kann sich allerdings durch entsprechende einfachgesetzliche Bestimmungen und darauf gestützte Regulierungsentscheidungen ergeben; eine generelle Grundrechtsbindung dagegen ohne Begründung bejahend, *Fangmann*, Das neue Telekommunikationsgesetz, S. 200; differenzierend dagegen *Lerche*, Maunz/Dürig/ Herzog/Scholz, Komm. z. Grundgesetz, Art 87 f GG, Rdnr. 61 ff, insbesondere 64, 67 u. 69 f. m.w.N., der darauf hinweist, dass von der Grundrechtsbindung der gemischt-wirtschaftlichen Unternehmen die Grundrechtsbindung des Staates bzw. der Kommunen an sich, der Anteile an dem Unternehmen besitzt, zu unterscheiden ist. Die Grundrechtsbindung des Staates bezieht sich auf das Tätigwerden des Staates in solchen Unternehmen, also auf die Einwirkungspflicht (siehe nachstehend); im Ergebnis auch *Vesting*, in: „AlternativKomm z. GG", Art. 87 f. Rdnr. 94 (im Erscheinen)

2. *Grundrechtsschutz im wirtschaftlichen Wettbewerb*

Die Grundrechtsfähigkeit und -bindung der wirtschaftlichen Betätigung der Gemeinde in der Form der Eigengesellschaft entfaltet ihre Wirkung im Wettbewerb mit dem privaten Konkurrenten.

Hierbei war lange streitig, ob und inwieweit das Selbstverwaltungsrecht selbst als institutionelle Garantie nicht nur gegenüber dem Staat, sondern unmittelbar auch gegenüber privaten Dritten Wirkung entfaltet[598]. Es ist inzwischen mit der h.M. davon auszugehen, dass die Selbstverwaltungsgarantie aus Art. 28 Abs. 2 GG ein Aufgabenverteilungsprinzip mit Verfassungsrang zwischen Gemeinden und höherstufigen Verwaltungsträgern ist, aber keine Aufgabenrechtfertigungsnorm im Verhältnis Gemeinde (öffentliche Gewalt) und Bürger (Gesellschaft)[599]. Mit ihren kommunalen Telekommunikationsgesellschaften könnte die Gemeinde jedoch gegen schützende Grundrechte der privaten Konkurrenzunternehmen verstoßen. In Frage käme zunächst ein Verstoß gegen die in Art. 12 Abs. 1 GG geschützte Berufsfreiheit.

Das Grundrecht der Berufsfreiheit schützt jedoch nicht vor Konkurrenz, auch nicht vor dem Wettbewerb der öffentlichen Hand. Ein subjektives Recht eines Geschäftsmannes bzw. einer Gesellschaft auf die Erhaltung des Geschäftsumfanges und die Sicherung weiterer Erwerbsmöglichkeiten besteht in der freien Marktwirtschaft nicht[600]. Die Verfassungsgarantie der Berufsfreiheit betrifft grundsätzlich nur die rechtliche, nicht auch die wirtschaftliche Chance zu freier Betätigung. Allerdings darf durch ein Telekommunikationsunternehmen der Gemeinde nicht jede private Konkurrenz unmöglich gemacht werden.

Bei Zugrundelegung der Rechtsprechung des Bundesverfassungsgerichts[601] zur Abgrenzung der Schutzbereiche der Art. 12 und 14 GG erweist sich der Schutzbereich des Eigentumschutzes des Art. 14 Abs. 1 GG in aller Regel als nicht tangiert, zumal der Schutz vor Konkurrenz nicht zu dem Schutzbereich des eingerichteten und ausgeübten Gewerbebetriebs zählt. Nur wenn die Kommunalwirtschaft eine monopolitische Tendenz aufweist oder die privatwirtschaftliche Betätigung in unerträglicher Weise einschränkt, können die Konkurrenten nach

---

598 *Stern/Püttner*, Die Gemeindewirtschaft. Recht und Realität, S. 160 mit Darstellung des damaligen Diskussionsstandes.

599 BVerfGE 79, 127, 150; *Kluth,* Grenzen kommunaler Wettbewerbsteilnahme, S. 48 m.w.N.; *Ehlers,* Verwaltung in Privatrechtsform, S. 373; *ders.*, NWVBl. 1990, 80, 83

600 BVerfGE 24, 236, 251

601 BVerfGE 20, 292, 334 f.

der Rechtsprechung ein subjektives Abwehrrecht aus den Grundrechten herleiten[602]. Wenn man allerdings bedenkt, dass die NetCologne GmbH aus Köln, der Protagonist unter den kommunalen Telekommunikationsunternehmen, als Ziel einen Marktanteil von 20 Prozent am Kölner Telekommunikationsmarkt im Jahr 2005 anstrebt, erscheint dies in der Praxis eher unwahrscheinlich[603].

Auch der Schutzbereich des allgemeinen Gleichheitssatzes aus Art. 3 Abs. 1 GG ist a limine nicht betroffen. Zwar ist nicht zu verkennen, dass die Wettbewerbsvoraussetzungen der Gemeinden und die der privaten Konkurrenten unterschiedlich sind, Art. 3 Abs. 1 GG enthält aber keinen Egalitätsanspruch. Ein genereller Anspruch auf wirtschaftliche Chancengleichheit kann nicht Gegenstand des allgemeinen Gleichheitssatzes sein. Art. 3 Abs. 1 GG verbietet nur unbegründete rechtliche Differenzierungen zum Vorteil gemeindlicher, wirtschaftlicher Unternehmen[604].

3. *Verfassungsrechtliches Verbot der vom kommunalen Wirtschaftsrecht gebotenen Wirtschaftsklauseln für kommunale Telekommunikationsgesellschaften*

Nach den oben besprochenen Zulässigkeitskriterien der Wirtschaftsklauseln des § 67 Abs. 1 DGO bzw. dessen Nachfolgebestimmungen ist deutlich geworden, dass das kommunale Wirtschaftsrecht grundsätzlich vorbehaltlich einer jeweiligen Einzelfallprüfung unternehmerische Aktivitäten auf dem Gebiet der Telekommunikation zuläßt. Allerdings macht sich im Schrifttum eine Auffassung bemerkbar, die generell die Konzeptionen, die Art. 87 f Abs. 2 Satz 1 GG für die Wirtschaftstätigkeit auf dem Telekommunikationsmarkt einerseits, und die Regelungen der Kommunalgesetze der Bundesländer für die kommunale Wirtschaftstätigkeit andererseits zum Ausdruck bringt, für miteinander unvereinbar hält[605]. Folglich wären die kommunalen Telekommunikationsunternehmen mit dem kommunalen Wirtschaftsrecht unvereinbar.

---

602 BVerwGE 39, 329, 336 ff.; BVerwG, NJW 1978, 1539 f.; NJW 1995, 2938 f.; BVerfGE 86, 28, 37; *Schmidt-Aßmann*, „Besonderes Verwaltungsrecht", S. 170 f.; *Püttner*, Die öffentlichen Unternehmen, S. 97; *Ehlers*, NWVBl. 1990, 80, 83; *ders.*, DVBl. 1998, Heft 10, 497, 502; *Habermehl*, VR 1987, Heft 4, 105, 109; weiter einschränkend dagegen *Thieme*, in: "Grundfragen des Verwaltungsrechts und Privatisierung", 366, 337, der eine kommunale Wirtschaftstätigkeit auf die Fälle begrenzt, in denen die Privatwirtschaft das Gut nicht anbietet, kein ausreichendes Angebot besteht oder neue Entwicklungen gefördert werden sollen.

603 *Ehlers*, NWVBl. 1990, 80, 83; *ders.*, DVBl. 1998, 497, 502; *Held*, WiVerw. 1998, 264, 268

604 *Gerke*, Jura 1985, Heft 7, 349, 357

605 *Möstl*, BayVBl. 1999, Heft 18, 547, 551 f.

a) Inkompatibilitätsansicht

Diese Ansicht beruft sich darauf, dass das Grundgesetz die Erbringung von Telekommunikationsdienstleistungen als Verwaltungsaufgabe (verwaltungsmäßige Leistungserbringung) verbietet, die Gemeindeordnung hingegen kommunale Wirtschaftstätigkeit gerade auf den Bereich kommunaler Aufgabenerfüllung und verwaltungsmäßiger Leistungserbringung beschränkt. Dies würde bedeuten, dass, selbst wenn wie oben gezeigt, z.B. der öffentliche Zweck der Wirtschaftsförderung durch kommunale Telekommunikationsunternehmen erfüllt werden würde, es sich hier doch um Wirtschaftsförderung im Wege des Erbringens von Telekommunikationsdienstleistungen handeln würde. Das Erbringen von Telekommunikationsdienstleistungen aber soll nach dem Grundgesetz gerade nicht mehr zur Erfüllung von Verwaltungsaufgaben (Wirtschaftsförderung, Daseinsvorsorge etc.), sondern nur noch privatwirtschaftlich erfolgen. Hierin sei ein Widerspruch zwischen Verfassungsrecht und kommunalem Wirtschaftsrecht zu sehen. Die Verfassung fordere die Privatwirtschaftlichkeit, d. h. die Teilnahme am Wettbewerb müsse am Ziel der Unternehmenswirtschaftlichkeit sowie am Markt und nicht an vorrangigen öffentlichen Zwecken ausgerichtet sein[606]. Die Gemeindeordnung hingegen untersage genau eine solche gewinnorientierte Wettbewerbsteilnahme und verlange stets eine in Gesellschaftsvertrag oder Satzung verankerte Bindung an den öffentlichen Zweck, um eine vorrangige Gewinn- und Marktorientierung auszuschließen, vgl. Art. 92 Abs. 1 Satz 2 BayGO. Denn das Grundgesetz wolle einen chancengleichen Wettbewerb privatwirtschaftlicher Anbieter, es wolle nicht ein nebeneinander privatwirtschaftlicher und politisch-administrativ motivierter Anbieter, was den freien Wettbewerb beeinträchtigen müßte[607]. Dass das kommunale Wirtschaftsrecht den Gemeinden also gerade jenen Bereich der Privatwirtschaftlichkeit verschließe, den Art. 87 f Abs. 2 Satz 1 GG im Telekommunikationsbereich voraussetze, werde besonders deutlich an Art. 87 Abs. 1 Satz 2 BayGO: Die dort aufgeführten Kriterien unzulässiger Kommunalwirtschaft - vom Wettbewerb beherrschtes Wirtschaftsleben und Gewinnerzielungabsicht- würden genau jenen Prinzipien- Wettbewerb und Unternehmenswirtschaftlichkeit-, die Art. 87 f Abs. 2 Satz 1 statuiere, entsprechen. Es könne demnach also durchaus sein, dass Telekommunikationsdienstleistungen weiterhin zur Erfüllung öffentlicher Zwecke und als Verwaltungsaufgabe bei isolierter Betrachtung im Einklang mit dem Kommunalrecht erbracht werden könnten, sie dürften es allerdings aus verfassungsrechtlichen Gründen nicht mehr.

---

606 *Möstl*, Grundrechtsbindung öffentlicher Wirtschaftstätigkeit, S. 115-120, 153 ff.

607 *Bullinger*, Festschrift für Zacher, S. 85, 89 u. 93

Darin sei auch kein Verstoß gegen die kommunale Selbstverwaltungsgarantie gem. Art. 28 Abs. 2 GG zu sehen, da durch die Postreform II das Erbringen der Telekommunikationsdienstleistungen aus dem Funktionsbereich öffentlicher Verwaltung schlechthin herausgelöst worden sei, so dass, was in dieser Weise nicht mehr zum Wirkungsfeld öffentlicher Verwaltung zähle, auch von der Selbstverwaltungsgarantie nicht mehr erfaßt werden könne[608]. Angesichts des früheren Bundesmonopols wäre das Erbringen von Telekommunikationsdienstleistungen ohnehin keine Angelegenheit der örtlichen Gemeinschaft, die der Gemeinde im Zuge der Entstaatlichung durch die Postreform II hätte entzogen werden können. Art. 28 Abs. 2 GG vermittle in dieser Weise keinen Schutz für die Gemeinden, andererseits konzipiere Art. 87 f GG ein klares Ordnungsmodell eines regulierten, privatwirtschaftlichen Wettbewerbs. Daher wäre es nicht angebracht, Art. 87 f GG im Lichte des Art. 28 Abs. 2 GG dahingehend auszulegen, dass den Gemeinden neben dem Bereich privatwirtschaftlicher Leistungserbringung der Unternehmen und der Infrastruktur- und Regulierungsverantwortung des Bundes noch ein eigener Bereich infrastruktureller Aufgaben und verwaltungsmäßiger Leistungserbringung im Telekommunikationsbereich verbleiben müßte.

b) Kritik

Diese Ansicht der Inkompatibiltät der Anforderungen des Grundgesetzes in Art. 87 f Abs. 2 Satz 1 GG mit den Anforderungen des kommunalen Wirtschaftsrechts, insbesondere der Bindung an einen "öffentlichen Zweck", bei kommunalen Telekommunikationsunternehmen ist m.E. nicht zu folgen.

Privatwirtschaftlichkeit i.S.d. Art. 87 f Abs. 2 Satz 1 GG bedeutet eine Wirtschaftstätigkeit durch kaufmännisches, wettbewerbsorientiertes Handeln in privatrechtlicher Unternehmensform mit privatrechtlichen Mitteln[609]. Diese Definition steht im völligen Einklang mit dem kommunalrechtlichen Unternehmensbegriff, nach dem jede kommunale Einrichtung ein wirtschaftliches Unternehmen darstellt, das auch im Rahmen der Privatwirtschaft betrieben werden könnte, mit der Ausnahme der Unternehmen, zu deren Unterhaltung die Kommune gesetzlich verpflichtet ist, deren Gemeinnützigkeit im Vordergrund steht oder die nur

---

608 *Löwer*, Stellungnahme zur LT Drs. 12/1497 (Nordrhein-Westfalen), Anhörung vom 22.10.1997, Zuschriften 12/1506 und 12/1497, S. 8; BVerwGE 77, 128, 132; *Bullinger*, Festschrift für Zacher, S. 85, 92; *Stober*, Allgemeines Wirtschaftsverwaltungsrecht, S. 260 f.

609 *Gersdorf*, Regelungskompetenzen", S. 73 ff., *Schmidt-Aßmann/Röhl*, DöV 1994, 577, 581

der Deckung des eigenen Bedarfs dienen[610]. Dabei sind die wesentliche Kriterien für kommunale Unternehmen die Wertschöpfung, die Fremdbedarfsdeckung und die Anwendung wirtschaftlicher Arbeitsmethoden[611]. Dies belegt auch der Versuch der Legaldefinition des Begriffs der "wirtschaftlichen Betätigung" in einigen Kommunalverfassungen, vgl. § 107 Abs. 1 S. 2 GO NW, nach dem unter diesem Begriff „der Betrieb von Unternehmen .., die als Hersteller, Anbieter oder Verteiler von Gütern oder Dienstleistungen am Markt tätig werden, sofern die Leis-tung ihrer Art nach auch von einem Privaten in der Absicht der Gewinnerzielung erbracht werden könnte", zu verstehen ist.

Da kommunale Telekommunikationsunternehmen den Gemeinden nicht gesetzlich vorgeschrieben sind, ist zwischen dem Begriff der Privatwirtschaftlichkeit i.S.d. Art. 87 f Abs. 2 Satz 1 GG und den Anforderungen an ein kommunales Unternehmen i.S.d. Kommunalrechtes keine Unvereinbarkeit, sondern weitgehende Übereinstimmung festzustellen.

Sicherlich zielt Privatwirtschaftlichkeit i.S.d. Art. 87 f Abs. 2 Satz 1 GG auf Wirtschaftlichkeit als Zweck des Unternehmens ab[612]. Der Begriff der Wirtschaftlichkeit ist aber dem kommunalen Wirtschaftsrecht nicht fremd. Es wird im Gegenteil vielmehr durch das in den Gemeindeordnungen verankerte Rentabilitätsgebot gefordert, dass die wirtschaftlichen Unternehmen einer Kommune einen Ertrag für den gemeindlichen Haushalt erbringen sollen, vgl. § 109 Abs. 1 Satz 2 GO NW bzw. Art. 95 Abs. 1 Satz 1 BayGO, § 72 Abs. 1 DGO. Insofern kann eine kommunalwirtschaftliche Betätigung unter diesem Gesichtspunkt allenfalls dann Einschränkungen erfahren, wenn die Gewinnerzielung ihr alleiniger und ausschließlicher Zweck ist[613]. D. h. ferner, dass die öffentliche Zwecksetzung und das erwerbswirtschaftliche Gewinnstreben nicht auf derselben Ebene liegen dürfen. Denn eine Gewinnmitnahme ist letztlich nur dann möglich, wenn dadurch der öffentliche Zweck nicht beeinflußt wird[614]. Ausdrücklich festzuhalten ist in diesem Zusammenhang allerdings, dass das Erfordernis der öffentlichen Zwecksetzung eine Gewinnerzielung bzw. die Wahrnehmung einer erwerbswirtschaftlichen Chance der kommunalen TK-Unternehmen nicht ausschließt[615]. Im Konfliktfall ist zwar nach dem Kommunalrecht dem öffentlichen Zweck der

---

610 *Schmidt*, Kompedium Öffentliches Wirtschaftsrecht, § 7, Rdnr. 36; ebenso *Knemeyer*, Bay. Kommunalrecht, Rdnr. 255, S. 216; v. *Mutius*, Kommunalrecht, Rdnr. 513, S. 272

611 siehe einen Überblick bei *Kluth*, Grenzen kommunaler Wettbewerbsteilnahme, S. 6

612 *Lerche*, in: "Maunz/Dürig/Herzog/Scholz, Kommentar zum GG", Art. 87 f, Rdnr 54

613 Deutlich in diesem Sinne etwa BVerfGE 39, 329, 333 f.

614 *Ehlers*, DVBl. 1998, Heft 10, 497, 500 f.

615 *Moraing*, WiVerw. 1998, Heft 4, 233, 253

Vorrang vor der Wahrnehmung der erwerbswirtschaftlichen Chance zuzumessen[616]. Dieser Konfliktfall kann allerdings durch eine geschickte Unternehmenspolitik, z.B. durch einen jährlichen detaillierten Wirtschaftsplan, in dem genau die ökonomischen und öffentlichen Zielsetzungen aufgeführt und festgeschrieben werden, vermieden werden[617].

Ein ausschließliches erwerbswirtschaftliches Gewinnstreben ist allerdings auch mit dem Begriff der Privatwirtschaftlichkeit i.S.d. Art. 87 Abs. 2 Satz 1 GG nicht vereinbar. Denn in Art. 87 f Abs. 1 GG wird vom Bund verlangt, eine flächendeckend angemessene und ausreichende Versorgung mit TK-Dienstleistungen zu gewährleisten. Diesen öffentlichen Zweck der Universaldienstleistungen nimmt der Bund durch die privaten Telekommunikationsgesellschaften nach den §§ 17 ff. TKG wahr. Ferner zeigen der Zweck des TKG in § 1 TKG und dessen Regelungsziele in § 2 Abs. 2 TKG, dass das privatwirtschaftliche Angebot von TK-Dienstleistungen einigen öffentlichen Zweckbindungen unterliegt. Daher ist sowohl nach dem Telekommunikationsverfassungsrecht als auch nach den kommunalrechtlichen Vorgaben nicht davon auszugehen, dass eine öffentliche Zweckbindung und Privatwirtschaftlichkeit grundsätzlich miteinander unvereinbar sind. Somit ist unter Privatwirtschaftlichkeit auch keine reine Erwerbswirtschaftlichkeit zu verstehen.

Die vom TKG vorgegebenen öffentlichen Zweckbindungen sind unzweifelhaft für jeden Marktteilnehmer, also öffentliche und private gleichermaßen, als Ausdruck bestehender Gemeinwohlbindungen privatwirtschaftlicher Tätigkeit gültig. Daraus allerdings zu folgern, dass darüber hinaus gehende spezielle Bindungen eines öffentlichen Unternehmens an einen öffentlichen Zweck durch entsprechende Bestimmungen im Gesellschaftsvertrag oder in der Satzung das Gebot der Privatwirtschaftlichkeit der TK-Dienstleistungen verletzten würden[618], ist nicht zutreffend. Die Wahl des Unternehmenszwecks ist gerade ein Teil der durch die Privatwirtschaftlichkeit des Art. 87 f Abs. 2 Satz 1 GG eröffneten grundsätzlichen Freiheit des Wirtschaftens und steht somit privaten und öffentlichen gleichermaßen frei zu. Erforderlich ist lediglich, dass das TK-Unternehmen sich wirtschaftlich verhält. Dies ist durch das Rentabilitätsgebot des kommunalen Wirtschaftsrechts gewährleistet und wird unter anderem durch die Vorgaben

616 *Hidien*, Die positive Konkretisierung der öffentlichen Zweckbindung, S. 22
617 *Ehlers*, DVBl. 1998, Heft 10, 497, 501
618 *Möstl*, BayVBl. 1999, Heft 18, 547, 551 f.

des neuen Steuerungsmodells, Budgetierung und Kostenrechnung anstelle von kammeralistischer Haushaltsführung, sichergestellt[619].

Im Übrigen trifft die zusätzliche Bindung an einen öffentlichen Zweck nur die öffentlichen Marktteilnehmer, nicht die Privaten. Diesen Wettbewerbsnachteil für die öffentlichen Unternehmen, zu Gunsten der privaten Konkurrenten, müssen die öffentlichen Unternehmen durch wirtschaftliche Arbeitsweise ausgleichen, um nicht von der privaten Konkurrenz vom Markt verdrängt zu werden. Die öffentliche Zweckbindung verändert dabei zwar die Unternehmensführung gegenüber der von rein privaten Anbietern, kann aber schon aus faktischen Gründen letztlich nicht eine notwendige Wirtschaftstätigkeit verhindern, weil die kommunalen TK-Unternehmen ansonsten nicht wettbewerbsfähig sind und ihre öffentliche Zweckbindung dann überhaupt nicht mehr wahrnehmen könnten.

Die grundsätzliche Vereinbarkeit des Begriffes der „Privatwirtschaftlichkeit“ mit der öffentlichen Zweckbindung ergibt sich auch aus einer teleologischen Auslegung von Art. 87 f Abs. 2 Satz 1 GG. Ziel der Postreform II war die Öffnung des TK-Markts für den Wettbewerb [620]. Die öffentlichen Unternehmen, insbesondere die kommunalen TK-Unternehmen auf dem lokalen bzw. regionalen Markt, fördern als zusätzliche Anbieter zur privaten Konkurrenz den Wettbewerb, so daß von einer Vereinbarkeit des Begriffes der „Privatwirtschaftlichkeit“ mit der öffentlichen Zweckbindung im Sinne des globalen Ziels der Wettbewerbsschaffung bzw. –förderung auszugehen ist.

Ferner ist das Angebot der Telekommunikationsdienstleistungen nach der amtlichen Begründung für die Postreform II in der Zukunft ausschließlich private Tätigkeit, deren Wahrnehmung als Verwaltungsaufgabe in öffentlich-rechtlicher oder in privatrechtlicher Organisationsform ausgeschlossen wird[621]. Hieraus allerdings zu folgern, dass durch die Telekommunikationsdienstleistungen überhaupt keine öffentlichen Verwaltungsaufgaben (Wirtschaftsförderung, Daseinsvorsorge etc.) erfolgen dürfen[622], ist m.E. falsch. Denn es heißt in der amtlichen Begründung, dass das Angebot der Telekommunikationsdiensleistungen per se keine Verwaltungsaufgabe mehr darstelle, nicht aber, dass durch das Angebot der Telekommunikationsdienstleistungen keine anderen öffentliche Zwecke

---

619 Näher dazu vgl. *Hill*, BB 1997, 425, 426; *Otting*, Das neue Steuerungsmodell, S. 4 ff., 44 ff.

620 *Lerche*, in: "Maunz/Dürig/Herzog/Scholz, Kommentar zum GG", Art. 87 f, Rdnr. 2, 34 u. 54 ff.

621 BT-Drucks. 12/6717 S. 3, BT-Drucks. 12/7269, S. 4

622 *Möstl*, BayVBl. 1999, Heft 18, 547, 552

verfolgt werden könnten. Dies ergibt sich auch aus dem Beschluß des Bundesverfassungsgerichtes vom 7.1.1999 über die unentgeltliche Nutzung öffentlicher Verkehrswege. Darin wird festgestellt, dass § 50 Abs.1 Satz 1 TKG die Gemeinden nicht daran hindert, selbst eine Lizenz i.S.d. TKGs zu beantragen, um so Telekommunikationsdienstleistungen auf dem Markt anzubieten. Ferner werde durch § 50 Abs.1 Satz 1 TKG die Eigenverantwortlichkeit der Gemeinde bei der Art und Weise der Erfüllung von Aufgaben der örtlichen Daseinsvorsorge nicht berührt[623]. Dadurch wird die Möglichkeit der Erfüllung von Daseinsvorsorgeaufgaben durch Telekommunikationsdienstleistungen grundsätzlich durch das BVerfG impliziert. Somit ist davon auszugehen, dass durch die Telekommunikationsdienstleistungen als private Tätigkeit grundsätzlich öffentliche Verwaltungsaufgaben (Wirtschaftsförderung, Daseinsvorsorge etc.) erfolgen dürfen.

An diesem Ergebnis ändert auch die richtige Feststellung, dass der Telekommunikationssektor nicht Teil des von Art. 28 Abs. 2 Satz 1 GG geschützten Kernbereichs der sog. kommunalen Selbstverwaltungsgarantie ist, nichts. Dies ergibt sich daraus, dass das Bundesverwaltungsgericht mit Blick auf das Sozialstaatgebot den Gemeinden zugesteht, unabhängig von den Rahmen der Daseinsvorsorge, durch ihre wirtschaftlichen Unternehmen im öffentlichen Interesse zahlreiche und vielgestaltige Aufgaben übernehmen zu können, die durch die genannte Zweckbestimmung gedeckt sind[624]. Darin ist ein deutlich weiteres Aufgabenfeld für Kommunen bzw. kommunale Unternehmen zu sehen, als der vom Kernbereich des Art. 28 Abs. 2 Satz 1 GG geschützte Aufgabenbereich des eigenen Wirkungskreises.

Zusammenfassend läßt sich also keine grundsätzliche Inkompatibilität des Begriffes der "Privatwirtschaftlichkeit" in Art. 87 f Abs. 2 Satz 1 GG mit den Anforderungen an die öffentliche Zweckbindung des kommunalen Wirtschaftsrechts feststellen. Das Management der kommunalen Unternehmen ist allerdings verpflichtet, durch eine entsprechende Unternehmensstrategie, den Konfliktfall zwischen Zweckbindung und Wahrnehmung der erwerbswirtschaftlichen Chance zu vermeiden, indem dem öffentlichen Zweck der Vorrang zu gewähren ist. Folglich besteht kein verfassungsrechtliches Verbot aus Art. 87 f Abs. 2 Satz 1 GG bezüglich der vom kommunalen Wirtschaftsrecht gebotenen Wirtschaftsklauseln für kommunale Telekommunikationsgesellschaften.

---

623 BVerfG Beschluß vom 7.1.1999 – 2 BvR 929/97, MMR 1999, Heft 6, 355, 355; DVBl. 1999, 679, 679

624 BVerwGE 39, 329, 333; *Gerke*, Jura 1985, 349, 352; *Habermehl*, VR 1987, 105,107; *Moraing*, in: "Beiträge zur kommunalen Versorgungswirtschaft", Heft 84, 1995, S. 24 f.

4. Handlungsfreiheiten der kommunalen Telekommunikationsunternehmen und die Verfassungsgebote des demokratischen und sozialen Bundesstaates gem. Art. 20 Abs. 1 GG

Damit ist die verfassungsrechtliche Überprüfung noch nicht abgeschlossen. Es stellt sich nämlich bei den Aktivitäten der Gemeinden bzw. des Staates auf dem Telekommunikationssektor eine weitere verfassungsrechtlich bedeutende Frage: ist es der Kommune gestattet, ihre Unternehmen bzw. den Unternehmen, an denen sie beteiligt ist, einen solchen Freiraum einzuräumen, dass sie privatwirtschaftlich i.S.d. Art. 87 f Abs. 2 Satz 1 GG handeln können? Dies wird im Schrifttum von *Gersdorf* vehement bestritten[625].

Eine Antwort auf diese Frage kann das Prinzip der demokratischen Legitimation[626], ein verfassungsrechtliches Organisationsprinzip, geben, die zum Ziel hat, einen effektiven Einfluß des Volkes auf die Ausübung der Staatsgewalt zu bewirken und sicherzustellen[627]. Die Akte der Kommune müssen sich daher auf den Willen des Volkes zurückführen lassen und ihm gegenüber verantwortet werden. Dies ergibt sich zwingend aus dem Verfassungsgrundsatz nach Art. 20 Abs. 2 GG: "Alle Staatsgewalt geht vom Volke aus.". Jede Art kommunaler Verwaltungstätigkeit muß letztlich der Kontrolle des vom Bürger gewählten Rates unterliegen. Die erforderliche demokratische Legitimation erfaßt somit auch privatrechtliches Verwaltungshandeln, fiskalisches[628] und sogar rein erwerbswirtschaftliches[629] Handeln von Kommunalunternehmen, ebenso wie die Staatstätigkeit im Bereich der Leistungsverwaltung. Das Handeln der Kommune auf dem Telekommunikationssektor mittels gem. Art. 87 f Abs. 2 Satz 1 GG privatwirtschaftlicher Unternehmen bedarf somit der demokratischen Legitimation.

Für die Erfüllung der demokratischen Legitimation fordert das Bundesverfassungsgericht eine ununterbrochene Legitimationskette vom Volk zu den mit staatlichen Aufgaben betrauten Organen und Amtswaltern[630]. Dies ist aber eine

---

625 *Gersdorf*, AfP 1998, (5), 470, 475

626 Grundlegend zum Prinzip der demokratischen Legitimation vgl. *Böckenförde* in: Isensee/Kirchhof, Handbuch des Staatsrechts, Bd. I, Rdnr. 9 ff., S. 893 ff.; *Gersdorf*, Öffentliche Unternehmen im Spannungsfeld zwischen Demokratie- und Wirtschaftlichkeitsprinzip, S. 18 ff.

627 BVerfGE 77, 1, 40; 83, 60, 71 f.; 93, 37, 66

628 fiskalisches Handeln wird definiert als privatrechtliches am allgemeinen Rechtsverkehr teilnehmendes staatliches Handeln, vgl. *Burmeister*, DÖV 1975, 695, 697 f.

629 so explizit *Schmidt-Aßmann*, in: AöR, 1991 (116), S. 329, 346; *Lerche*, in: Maunz/Dürig/Herzog/Scholz, Komm. z. Grundgesetz, Art. 83 GG, Rdnr. 42

630 BVerfGE 47, 252, Ls. 2 u. S. 275 f.; 77, 1, 40

zu starre Definition[631]. Denn wenn ein generelles Verbot von "ministerialfreien[632]" bzw. "ratsfreien[633]" Verwaltungsräumen vom Prinzip der demokratischen Legitimation gefordert wird, verengt sich das Spektrum möglicher Organisationsformen der Verwaltung auf eine Einzige, nämlich die der strikt hierarchisch strukturierten und durchgängig weisungsgebundenen Ministerialverwaltung. Für eine zwingende Monostruktur der Exekutive gibt es allerdings in der Verfassung keinen Hinweis.

Zudem wäre es für eine derart monostrukturierte Verwaltung unmöglich, dem quantitativ und qualitativ ständig steigenden Aufgabenprofil gerecht zu werden. Hierfür sind vielmehr eine stärkere Differenzierung und Dezentralisierung, sowie mehr Möglichkeiten zur Selbststeuerung der Verwaltung nötig[634].

Ausreichend ist insoweit, dass insgesamt betrachtet ein hinreichendes Legitimationsniveau erreicht wird[635]. Die demokratische Legitimation der staatlichen bzw. kommunalen Telekommunikationsunternehmen bzw. Unternehmensbeteiligungen[636] mit Ausnahme der Deutschen Telekom AG, die eine sog. verfassungsunmittelbare Legitimation in Art. 87 f Abs. 2 Satz 1 GG erfährt[637], richtet sich vielmehr nach den Prämissen der demokratischen Legitimation bei der Aufgabenerfüllung der Verwaltung in Privatrechtsform, die von der Frage nach der jeweiligen Grundrechtsbindung bzw. Grundrechtsträgerschaft abhängt[638]. Generell werden dabei unabhängig von der privatrechtlichen Gesellschaftsform die entsprechenden Unternehmen in den Kategorien der Eigengesellschaft, des ge-

---

631 vgl. dazu allgemein *Mayntz*, Soziologie der öffentlichen Verwaltung, S. 20 ff., 109 ff. ; *Dreier*, Jura 1997, 249, 256; *Emde*, Die demokratische Legitimation der funktionalen Selbstverwaltung, S. 358 ff. u. 363 ff..; *Schmidt-Aßmann*, AöR, 1991 (116), S. 329, 336 f.; sehr restriktiv dagegen *Jestaedt*, Demokratie und Kondominalverwaltung, S. 425 ff. u. 594 ff.; sowie *Gersdorf*, AfP 1998,, 470, 473; *ders.*, Öffentliche Unternehmen im Spannungsfeld zwischen Demokratie- und Wirtschaftlichkeitsprinzip, S. 172 ff., der sich generell gegen die Theorie des "hinreichenden Legitimationsniveaus" ausspricht.

632 *Gersdorf*, AfP 1998, Heft 5, 470, 473

633 *Pfeifer*, Möglichkeiten und Grenzen der Steuerung kommunaler Aktiengesellschaften, S. 12

634 *Schuppert*, Die Erfüllung öffentlicher Aufgaben, S. 350 ff.

635 vgl. *Dreier*, Grundgesetz Komm., Art. 20, Rdnr. 108 m.w.N.; *Böckenförde*, in: "Isensee/Kirchhof, HdSt I", § 22, Rdnr. 21 f. m.w.N.

636 wie z.B. die des Mega-Carriers Mannesmann-Arcor GmbH, an dem die Deutsche Bundesbahn AG als derzeitiger Eigenbetrieb des Bundes beteiligt ist, vgl. *Gersdorf*, AfP 1998, (5), 470, 475

637 *Gersdorf*, Öffentliche Unternehmen im Spannungsfeld zwischen Demokratie- und Wirtschaftlichkeitsprinzip, S. 175 ff.; *ders.*, AfP 1998, (5), 470, 475;

638 *Dreier*, Grundgesetz Komm., Art. 20 Rdnr. 124

mischt-wirtschaftlichen Unternehmens und des gemischt öffentlichen Unternehmens unterschieden.

a) Demokratische Legitimation von Eigengesellschaften

Eine Eigengesellschaft liegt dann vor, wenn die Gebietskörperschaft, die sie gegründet hat, über alle Anteile des Unternehmens verfügt[639]. Derzeit sind von 83 Telekommunikationsunternehmen mit kommunaler Beteiligung 28 Gesellschaften im alleinigen Besitz der 100%igen gemeindeeigenen Versorgungsunternehmen[640]. Die 100%igen Töchterunternehmen von Eigengesellschaften sind konsequenterweise ebenfalls als Eigengesellschaften zu behandeln. Die Eigengesellschaft ist lediglich eine besondere Erscheinungsform, in der öffentliche Verwaltung ausgeübt wird, die keine andere Grundrechtssubjektivität begründet als die ihres Verwaltungsträgers[641]. Demnach sind die kommunalen Eigengesellschaften, da sie Grundrechtsträger sind, auch demokratisch legitimationsbedürftig im Sinne des Art. 20 Abs. 2 GG[642]. Sachlich-inhaltlich erfolgt die Legitimation durch eine Festsetzung eines öffentlichen Zweckes, der sich am Gemeinwohl orientiert, in der Satzung des Unternehmens. Durch die Bestellung der Aufsichtsratsmitglieder wird zudem die personelle Legitimation gewahrt[643]. Damit in jedem Fall die demokratische Legitimation gewahrt ist, müssen die Vertreter der öffentlichen Hand in den Unternehmensorganen im Streitfall ein sog. "Letztentscheidungsrecht" haben, um eine "ununterbrochene Legitimationskette" zum Willen des Volkes sicherzustellen[644]. Im Falle der Aktiengesellschaft und der Gesellschaft mit beschränkter Haftung kann dies jedenfalls garantiert werden[645]. Von den 28 kommunalen Telekommunikationsunternehmen, die als Eigengesellschaften konzipiert sind, sind alle ohne Ausnahme in der Gesellschaftsform der GmbH gegründet worden[646]. Daher ist davon auszugehen, dass sie den Erfordernissen der demokratischen Legitimation bei Eigengesellschaften entsprechen.

---

639 *Dreier*, Grundgesetz Komm., Art. 19 Abs. 3, Rdnr. 48

640 ATeKom-info, Hrsg.: VKU, Februar 1999, Nr. 39, S.1-8

641 BVerfGE 45, 63, 80; BVerfG NJW 1980, 1093; *Ehlers*, „Verwaltung in Privatrechtsform", S. 84

642 *Ehlers*, JZ 1987, 218, 224; *ders.*, Jura 1997, 180, 183; *Schmidt-Aßmann*, AöR, 1991 (116), S. 329, 385

643 *Ehlers*, JZ 1987, 218, 225 f.; *ders.*, Jura 1997, 180, 180 f.

644 vgl. *Scholz/Aulehner*, AfP 1993, (3), 221, 255

645 *Plagemann*, Die erwerbswirtschaftliche Betätigung der Deutschen Bundespost durch Eigengesellschaften, S. 200 ff.

646 ATeKom-info, Hrsg.: VKU, Februar 1999, Nr. 39, S.1-8

b) Demokratische Legitimation gemischt-wirtschaftlicher Unternehmen

Da die gemischt-wirtschaftlichen Unternehmen der öffentlichen Hand[647] nicht an die Grundrechte gebunden sind, bedürfen sie auch nicht der demokratischen Legitimation[648]. Bei ihnen müssen allerdings die Entscheidung über eine Beteiligung und die gesellschaftsrechtlichen Befugnisse demokratisch legitimiert werden[649]. Dies erfolgt durch unmittelbar vom Volk in direkter Wahl legitimierte Gremien, dem Gemeinderat oder den Landes- bzw. Bundesparlamenten. Somit ist die demokratische Legitimation unmittelbar gewährleistet. Von zentraler Bedeutung ist hier allerdings die weitere Einwirkung (sog. Ingerenz) des Staates auf das Unternehmen[650]. Die allgemeine Einwirkungspflicht des Staates auf seine Unternehmen ist eine Ausprägung des demokratischen Legitimationserfordernisses, um ein hinreichendes Legitimationsniveau zu erreichen[651].

Das notwendige Ausmaß der Einwirkungs- und Kontrollpflicht lässt sich abstrakt schwer umschreiben. Grundsätzlich muss eine Verfassungsordnung, wenn sie der öffentlichen Hand die Teilnahme am wirtschaftlichen Wettbewerb mit eigenen Wirtschaftseinheiten gestattet, wie dies durch Art. 87 f Abs. 2 Satz 1 GG (siehe oben) der Fall ist, auf die eigenständigen Gesetze des privaten Wirtschaftsbereichs Rücksicht nehmen. Denn die Teilnahme am Wirtschaftsleben bedingt wirtschaftliches Denken. Hieraus folgt notwendig ein nicht unerhebliches Maß an rechtlicher Selbständigkeit gegenüber der Trägerkörperschaft[652].

---

647 Von sog. gemischt-wirtschaftlichen Unternehmen spricht man, wenn sich der Staat an privatrechtlichen Unternehmen beteiligt, deren Anteile zum Teil in privater Hand liegen. Die konkrete Verteilung der Anteile ist für die Qualifizierung als gemischt-wirtschaftliches Unternehmen uninteressant. Es sind staatliche Mehrheits- und Minderheitsbeteiligungen, ebenso wie eine Stufung der Beteiligungsverhältnisse möglich, vgl. *Scholz*, in: FS Lorenz, 1991, S. 213, 218. Dabei müssen die gemischt-wirtschaftlichen Unternehmen nicht zwingend öffentliche oder staatliche Aufgaben wahrnehmen. Ausreichend ist lediglich die Erfüllung wirtschaftlicher Unternehmenszwecke, die erwerbs- oder sozialwirtschaftlicher Art sein können, vgl. Schmidt-Aßmann, in: BB-Beilage (34) 1990, S. 3. Grenzen für eine wirtschaftliche Betätigung der Gemeinden ergeben sich jedoch z.B. aus den Gemeindeordnungen der einzelnen Bundesländer, in Bayern vgl. Art. 89 BayGO; diejenigen für die wirtschaftliche Beteiligung des Bundes sind dem § 65 BHO zu entnehmen.

648 *Koppensteiner*, NJW 1990, 3105, 3113

649 *Krebs*, Die Verwaltung 1996, 309, 321; *Schmidt-Aßmann*, in: AöR, 1991 (116), S. 329, 346

650 *Dreier*, Grundgesetz Komm., Art. 20, Rdnr. 126; *Jarass*, Wirtschaftsverwaltungsrecht, Rdnr. 22, S. 84; *Püttner*, DVBl. 1975, 353, 354 f.

651 *Schmidt-Aßmann*, AöR, 1991 (116), S. 329, 386; *Püttner*, Die öffentlichen Unternehmen, S. 86, 137 f.

652 *Plagemann*, Die erwerbswirtschaftliche Betätigung der Deutschen Bundespost durch Eigengesellschaften, S. 202

Daher kann das Legitimationsmodell der hierarchisch organisierten Verwaltung hier nur scheitern. Aus diesem Grund erscheint es sachgerecht, die Einwirkungspflicht an die Instrumente des Gesellschaftsrechts und nicht des öffentlichen Organisationsrechts anzuknüpfen[653].

Im Konkreten hängt die Intensität der erforderlichen Einflussnahme davon ab, ob die Verwaltung sich an gemischt-wirtschaftlichen Unternehmen beteiligt, um Pflichtaufgaben[654] oder freiwillige Aufgaben wahrzunehmen[655]. Das Anbieten von Telekommunikationsdienstleistungen ist eine sogenannte freiwillige Aufgabe gem. Art. 87 f Abs. 2 Satz 1 GG und keine hoheitliche Aufgabe wie vor der Postreform II.

Eine weitere Differenzierung liegt darin, ob die gemischt-privatrechtliche Gesellschaft in Kernbereichen der Exekutive, wie der inneren oder äußeren Sicherheit, oder lediglich im wirtschaftlichen Bereich eingesetzt wird[656]. Letzteres ist beispielsweise auf dem Telekommunikationssektor der Fall.

Ferner ist die Intensität der Einwirkungspflicht grundsätzlich von der Höhe der Beteiligung abhängig. Dabei steht der Exekutive ein einseitiges Bestimmungsrecht über das gemischt-wirtschaftliche Unternehmen nicht zu[657].

Zusammenfassend betrachtet führt besonders im Telekommunikationsbereich die rechtlich anerkannte Verselbständigung öffentlicher Unternehmen zu einer Ausdünnung der demokratischen Legitimation bzw. des hinreichenden Legitimationsniveaus[658]. Dabei ist es aus verfassungsrechtlicher Sicht unerheblich, welcher Mittel sich die Verwaltung zur Realisierung ihrer Einwirkungs- und Kontrollpflichten bedient, entscheidend ist, dass das Ergebnis erreicht wird[659].

Durch eine Beteiligung an den gemischt-wirtschaftlichen Unternehmen und der damit verbundenen Mitwirkung an der Organbesetzung, ggf. sogar mit eigenem Präsentationsrecht, durch die Festschreibung eines staatlichen Zustimmungsge-

---

653 *Hellermann*, Örtliche Daseinsvorsorge, S. 244

654 Unter Pflichtaufgaben sind in diesem Zusammenhang Aufgaben zu verstehen, die der Verwaltung ausdrücklich durch Verfassung oder Gesetz auferlegt worden sind.

655 *Ehlers*, Verwaltung in Privatrechtsform, S. 131

656 *Ehlers*, Verwaltung in Privatrechtsform, S. 131 f.

657 *Ehlers*, in: Verwaltung in Privatrechtsform, 1984, 5. Teil, 2. Absch., C), IV., 3., S. 132

658 *Schmidt-Aßmann*, in: AöR, 1991 (116), S. 329, 387

659 *Jarass*, Wirtschaftsverwaltungsrecht, § 6, Rdnr 21, S. 84; *Reidt*, NVwZ 1996, 1158; *Erbguth*, UPR 1995, 377; *Püttner*, DVBl 1995, 354 f.; *Ehlers*, Verwaltung in Privatrechtsform", S. 132

bots bei Satzungsänderungen im Unternehmensvertrag, sowie durch die Fixierung des öffentlichen Interesses und Zieles als Unternehmenszweck in der Satzung ist es der öffentlichen Hand möglich, auf gemischt-wirtschaftliche Unternehmen ausreichenden Einfluss zu nehmen und Kontrolle auszuüben, um ein für eine demokratische Legitimation hinreichendes Legitimationsniveau zu gewährleisten. Zudem ist die Entscheidung, ob sich die öffentliche Hand an einem gemischt-wirtschaftlichen Unternehmen beteiligt, dadurch unmittelbar demokratisch legitimiert, dass letztlich der Beschluss hierüber von einem unmittelbar demokratisch legitimierten Gremium, sei es der Gemeinderat oder das Landes- oder Bundesparlament, getroffen werden muss. Andererseits ist aber auch jede Maßnahme des Unternehmens insofern mittelbar demokratisch legitimiert, als die öffentliche Hand prinzipiell jederzeit das gemischt wirtschaftliche Unternehmen verlassen kann, indem sie ihre Anteile verkauft.

Somit kann festgestellt werden, dass bei gemischt-wirtschaftlichen Unternehmen, an denen die Kommunen oder der Bund direkt oder indirekt über in ihrem ausschließlichen Besitz stehende Tochterunternehmen beteiligt sind, ein hinreichendes Legitimationsniveau erreicht werden kann, um eine demokratische Legitimation zu gewährleisten. Entscheidend hierfür ist allerdings im Einzelfall, dass die eben aufgezeigten Steuerungsinstrumente hinreichend verwendet werden.

c) Demokratische Legitimation gemischt-öffentlicher Unternehmen

Unter einem gemischt-öffentlichen Unternehmen versteht man ein Unternehmen, an dem verschiedene Träger öffentlicher Verwaltung, vornehmlich die Gebietskörperschaften Bund, Länder und Gemeinden, beteiligt sind[660]. Bei gemischt-öffentlichen Unternehmen stellt sich das Problem, dass die aus den verschiedenen Gebietskörperschaften ("Teilvölkern") entsandten Vertreter ein einheitliches Legitimationsniveau sicherstellen, nicht, da jeder einzelne dieser Vertreter personell am Ende einer Legitimationskette steht. Art. 20 II GG ist somit dann gewahrt, wenn ein derartiges Zusammenwirken verschiedener Träger der öffentlichen Verwaltung durch Gesetz sachlich-inhaltlich geregelt wird[661], vgl. insoweit Art. 87 Abs. 2 Satz 1 BayGO i.V.m. Art. 93 Abs. 2 BayGO.

---

660 *Dreier*, Grundgesetz Komm., Art. 19 Abs. 3, Rdnr. 48

661 *Dreier*, Grundgesetz Komm., Art. 20 Rdnr. 128

Gemischt-öffentliche Unternehmen sind unter den derzeit existierenden Telekommunikationsunternehmen mit kommunaler Beteiligung nicht zu finden[662]. Weit verbreitet ist allerdings der Unternehmenstypus, dass kommunale Versorgungsunternehmen, meist 100 %ige Tochterunternehmen der Gemeinden und der lokalen Sparkassen, die gem. Art. 1 u. 3 BaySpkG eine rechtsfähige Anstalt des öffentlichen Rechts in Trägerschaft der jeweiligen Gemeinde sind, gemeinsam ein kommunales Telekommunikationsunternehmen gründen[663]. Hier handelt es sich daher nicht um ein gemischt-öffentliches Unternehmen, da nicht verschiedene Gebietskörperschaften am Unternehmen beteiligt sind, sondern vielmehr um eine Sonderform der Eigengesellschaft, die von verschiedenen kommunalen Eigengesellschaften gebildet wird.

d) Ergebnis

Zusammenfassend ist festzustellen, dass bei den staatlichen bzw. kommunalen Telekommunikationsunternehmen in der Form der Eigengesellschaft oder der Form des gemischt-wirtschaftlichen Unternehmens den Anforderungen des Prinzips der demokratischen Legitimation gem. Art. 20 Abs. 2 GG Genüge getan werden kann[664].

Unter dem Privatwirtschaftlichkeitsgebot des Art. 87 Abs. 2 Satz 1 GG ist eine grundsätzliche Freiheit des Wirtschaftens auf dem Telekommunikationsmarkt im Rahmen der Rechtsordnung zu verstehen[665], an dem grundsätzlich auch öffentliche Unternehmen teilnehmen können[666], zu deren typischen Eigenschaften trotz der Prämissen der demokratischen Legitimation die wirtschaftliche Wertschöp-

---

662 ATeKom-info, Hrsg.: VKU, Februar 1999, Nr. 39, S.1-8

663 ATeKom-info, Hrsg.: VKU, Februar 1999, Nr. 39, S.1-8

664 *Gersdorf*, AfP 1998, (5), 470, 475, nach dem das Verbot des verwaltungsmäßigen Erbringens von Telekommunikationsdienstleistungen gem. Art. 87 Abs. 2 Satz 1 GG einer umfassenden Steuerung der Telekommunikationstöchter staatlicher bzw. kommunaler Versorgungsunternehmen als unabdingbare Voraussetzung für deren demokratische Legitimation entgegen steht.

665 *Lerche*, in: Maunz, Dürig, Herzog, Scholz (Hrsg.), Kommentar zum Grundgesetz, Art. 87 f, Rdnr. 55

666 siehe oben; stellvertretend für viele: *Lerche*, in: Maunz, Dürig, Herzog, Scholz (Hersg.), Kommentar zum Grundgesetz, Art. 87 f, Rdnr. 58; Stellungnahme der Bundesregierung zum 11. Hauptgutachten der Monopolkommission, abgedruckt in: BT-Drucks. 13/7998, S. 11, Nr. 29

fung, wirtschaftliche Arbeitsmethoden und Rechnungsführung, sowie Selbstständigkeit und kaufmännische Organisation zählen[667].

Ferner müssen die Anforderungen an die demokratische Legitimation solcher Unternehmen im Lichte einer einheitlichen verfassungsrechtlichen Betrachtung gesehen werden. Wenn die Verfassung einerseits privatwirtschaftliche, kommunale bzw. staatliche Telekommunikationsunternehmen gem. Art. 87 Abs. 2 Satz 1 GG zuläßt, kann Art. 20 Abs. 2 GG diese quasi durch die Hintertür nicht wieder ausschließen.

5. Subsidiaritätsklausel

Nahezu keinen Spielraum für ein Engagement in dem neuen Geschäftsfeld der Telekommunikation gäbe es dann, wenn sich ein allgemeines Subsidiaritätsprinzip aus dem Grundgesetz entnehmen ließe, dass staatliches und damit auch kommunales Handeln, getreu dem Motto: "So wenig Staat wie möglich, so viel Staat wie nötig."[668], nur bei einem Versagen der Marktkräfte zulässig sei. Hierin wäre zugleich eine eindeutige Antwort auf die Frage nach der Zulässigkeit kommunaler Konkurrenz zu privaten Anbietern von Telekommunikationsdienstleistungen zu sehen. An Versuchen, einem solchen Prinzip Verfassungsrang zu geben, hat es in der Vergangenheit nicht gefehlt[669]. Neuen Antrieb erhalten hat diese These von einem angeblichen Vorrang freier wirtschaftlicher Betätigung Privater in jüngerer Zeit vor allem durch den 1992 neu eingefügten Art. 23 GG[670]. Ohne hier auf Einzelheiten eingehen zu können, bleibt jedoch nach wie vor festzuhalten, dass ein allgemeines Subsidiaritätsprinzip nach der herrschenden Meinung in der Verfassung nicht enthalten ist[671]. Vielmehr ist das Grundgesetz wirtschaftspolitisch neutral; ihm läßt sich kein Bekenntnis zu einem bestimmten Wirtschaftssystem entnehmen[672]. Es garantiert der Privatwirtschaft nicht die Ausschließlichkeit des wirtschaftlichen Handelns und gewährt ihr auch keinen Vorrang vor der öffentlichen Wirtschaft[673]. Insofern sind die kommunalen

---

667 *Püttner*, Öffentliche Unternehmen, S. 35 f.; *Wenger*, Die öffentliche Unternehmung, S. 259 ff.

668 *v. Armin*, Rechtsfragen der Privatisierung, S. 74

669 *Schmidt-Jortzig*, in: "Subsidiarität und Kommunalordnung", S. 7, Fn. 10

670 *Oppermann*, JuS 1996, 569, 570 f., *Otting*, Neues Steuerungsmodell und rechtliche Betätigungsspielräume der Kommunen, S. 144 f.

671 *Erichsen*, Kommunalrecht, S. 49; *Ehlers*, Verwaltung in Privatrechtsform, S. 98; *v. Armin*, Rechtsfragen der Privatisierung, S. 76; *Held*, WiVerw. 1998, 264, 271 f.; *Moraing*, WiVerw. 1998, 233, 243; *Otting*, Neues Steuerungsmodell, S. 147 ff. m.w.N.

672 BVerfGE 50, 290, 337 f.

673 BVerwGE 23, 304, 306; 39, 329, 336 ff.; *Erdmann*, DVBl. 1998, 13, 14 f.; *Hill*, BB 1997, 425, 428; *Stober*, BB 1989, 716, 718; *Moraing*, WiVerw. 1998, Heft 4, 233, 243

Unternehmen als gleichwertige Versorgungsträger anzuerkennen[674]. Somit ist grundsätzlich staatliche bzw. kommunale Konkurrenz verfassungsrechtlich wie die Konkurrenz eines Privaten hinzunehmen.

III. Wettbewerbsrechtliche Grenzen der Kommunalwirtschaft

Schärfere Restriktionen als in den oben gezeigten seltenen Fällen, in denen verfassungsrechtliche Grenzen von kommunalen Telekommunikationsgesellschaften überschritten werden, können sich zugunsten der privaten Konkurrenz dagegen aus dem Wettbewerbsrecht ergeben, das aus den Vorschriften des UWG's und GWB's besteht. Das Wettbewerbsrecht als Marktverhaltensrecht vermag im Ergebnis der Summe seiner gesetzlichen Vorschriften, die wettbewerbsverzerrenden Auswirkungen der inhärenten Startvorteile der kommunalen Telekommunikationsunternehmen, die sich zum Nachteil der privaten Konkurrenten auswirken, wirksam zu begrenzen. Als angebliche Startvorteile der kommunalen Telekommunikationsgesellschaften betrachten deren privaten Konkurrenten hauptsächlich das fehlende Konkursrisiko, die risikoloseren Aktionsmöglichkeiten mangels Haftungsgefahr, die Inanspruchnahme besonderen Vertrauens in der Bevölkerung, die steuerrechtlichen Privilegien, die Rückgriffsmöglichkeit auf Steuermittel und die Nähe zur Mutterkörperschaft[675].

1. Grenzen nach dem Gesetz gegen unlauteren Wettbewerb

Der Anwendungsbereich des Gesetzes gegen unlauteren Wettbewerb (UWG) ist für die kommunalen Telekommunikationsgesellschaften, auch wenn sie in der Form der Eigengesellschaft Teil der öffentlichen Hand sind, eröffnet[676]. Da das UWG, anders als das GWB, keine ausdrückliche Bestimmung über die Anwendung seiner Normen enthält, ist die Anwendbarkeit des UWG auf die wirtschaftliche Betätigung der Kommunen eine reine Tatbestandsfrage[677].

Entscheidend dafür, dass die privaten Konkurrenten einen Unterlassungs- und Schadensersatzanspruch gem. § 1 UWG gegen die kommunalen Telekommunikationsunternehmen besitzen, ist, dass diese sich bei ihrem wirtschaftlichen Handeln unlauter verhalten. Die Sittenwidrigkeit ergibt sich allerdings nicht

674 *Piper*, GRUR 1996, 574, 575

675 Kritische Auseinandersetzung mit diesen Startvorteilen bei *Otting*, Neues Steuerungsmodel, S. 239 ff.

676 *Otting*, Neues Steuerungsmodel, S. 221; *Rittner*, Wettbewerbs- und Kartellrecht, S. 31; a.A.: *Erichsen*, Gemeinde und Private im wirtschaftlichen Wettbewerb, S. 36 ff.

677 *Klut*, Grenzen kommunaler Wettbewerbsteilnahme, S. 96 f.

schon aus der Verwertung leistungsfremder Vorteile, die den kommunalen Telekommunikationsgesellschaften als Teil der Gemeindeverwaltung wesenseigen sind. Zwar tangiert das Wettbewerbshandeln der kommunalen Telekommunikationsunternehmen stets die Interessen der privaten Konkurrenten, als wettbewerbswidrig zu verbieten ist es allerdings erst dann, wenn eine Gefährdung des Wettbewerbstatbestandes ernsthaft gegeben ist und das Wettbewerbshandeln nicht sachlich geboten ist[678]. Entscheidend für das Unwerturteil der Sittenwidrigkeit ist demnach das Marktverhalten der kommunalen Telekommunikationsgesellschaften, d.h. inwieweit sie ihre spezifischen Vorteile als Sonderbestandteil der Verwaltung in unlauterer Weise ausnutzen. Die Bewertung ihres Marktverhaltens erfolgt dabei nach *Harms*[679] wie in einen System kommunizierender Röhren: „Je anstößiger das Marktverhalten, desto geringer müssen die Auswirkungen auf den Wettbewerb sein, um die Sittenwidrigkeit zu begründen.".

a) Unlauterkeit durch Verstoß gegen die kommunalrechtlichen Wirtschaftsklauseln

In der Literatur und Rechtsprechung ist sehr umstritten, ob nicht schon allein der Verstoß der kommunalen Telekommunikationsgesellschaften gegen das kommunale Wirtschaftsrecht, insbesondere der kommunalen Wirtschaftsklauseln nach § 67 Abs. 1 DGO, als so anstößig zu bewerten ist, dass dieser Verstoß alleine ausreicht, um eine Sittenwidrigkeit i.S.d. § 1 UWG zu begründen.

aa) Meinungsstand in der Literatur und Rechtsprechung

Am weitesten geht hierbei *Emmerich*, der jeden Verstoß gegen öffentlichrechtliche Zulässigkeitsregelungen durch die öffentliche Hand, also auch durch eine kommunale Telekommunikationsgesellschaft, als Sittenverstoß i. S. des § 1 UWG betrachtet[680]. Somit inkorporiert er die gesamten Zulässigkeitsnormen des öffentlichen Rechts in toto in das UWG und eröffnet damit den privaten Konkurrenten unabhängig vom Individualschutzzweck der betreffenden Normen stets die Unterlasssungsklage aus § 1 UWG. *Emmerich* begründet dies mit dem Argument, dass es sittenwidrig sei, wenn die öffentliche Hand sich im Wettbewerb über die von ihr selbst aufgestellten Regeln hinwegsetze.

678 BGH, BHGZ 123, 157, 162 Abrechnungssoftware für Zahnärzte; BGH, GRUR 1987, 116, 118, Kommunaler Bestattungswirtschaftsbetrieb

679 *Harms*, BB 1986, Beilage zu Heft 17, 1, 17

680 *Emmerich*, AG 1985, 293, 298; *Broß*, Verw. Arch 1996, 731, 738 u. 752

Etwas mehr differenzierend bejahen andere Vertreter im Schrifttum einen Sittenverstoß i.S. des § 1 UWG der öffentlichen Hand dann, wenn sie Normen verletzt, die eine bestimmte Wirtschafts- und Wettbewerbsordnung aufrichten und erhalten sollen. Grund hierfür sei, dass der private Konkurrent darauf vertrauen könne, dass der Staat diese von ihm selbst gesetzte Ordnung auch einhalte[681].

In die gleiche Richtung tendiert der BGH[682], wenn er zwar nicht schon den Verstoß gegen Ordnungsvorschriften, dagegen aber die Verletzung sog. "wertbezogener Normen" als wettbewerbswidrig i. S. d. § 1 UWG ansieht. Unter "wertbezogenen Normen" versteht man Gesetze, die eine gesellschafts- oder ordnungspolitische Entscheidung des Gesetzgebers zum Ausdruck bringen.

In der Rechtsprechung und in der Literatur findet sich daneben sehr zahlreich die Auffassung, dass sich eine Sittenwidrigkeit i.S.d. § 1 UWG nur aus einem Verstoß gegen eine Norm ergibt, die dem individuellen Schutz der Konkurrenten dient[683]. Die Übertretung von lediglich im öffentlichen oder Allgemeininteresse stehenden Normen sei dagegen für sich allein betrachtet wettbewerbsrechtlich unbeachtlich.

bb) Diskussion

Die Ansicht von *Emmerich*, jeder beliebige Gesetzesverstoß würde zu einer Sittenwidrigkeit i.S.d. § 1 UWG führen, ist m.E. als zu weitgehend abzulehnen[684]. Denn nicht jeder Gesetzesverstoß ist per se sittenwidrig[685]. Eine Sittenwidrigkeit kann sich vielmehr aus einem Gesetzesverstoß erst dann ergeben, wenn der sich rechtswidrig verhaltende Unternehmer durch diesen Gesetzesverstoß einen ungerechtfertigten Vorteil gegenüber der gesetzestreuen Konkurrenz erlangt[686]. Dies ist immer dann der Fall, wenn er im Vertrauen auf die Rechtstreue seiner Mitbewerber Normen unbeachtet läßt, die für alle Wettbewerbsteilnehmer gelten. Wenn die Kommunen allerdings Zulässigkeitsschranken des öffentlichen Rechts, wie die des § 67 DGO bzw. dessen Nachfolgebestimmungen, mißachten, ist dies gerade nicht der Fall, da die einschlägigen Normen des öffentlichen Rechts gera-

---

681 *Hubmann*, WiVerw. 1982, 41, 60 f.

682 BGH, WRP 1995, 475, 479; *v. Gamm*, GRUR 1990, 313, 322

683 BGH, DVBl. 1965, 362, 363, Blocheis II; OLG Düsseldorf, NWVBl. 1997, 353, 354; *Baumbach/Hefermehl*, Wettbewerbsrecht, Anh. § 1 UWG, Rdnr. 933; *Großkomm./Köhler*, § 1 UWG, Rdnr. E 64; A.a.: *Moraing*, NWVBl. 1997, 355, 356

684 ebenso *Ehlers*, DVBl. 1998, Heft 10, 497, 503; *Hellermann*, Örtliche Daseinsvorsorge, S. 249 ff.

685 *Nordemann*, Wettbewerbs- und Markenrecht, Rdnr. 38; *Scholz*, ZHR 132, 97, 140

686 *Rittner*, Wettbewerbs- und Kartellrecht, S. 60

de ihrer Natur nach ausschließlich den Staat bzw. die Kommune verpflichten[687]. Die privaten Mitbewerber sind dagegen nicht Adressaten dieser Normen. Dadurch entsteht durch den Gesetzesverstoß kein die Sittenwidrigkeit begründender Makel, der in einem auf dem Gesetzesverstoß basierenden Vorteil für die öffentlichen Hand gegenüber ihrer Konkurrenz zu sehen ist[688]. Vielmehr bedeutet die These von *Emmerich*, jeder Gesetzesverstoß der öffentlichen Hand führe unweigerlich zum Unwerturteil der Sittenwidrigkeit, einen Nachteil für die öffentlichen Unternehmen gegenüber ihren privaten Konkurrenten bedeuten, die sich nicht an diese Normen halten müssen, die ausschließlich für die öffentliche Hand gelten[689].

Dem Argument von *Emmerich*, der sittliche Makel sei in der Überschreitung von durch die öffentliche Hand selbst gesetzten rechtlichen Grenzen zu sehen, ist zu entgegnen, dass die öffentliche Hand in ihren vielgestaltigen Erscheinungsformen nicht mit dem Gesetzgeber identifiziert werden darf[690]. Dies gebietet nicht zuletzt die strikte Trennung zwischen Legislative und Exekutive im Grundgesetz. Es wird besonders auf der kommunalen Ebene dadurch deutlich, dass die Gemeinden nicht Gesetzgeber, sondern ausschließlich Adressat wirtschaftlicher Normen des Staates sind.

Wenn man bei der Bestimmung der Sittenwidrigkeit auf die Verletzung sog. wertbezogener Normen abstellt, ist es erforderlich, dass diese Normen ein besonders wichtiges Allgemeininteresse schützen[691]. Bei den für die Zulässigkeit von kommunalen Telekommunikationsgesellschaften vorrangig interessierenden Normen der Gemeindewirtschaft ist dies allerdings fragwürdig. Das Problem beim kommunalen Wirtschaftsrecht ist hierbei, dass die jeweiligen Regelungen in den einzelnen Bundesländern unterschiedlich gefaßt sind. Dadurch würde sich in der Konsequenz über das divergierende Kommunalrecht der Länder ein im Bundesgebiet uneinheitlicher Maßstab für das Vorliegen der Sittenwidrigkeit i. S. d. § 1 UWG ergeben. Dieses merkwürdige Ergebnis spricht gegen eine Qualifizierung der durch die Vorschriften des Kommunalrechts normierten Abgrenzung der Tätigkeitsspielräume von öffentlicher und privater Wirtschaft als überragendes Gemeinschaftsinteresse[692]. Daher kann bei den Normen des kommuna-

687 *Gutsch*, Die Rechtsstellung der Postbank im nationalen und europäischen Bankenwettbewerb, S. 255

688 *Baumbach/Hefermehl*, Wettbewerbsrecht, Anh. § 1 UWG, Rdnr. 932

689 *v. Gramm*, in: "UWG-Komm.", Hrsg.: ders., § 1 Rdnr. 11

690 *Großkomm./Köhler*, § 1 UWG, Rdnr. E 64

691 *Rittner*, Wettbewerbs- und Kartellrecht, S. 59

692 *Schricker*, Wirtschaftliche Tätigkeit, S. 156

len Wirtschaftsrechts nicht von sog. wertbezogenen Normen gesprochen werden, deren Verletzung die Sittenwidrigkeit i. S. d. § 1 UWG begründen würde.

Eine Ausnahme hiervon ist nur dann möglich, wenn die öffentlich rechtlichen Normen, gegen die seitens der öffentlichen Unternehmen verstoßen wird, gerade den individuellen Schutz der privaten Konkurrenten bezwecken[693]. Zwar können die privaten Wettbewerber generell nicht die Einhaltung des objektiven Rechts verlangen, aber auf die Einhaltung solcher Vorschriften drängen, die zumindest auch ihrem Interesse zu dienen bestimmt sind[694]. Außerdem könnte ansonsten auch ein privater Händler, weil er im Wettbewerbsrecht mit der Konkurrenz der öffentlichen Hand gleichgestellt ist, wenn er entgegen dem Mietvertrag, der bekanntlich nicht drittschützend ist, bestimmte Waren verkauft, von seinen Konkurrenten wegen unbilligen Verhaltens nach § 1 UWG belangt werden[695].

(1) Individualschutzcharakter der Nachfolgebestimmungen des § 67 Abs. 1 DGO

Ob allerdings die Wirtschaftsklauseln der Nachfolgebestimmungen des § 67 Abs. 1 DGO den Individualschutz der privaten Konkurrenz bezwecken, ist höchst umstritten.

(a) Nach der in der Verwaltungsgerichtsbarkeit und -lehre vorherrschenden Meinung wird durch die Vorschriften des Gemeindewirtschaftsrechts kein subjektives Recht privater Konkurrenten gewährleistet[696]. Zunächst dienen kommunalrechtliche Regelungen grundsätzlich dem Interesse der Kommunen selbst. Auswirkungen auf private Rechtssubjekte können daher nur einen Reflex auf diese Regelung darstellen. Dies folgt aus den für die Vorschriften des Gemeindewirt-

---

693 *Baumbach/Hefermehl*, Wettbewerbsrecht, § 1 UWG, Rdnr. 933; *v. Gamm*, FIW 108, 31, 34; *Köhler/Piper*, § 1 UWG, Rdnr. 256; *Nordemann*, Wettbewerbs- und Markenrecht, Rdnr. 38; *Piper*, GRUR, 1986, 574, 579

694 *Ehlers*, DVBl. 1998, Heft 10, 497, 503

695 *Püttner*, Die öffentlichen Unternehmen, S. 133

696 BVerwG, NJW 1995, 2938, 2939; BVerwGE 39, 329, 336; VGH Mannheim, NJW 1984, 251, 252; NJW 1995, 274; BayVGH, JZ 1976, 642, 642; *Tettinger*, Bes. Verwaltungsrecht, Rn. 163; *Schmidt-Jortzig*, HkWP, S. 60 f. u. 67; *Oebbecke*, StuGR 1995, 387, 389; *Jarass*, Wirtschaftsverfassungsrecht , § 16 Rdnr. 27 f.; *Rehn/Cronauge/v. Lennep*, GO von NW- Komm., § 107 Anm. I.3.; *Otting*, Neues Steuerungsmodel, S. 211 f.; *Kunze/Bronner/Katz/v. Rotberg*, Gemeindeordnung v. BW –Komm., § 102 Rdnr. 52; *Ehlers*, DVBl. 1998, 497, 503; *Ulmer*, ZHR 146 (1982); 466, 497; *Moraing*, NWVBl. 1997, Urteilsanmerkung, 355, 356; *Widtmann/Grasser*, Bay. GO- Komm., Art. 87 BayGO, Rdnr. 3, S. 5 f.; *Hölzel/Hien*, GO für den Freistaat Bayern- Komm., Art. 87 BayGO, Anm. 4, S. 10 f.; *Hellermann*, Örtliche Daseinsvorsorge, S. 252 und viele mehr

schaftsrechts in Anspruch genommenen Gesetzgebungskompetenzen. Zu der Regelung begünstigender bzw. belastender Normen, die die Betätigungsspielräume privater Wirtschaftssubjekte bestimmen, ist nicht der Landesgesetzgeber befugt. Diese obliegt vielmehr dem Wettbewerbsrecht, das gemäß der Gesetzeskompetenz des Bundes, von diesem erlassen wurde. Das Land wird dagegen ausschließlich gesetzgeberisch zur Regelung der wirtschaftlichen Betätigung der Kommunen tätig. Hieraus ergibt sich, dass der Individualschutz der privaten Konkurrenz nicht Zweck des Gemeindewirtschaftsrecht ist.

Hierfür spricht auch die Entstehungsgeschichte des § 67 DGO, der das Ergebnis rein ökonomischer Zweckmäßigkeitserwägungen war. Zum einen sollte die darniederliegende Privatwirtschaft möglichst rasch wieder für gezielte staatliche Leistungswünsche verfügbar sein, zum anderen wollte man die Gemeinden auf ihren durch ausufernden Wirtschaftsbetätigung vernachlässigten, eigentlichen Wirkungsbereich beschränken. Eine Stärkung individueller Entfaltungsfreiheit war nicht im Visier.

(b) Die vorherrschende Meinung bei den Zivilgerichten und in der Zivilrechtslehre ist dagegen der Auffassung, dass sich aus der sog. Funktionssperre in Nachfolgebestimmungen zu § 67 Abs.1 DGO ein Individualschutzrecht für die private Konkurrenz ergibt[697].

Danach ist die Annahme eines bloßen Rechtsreflexes in den Ländern, in denen die Geltung der Subsidiaritätsklausel ausdrücklich angeordnet worden ist, schon allein deshalb ausgeschlossen, weil hierdurch zumindest auch den privaten Mitkonkurrenten Vorteile eingeräumt werden sollten. Für die Annahme eines subjektiv-öffentlichen Rechtes ist es nicht erforderlich, dass dem einzelnen privaten Konkurrenten der Gemeinde eine alleinige und ausschließliche Berechtigung eingeräumt werden sollte. Ausreichend ist vielmehr, dass seine rechtlichen Interessen auch mitgeschützt werden sollten und nicht der ausschließliche Schutz der

697 OLG Hamm, DVBl. 1998,792, 794; OLG Düsseldorf, NWVBl. 1997, 353, 354; *Gerke*, Jura 1985, 349, 356; *Beckmann/David*, DVBl. 1998, 1041, 1046; *Pünder*, DVBl. 1997, 1353, 1360; *Lerche*, JurA 1970, 821, 857 ff.; *Lindner*, Verwaltungsgerichtliche Klagemöglichkeit gegen privatrechtliche kommunale Wirtschaftsbeteiligung, S. 67 ff.; *Hill*, BB, 1997, 425, 429; *Hegele/Ewert*, Kommunalrecht im Freistaat Sachsen, S. 191 f.; *Müller*, Zustimmende Urteilsanmerkung zu OLG Hamm, JZ 1998, 578, 578; *Baumbach/Hefermehl*, Wettbewerbsrecht – Komm. § 1 UWG, Rdnr. 933, der sogar noch weitergeht und unabhängig ihres Drittschutzcharakters bereits dann eine Sittenwidrigkeit annimmt, wenn gegen eine Norm verstoßen wird, deren Zweck auch allgemein den Schutz der Privatwirtschaft beinhaltet.; *Klut*, Grenzen kommunaler Wettbewerbsteilnahme, S. 90 f.; *Erichsen*, Kommunalrecht, S. 179; *Püttner*, Das öffentliche Unternehmen, S.132

Allgemeinheit gewollt war. Läßt sich eine eindeutige Zuordnung zwar nicht erkennen, aber aus der zu untersuchenden Rechtsnorm entnehmen, dass auch ein Individualinteresse begünstigt werden sollte, so sind derartige Zweifel auszuräumen, indem die Annahme eines subjektiven Rechts bejaht wird.

(c) Selbst wenn man zu Recht den eigentlichen Zweck der Wirtschaftsklauseln darin sieht, dass sich die Gemeinden auf ihre eigentlichen Aufgaben konzentrieren und keine zu großen mit der Unternehmenstätigkeit verbundenen Risiken eingehen, wollte der Gesetzgeber dennoch daneben eine ungehemmte wirtschaftliche Betätigung der Gemeinden zu Lasten der Privaten verhindern[698]. Diesem ordnungs- bzw. wirtschaftspolitischen Ziel läßt sich jedoch m. E. nicht generell ein individuelles Schutzrecht entnehmen. Denn geschützt ist hier nicht der jeweils betroffene Unternehmer, sondern die gesamte Gruppe möglicher Betroffener, für die der einzelne sich betroffen fühlende Unternehmer nicht ohne weiteres als "mittelbarer Sachwalter" des Gruppeninteresses auftreten kann[699].

Des Weiteren spricht der Telos der Nachfolgebestimmungen des § 67 DGO klar gegen einen Individualschutzcharakter dieser Norm. Dies haben die Landesgesetzgeber entweder explizit bei Erlaß der Subsidiaritätsklausel in ihrem kommunalen Wirtschaftsrecht formuliert[700] oder wie z.B. in Nordrhein-Westfalen, konkludent durch den absichtlichen Verzicht auf die Subsidiariätsklausel deutlich zum Ausdruck gebracht[701].

Für den fehlenden Drittschutz im kommunalen Wirtschaftsrecht spricht ferner, dass die Subsidiaritätsklausel faktisch nie zu einer effizienten Beschränkung der wirtschaftlichen Betätigung führt. In dieser, für die Gemeinden freundlichen, Ausgestaltung, kann die Subsidiaritätsklausel, selbst wenn man es wollte, gar keinen Drittschutzcharakter entwickeln.

Andererseits ist jedoch zu berücksichtigen, dass die Tätigkeit des Privaten grundrechtlich durch Art. 12 und Art. 14 GG geschützt ist. Dieser Schutz ist zwar kein

---

698 Vgl. amtl. Begründung, Nr. 1, abgedruckt bei *Suren/Loscheleder*, DGO – Komm., § 67 Anm.1; *Stober*, Kommunalrecht in der BRD, S. 341 m.w.N.

699 BayVHG, BayVBl. 1976, 628, 628; BVerwGE 39, 329, 333 ff.; *Kunze/Bronner/Katz/v. Rotberg*, GO v. BW –Komm., § 102, Rdnr. 52; Für Bayern ist diesbezüglich vor allem die Stellungnahme des Abgeordneten *Dr. Runge* in der 2. Lesung zu beachten, vgl. Plenarprotokoll 13/111 v. 8.7.1998, S. 7946 ff.

700 *Widtmann/Grasser*, Bayerische Gemeindeordnung- Komm., Art. 87 BayGO, Rdnr. 3, S. 5 f.; *Hölzel/Hien*, Gemeindeordnng für den Freistaat Bayern- Komm., Art. 87 BayGO, Anm. 4, S. 10 f.;

701 *Otting*, Neues Steuerungsmodell, S. 212 m.w.N.

absoluter (siehe oben). Faktisch können jedoch von erwerbswirtschaftlicher Betätigung der Kommunen erhebliche Auswirkungen auf den einzelnen Unternehmer ausgehen. Dieser Unternehmer kann daher in seiner Freiheit zur erwerbswirtschaftlichen Betätigung aus Art. 12 und Art. 14 GG beeinträchtigt werden. Von daher ist jedenfalls dann ein subjektiver Abwehranspruch anzuerkennen, wenn die Konkurrenz durch die Kommunen nach den kommunalverfassungsrechtlichen Vorschriften unzulässig ist, etwa wenn ein öffentlicher Zweck das Unternehmen nicht erfordert bzw. rechtfertigt, oder die Subsidiaritätsklausel nicht eingehalten werden kann, und zudem der Unternehmer durch die Konkurrenz der Gemeinde vom Markt verdrängt wird[702].

Aus diesem Ausnahmetatbestand kann allerdings keine allgemeine Drittschutzfunktion der Wirtschaftsklausel gefolgert werden, da die verfassungskonforme Auslegung der Wirtschaftsklauseln nicht zu einer weiterreichenden Rechtsposition des privaten Konkurrenten führen kann als die, die die Verfassung selbst gewährt, die nicht vor Konkurrenz per se schützt[703].

Auf dem Telekommunikationssektor spielt diese Ausnahme jedoch derzeit keine Rolle, da kommunale Telekommunikationsanbieter auf absehbare Zeit nicht in einer marktbeherrschenden Situation sein werden, die es ihnen ermöglichen könnte, private Konkurrenten vom Markt zu verdrängen.

(2) Ergebnis der Diskussion

Aufgrund des fehlenden Drittschutzcharakters der kommunalrechtlichen Wirtschaftsklauseln in den Nachfolgebestimmungen des § 67 Abs. 1 DGO begründet der alleinige Verstoß gegen diese Norm keine Sittenwidrigkeit im Sinne des § 1 UWG.

(a) Dies ist m.E. selbst bei der Bejahung des Drittschutzcharakters der Nachfolgebestimmungen des § 67 Abs. 1 der Fall. Der Grund, warum der Rechtsbruch für die Bewertung der Sittenwidrigkeit trotz der gleichrangigen rechtlichen Stellung von öffentlicher Hand und privater Konkurrenz im Wettbewerbsrecht beachtlich ist, ist, dass die private Konkurrenz die Einhaltung eines Gesetzes, das zumindest auch ihrem Interesse dient, verlangen kann. Diese Beurteilung bedarf allerdings der teleologischen Reduktion, zumindest in dem Fall, indem es auf-

---

[702] ebenso *Schink*, UPR 1997, Heft 6, 201, 207; *Tettinger*, NJW 1998, Heft 47, 3473, 3474

[703] so aber *v. Mutius*, Kommunalrecht, Rdnr. 522, S. 277 f. u. *Erichsen*, Kommunalrecht, S. 250

grund faktischer Monopolstellung gar keine Marktsituation gibt oder oligopolitische verkrustete Marktstrukturen vorherrschen[704]. Schließlich dient das Wettbewerbsrecht nicht vorrangig dem Bestandsschutz der privaten Konkurrenz, sondern der Freiheit des Wettbewerbs, der durch das Hinzutreten wenn auch eines öffentlichen Mitbewerbers in der Regel gerade vergrößert und nicht eingeschränkt wird.

Besonders auf dem örtlichen Telekommunikationsmarkt herrscht aber momentan faktisch eine Monopolstellung der Deutschen Telekom AG[705]. Das Hinzutreten kommunaler Telekommunikationsgesellschaften ist daher geradezu notwendig, damit überhaupt ein Wettbewerb auf diesem Markt entsteht. In diesem Fall wäre es auch verhältnismäßig, den Drittschutz der kommunalen Wirtschaftsklauseln für die DTAG und die übrigen rein privaten City-Carrier im Sinne des Wettbewerbsrechts teleologisch zu reduzieren, zumal der Drittschutz, wenn überhaupt, nur einen Nebenzweck der Nachfolgeregelungen des § 67 Abs. 1 DGO darstellt.

(b) Dies ergibt sich auch bei einer Beurteilung nach den Grundsätzen des Telekommunikationsrechts, das gem. § 1 TKG u. § 2 Abs. 2 Nr. 2 TKG die Schaffung bzw. Förderung des Wettbewerbs zum Sinn und Zweck hat. Dieser Grundsatz ist auch bei der Lizenzerteilung gem. § 8 Abs. 2 Satz 1 TKG generell von der Regulierungsbehörde zu beachten, aber auch deren Einhaltung ist über § 8 Abs. 3 Satz 1 Nr. 3 lit. a i.V.m. Abs. 3 Satz 2 Nr. 1 TKG für die persönliche Eignung des Lizenznehmers entscheidend. Somit ist auch der private Konkurrent zur Förderung des Wettbewerbs durch die Lizenzerteilung verpflichtet. Daher kann man den Lizenzantrag der rein privaten Konkurrenten als eine konkludente Verzichtserklärung auf subjektive Rechtspositionen, die einer Wettbewerbsentstehung bzw. -förderung entgegenstehen, betrachten. Ansonsten würde er Gefahr laufen, dass die Lizenz von der Regulierungbehörde wieder gem. § 15 TKG entzogen wird bzw. dass er einer diesbezüglichen Konkurrentenklage ausgesetzt ist.

Der schlichte Eintritt der Kommunen in den Telekommunikationswettbewerb kann somit regelmäßig nicht ohne Hinzutreten weiterer Umstände als wettbewerbswidrig i.S.d. § 1 UWG qualifiziert werden, unabhängig davon, ob die Telekommunikationsgesellschaften dabei gegen die kommunalrechtlichen Wirtschaftsklauseln verstoßen. Derartige erschwerende Begleitumstände können z.B. die hartnäckige Fortsetzung des rechtswidrigen Verhaltens trotz Beanstandung

---

704 *Backhaus*, Öffentliche Unternehmen, S.139

705 Monopolkommission im 12. Hauptgutachten, Tz. 18; *Emmerich*, Kartellrecht, S. 354

der Aufsichtsbehörde oder entgegen einer entsprechenden gemeindlichen Zusage, ihre unzulässige unternehmerische Betätigung einzustellen, darstellen[706].

b) Typische Wettbewerbsverstöße der kommunalen Telekommunikationsgesellschaften

Diese Wettbewerbsverstöße der Telekommunikationsgesellschaften können allerdings schon für sich allein ohne zusätzlichen Verstoß gegen die Zulässigkeitsnormen des kommunalen Wirtschaftsrechts eine Sittenwidrigkeit i.S.d. § 1 UWG bewirken.

Als Grundsatz kann dabei festgestellt werden, dass hoheitliche Verwaltung der Gemeinde und deren wirtschaftliche Betätigung strikt zu trennen sind, deren Vermengung ist dagegen in der Regel sittenwidrig[707]. In der Praxis erscheinen eine Reihe verschiedener Fallgruppen[708], in denen die Kommunen aus ihrer Doppelfunktion als Hoheitsträger und Wirtschaftssubjekte herrührende sachfremde Vorteile ausnutzen und dadurch den freien Leistungswettbewerb stören können.

Typische Fallgruppen von Wettbewerbsverstößen kommunaler Telekommunikationsunternehmen sind dabei die Ausnutzung von Informationsvorsprüngen durch die wirtschaftliche Verwertung amtlich erlangter Kenntnisse[709], die Einrichtung eines kommerziellen Servicebüros der kommunalen Telekommunikationsunternehmen in den hoheitlichen Amtsräumen der Kommune[710], die Bevorzugung des kommunalen Telekommunikationsunternehmens bei der Vergabe eines öffentlichen Auftrags zur Versorgung der Kommune mit Telekommunikationsdienstleis-tungen, etwa durch ein völliges Absehen von einer an sich gebotenen öffentlichen Ausschreibung oder durch das Zuspielen relevanter Informationen[711], das Ausnutzen amtlicher Autorität, etwa durch Mißbrauch hoheitlicher Befugnisse[712], die einseitige Erteilung von Auskünften[713], die Werbung für das

---

706 *Baumbach/Hefermehl*, Wettbewerbsrecht – Komm.", § 1 UWG, Rdnr. 933

707 *v. Gramm*, "Wettbewerbsrecht", Kap. 20, Rdnr.19

708 eine ausführliche Darstellung dieser Fallgruppen findet sich u.a.bei *Klut*, Grenzen kommunaler Wettbewerbsteilnahme, S. 101 ff. m.w.N.; *Hellermann*, Örtliche Daseinsvorsorge, S. 248

709 *Schricker*, Wirtschaftliche Tätigkeit der öffentlichen Hand und unlauterer Wettbewerb, S. 205

710 Vgl. dazu nur BGH, DÖV 1974, 785, 785; OLG Karlsruhe, WPR 1996, 447, 448; OLG Stuttgart, WRP 1996, 369, 369; OLG Rostock, WPR 1996, 465, 465

711 Vgl. die Krankentransportfälle, *Köhler/Piper*, "UWG- Komm.", § 1, Rdnr. 253

712 Etwa durch Versagung des Zugangs zu kommunalen öffentlichen Einrichtungen bei gleichzeitiger Zulassung kommunaler Unternehmen, vgl. BGH, GRUR 1964, 210, 212, Landwirtschaftsausstellung

kommunale Telekommunikationsunternehmen durch Hoheitsträger[714], wie z.B. den Bürgermeister, die Beeinflussung des Ermessens bei Verwaltungsentscheidungen[715], die Unterbietung der Preise der Konkurrenz durch Zweckentfremdung öffentlicher Mittel[716] und schließlich auch im Einzelfall die faktische Verdrängung privater Konkurrenz durch die Marktmacht der kommunalen Telekommunikationsunternehmen[717].

c) Ergebnis

Aus dem UWG ergeben sich neben den eben aufgezeigten typischen Wettbewerbsverstößen keine generellen Sondergrenzen für die Wettbewerbsteilnahme kommunaler Telekommunikationsunternehmen. Insbesondere aus einem alleinigen Verstoß gegen die Wirtschaftsklauseln der Nachfolgebestimmungen zu § 67 Abs. 1 DGO erwächst ohne Hinzutreten weiterer die Sittenwidrigkeit begründenden Begleitumstände den privaten Konkurrenten kein Unterlassungs- bzw. Schadensersatzanspruch aus § 1 UWG.

2. Grenzen nach dem Gesetz gegen Wettbewerbsbeschränkungen

Ferner können sich für kommunale Telekommunikationsunternehmen auch durch das Gesetz gegen Wettbewerbsbeschränkungen (GWB) Grenzen für ihre Teilnahme am Markt ergeben. Denn grundsätzlich ist das GWB gem. § 98 Abs. 1 GWB a.F. bzw. § 130 Abs. 1 S. 1 GWB auch für "öffentliche Unternehmen" anwendbar[718].

Als Unternehmen i.S.d. § 98 Abs.1 GWB a.F. bzw. § 130 Abs. 1 S. 1 GWB ist nach h.M. gemäß dem sogenannten "funktionalen Unternehmensbegriff"[719] jedes Wirtschaftssubjekt anzusehen, das Leistungen auf Güter oder Dienstleistungsmärkten anbietet oder nachfragt. Da kommunale Telekommunikationsunternehmen ihre Dienstleistungen auf dem freien Markt den Kunden anbieten und diese

---

713 Dazu BGH, GRUR 1994, 516 Auskunft über Notdienste; BGHZ 19, 299, 304 f. Staatliche Kulturverwaltung; *v. Gamm*, Wettbewerbs- und Wettbewerbsverfahrensrecht, Rdnr. 23

714 OLG München, Urt. v. 9.2.1995 – 29 U 3287/94-, NJW-RR 1995, 1004, 1004 f.

715 Vgl. BGH, Urt. v. 30.10.1963 – I b ZR 72/62 -, GRUR 1964, 210, 212 f., Landwirtschaftsausstellung

716 RG, Urt. v. 4.11.1932 – II 130/32 -, RGZ 138, 174, 182

717 OLG Hamm, Urt. v. 14.2.1991- 4 U 86/89-, GRUR 1993, 840, 843

718 Auf den deklaratorischen bzw. konstitutiven Charakter von § 98 Abs. 1 GWB kommt es daher hier nicht an, vgl. insgesamt *Autenrieth*, Gemeinschaftskommentar GWB, § 98, Rdnr. 24

719 *Hellermann*, Örtliche Daseinsvorsorge, S. 247

auch selbst nachfragen, fallen sie grundsätzlich unter den Unternehmensbegriff des GWB.

a) Anwendbarkeit des GWB auf kommunale Telekommunikationsgesellschaften

Fraglich ist, ob das GWB auf kommunale Telekommunikationsunternehmen generell anwendbar ist oder sich aus dem Verhältnis zum TKG für sie etwas anderes ergibt.

Entgegen dem Wortlaut des § 2 Abs. 3 TKG, "die Vorschriften des Gesetzes gegen Wettbewerbsbeschränkungen bleiben unberührt.", nimmt die h.M. an, dass das TKG als das speziellere Gesetz in seinem Anwendungsbereich das GWB verdrängt[720]. Die im TKG in den Teilen drei und vier geregelte Mißbrauchsaufsicht hinsichtlich der Entgelte, des offenen Netzzugangs und der Zusammenschaltung, hat somit Vorrang gegenüber den Regelungen im GWB. In allen nicht durch das TKG geregelten Fällen bleibt dagegen das GWB vollständig anwendbar und die Zuständigkeit des Bundeskartellamts gänzlich unberührt, auch soweit es sich um die Mißbrauchs-aufsicht über marktbeherrschende Unternehmen handelt, vgl. § 82 TKG[721].

b) Schadensersatz-, Unterlassungs- und Beseitigungsansprüche der privaten Konkurrenten

Nach § 35 Abs.1 Satz 1 1. Alt. u. Abs. 3 GWB a. F. bzw. § 33 GWB i.V.m. § 26 Abs. 2 Satz 1 GWB a.F. bzw. § 20 Abs. 1 GWB kann daher den privaten Konkurrenten ein Schadensersatz-, Unterlassungs- und Beseitigungsanspruch gegen die kommunalen Telekommunikationsunternehmen zustehen.

Hierzu muß allerdings nach § 26 Abs. 2 Satz 1 GWB a.F. bzw. § 20 Abs. 1 GWB das kommunale Telekommunikationsunternehmen jeweils über eine marktbeherrschende Stellung i.S.d. § 19 Abs. 1 GWB verfügen und zudem muß durch sie eine unbillige Behinderung der privaten Konkurrenz erfolgen.

---

720 Monopolkommission, in: "12. Hauptgutachten", Tz. 22; *Mestmäcker,* Festschrift für Fikentscher, S. 557, 562 ff.; *Schütz,* TKG- Komm., § 2, Rdnrn. 33 ff.; kritisch hingegen *Emmerich,* Kartellrecht, S. 355, der insbesondere auf die Gefahr unterschiedlicher Aufsichtsmaßstäbe und der damit verbundenen möglichen Auseinanderentwicklung der Beurteilungen nach TKG und GWB hinweist.

721 *Baron,* Das neue Kartellgesetz, S. 43

aa) Marktbeherrschende Stellung der kommunalen Telekommunikationsgesellschaften

Eine marktbeherrschende Stellung muß nach h.M.[722] auch bei kommunalen Telekommunikationsgesellschaften nach den dafür geltenden allgemeinen Grundsätzen des § 19 GWB im Einzelfall nachgewiesen werden.

Wann ein Anbieter eine marktbeherrschende Stellung i.S.d. § 19 TKG innehat, ist sehr schwer zu definieren[723]. Eine marktbeherrschende Stellung wird allerdings nach § 19 Abs. 3, S.1 GWB schon bei einem Marktanteil von einem Drittel widerlegbar vermutet[724]. Daher ist davon auszugehen, dass auf absehbare Zeit einzig die Deutsche Telekom AG, die derzeit einen Marktanteil von ca. 86 % des Telekommunikationsmarktes besitzt[725], sowohl auf dem nationalen als auch dem regionalen/lokalen Telekommunikationsmarkt über eine marktbeherrschende Stellung verfügt[726]. Daher ist in näherer Zukunft nicht mit einer marktbeherrschenden Stellung der kommunalen Telekommunikationsunternehmen zu rechnen[727].

---

722 *Autenrieth*, Gemeinschaftskommentar GWB, § 98, Rdnr. 82; *Harms*, BB 1986, Beil. 17, 1, 21 f.; *Ulmer*, ZHR, 146, 466, 492 f; *Kluth*, Grenzen kommunaler Wettbewerbsteilnehmer, S. 95; *Otting*, Neues Steuerungsmodell, S. 257 ff.; a.A. *Emmerich*, Immenga/Mestmäcker: GWB-Komm., § 98 Abs. 1 GWB, Rdnr. 81; *ders.*, AG 1976, 224, 229; *ders.*, AG 1985, 293, 295, *ders.*, Das Wirtschaftsrecht der öffentlichen Unternehmen, S. 317 ff., der für öffentliche Unternehmen generell eine marktbeherrschende Stellung wegen ihrer Finanzkraft annimt, etwas milder *Niederleithinger*, FIW 108, 41, 47 u. *Ulmer*, ZHR 146, 466, 493 m.w.N., die nur eine Maßnahmenverschärfung zu Lasten der öffentlichen Unternehmen vertreten.

723 Eine marktbeherrschende Stellung richtet sich nämlich nach dem sogenannten Marktmachtprinzip, d.h. sie kann sich nur auf genau abgegrenzten Märkten bilden. Daher ist zunächst der - sachlich und räumlich - relevante Markt abzugrenzen und dann der Monopolgrad zu messen, vgl. insoweit *Emmerich*, Kartellrecht, S. 178 f.. Sachlich ist der Telekommunikationsmarkt mit den Telekommunikationsdienstleistungen i.S.d. § 3 Nr. 18 u. 19 TKG klar definiert im Gegensatz zu dem räumlich relevanten Bereich, vgl. insoweit *Lampert*, WuW, 1998, 27, 30. Eine Ansicht hält insoweit den ganzen Geltungsbereich des TKG also das Staatsgebiet der BRD für die richtige Bezugsgröße in Anlehnung an die Regelung in § 21 Abs. 1 Satz 1 TKG, vgl. insoweit *Pünder*, DVBl. 1997, 1353, 1355 f., Fn. 36. Entscheidend ist letztlich aber immer der räumliche Markt auf dem Gebiet, auf das sich die Lizenz bezieht, vgl. insoweit *Holznagel/Bysikiewicz/Enaux/Nienhaus*, Grundzüge des Telekommunikationsrechts, 2000, S.47 f.

724 *Wiedemann/Wiedemann*, Hdb. Kartellrecht, § 11, Rdnr. 11, S. 48

725 *Holznagel/Bysikiewicz/Enaux/Nienhaus*, Grundzüge des Telekommunikationsrechts, S.48

726 *Emmerich*, Kartellrecht, S. 354; *Lampert*, WuW, 1998, Heft 1, 27, 32

727 So strebt die NetCologne, der Protagonist unter den kommunalen Telekommunikationsgesellschaften, 20% des Telekommunikationsmarktes im Raum Köln bis im Jahre 2005 an, vgl. insoweit http//www.netcologne.de

bb) Keine Unbilligkeit bei Beachtung wettbewerbsrechtlicher Verhaltensanforderungen

Ferner müßte das kommunale Telekommunikationsunternehmen, wenn es tatsächlich eine marktbeherrschende Stellung innehat, seine privaten Konkurrenten unbillig behindern, damit diese nach § 35 Abs.1 Satz 1 1. Alt. u. Abs. 3 GWB a. F. bzw. § 33 GWB i.V.m. § 26 Abs. 2 Satz 1 GWB a.F. bzw. § 20 Abs. 1 GWB einen Schadensersatz-, Unterlassungs- und Beseitigungsanspruch erlangen.

Nach einer von *Immenga* vertretenen Auffassung soll eine derartige Behinderung schon in der schlichten Wettbewerbsteilnahme kommunaler Telekommunikationsgesellschaften gegeben sein, wenn dadurch die privaten Konkurrenten auf dem konkreten Markt beeinträchtigt werden[728]. Als Behinderung sei dabei jede Beschränkung der Betätigungsmöglichkeiten anderer Unternehmen und insoweit wertneutral zu verstehen. Unbillig sei diese Behinderung, wenn eine Interessensabwägung ergebe, dass die Interessen der Mitbewerber gegenüber den von kommunalen Telekommunikationsgesellschaften vorzugswürdig seien. Dabei seien zwar die von ihnen verfolgten öffentlichen Zwecke berücksichtigungsfähig, müßten aber angesichts der normativen Grundentscheidung des Gesetzgebers für den freien Wettbewerb in der Regel zurücktreten[729].

Dies ist allerdings zu weit gehend, da dadurch den marktbeherrschenden Unternehmen jedweder Wettbewerb untersagt wäre. Verboten ist die Beeinträchtigung der privaten Konkurrenz durch die Marktteilnahme kommunaler Unternehmen aber erst dann, wenn ein solches Verhalten als unbillig zu bewerten ist[730]. Daher ist es auch marktstarken Unternehmen grundsätzlich erlaubt, ihre Konkurrenten zu behindern. Unbillig wird dies nur unter der Voraussetzung, dass sie im Einzelfall ihre Marktstärke übermäßig ausnutzen[731]. Dies gilt auch für die öffentlichen Unternehmen wie die kommunalen Telekommunikationsgesellschaften. Durch den Verweis auf eine mögliche Verdrängung privater Konkurrenten läßt sich der erforderliche Unwertgehalt ihrer Marktteilnahme nicht begründen, da Verdrängungseffekte systemimmanente und akzeptierte Konsequenzen des Wettbewerbs sein können[732]. Es gibt insoweit keine Bestandsgarantie für private Konkurrenten. Behinderungen, die sich aus dem Wesen des Leistungswettbe-

---

728 *Immega*, NJW 1995, 1921, 1923; so auch *Harms*, BB 1986, Heft 32, Beilage 17, 1, 20

729 *Immega*, NJW 1995, 1921, 1925

730 *v. Gamm*, NJW 1980, 2489, 2492

731 *Rittner*, in: "Wettbewerbs- und Kartellrecht", Hrsg.: ders., § 2 C) II. 2, S. 388 f.

732 *Otting*, Neues Steuerungsmodell, S. 260; a.A. *Harms*, BB 1986, Heft 32, Beilage 17, 1, 20

werbs und aus dem Einsatz wettbewerbskonformer Mittel ergeben, können nicht beanstandet werden. Für die Feststellung der Unbilligkeit der Behinderung ist eine Interessenabwägung zwischen den Interessen des betroffenen kommunalen Telekommunikationsunternehmens und denjenigen der privaten Mitbewerber vorzunehmen[733]. Dabei ist zwar das Interesse der Allgemeinheit an einem funktionsfähigen Wettbewerb zu beachten; jedoch gibt es kein abwägungsrelevantes Interesse der Privatwirtschaft, nicht staatlicher Konkurrenz ausgesetzt zu sein[734]. Die privaten Konkurrenten haben allerdings ein beachtenswertes Interesse daran, nicht durch machtbedingtes Verhalten der öffentlichen Unternehmen in ihren Wettbewerbsmöglichkeiten beeinträchtigt zu werden. Auch das marktbeherrschende öffentliche Unternehmen hat ein für die Abwägung relevantes Interesse daran, nach seinen Vorstellungen am Wirtschaftsleben teilnehmen zu können.

Folglich kann der Markteintritt oder die Tätigkeitserweiterung eines öffentlichen Unternehmens als solche in der Regel nicht als unbillig i.S.d. § 26 Abs. 2 Satz 1 GWB a.F. bzw. § 20 Abs. 1 abgewehrt werden. Angreifbar sind insoweit nur im Einzelfall konkret behindernde Verhaltensweisen[735].

3. *Zusammenfassung*

Eine generelle Marktzugangssperre für kommunale Telekommunikationsgesellschaften aufgrund struktureller Nichtleistungsvorteile kommunaler Unternehmen läßt sich wettbewerbsrechtlich durch die Bestimmungen des UWG und GWB nicht begründen. Es sind lediglich Fälle denkbar, in denen ein wettbewerbswidriges Verhalten der kommunalen Unternehmen sich nur durch deren Rückzug aus dem Markt abstellen läßt. Dies sind aber ausschließlich Verhaltensverstöße gegen Wettbewerbsregeln, insbesondere dann, wenn die Verdrängung der Konkurrenz die Aufhebung des Wettbewerbs zur Folge hätte.

---

733 *v. Gamm*, NJW 1980, 2489, 2492; *Ulmer*, ZHR 1982, 466, 493

734 *Gutsch*, Die Rechtsstellung der Postbank im nationalen und europäischen Bankenwettbewerb, S. 258

735 *Otting*, Neues Steuerungsmodell, S. 261

D) Räumliche Grenzen der Kommunalwirtschaft

Des Weiteren sind die Grenzen des Wirkungskreises der Kommunalwirtschaft für kommunale Telekommunikationsunternehmen von hohem Interesse. Denn es ist für sie wirtschaftlich entscheidend, ob die kommunalen Telekommunikationsunternehmen nur auf dem Gemeindegebiet oder auch darüber hinaus ihre Dienstleistungen erbringen dürfen[736]. Das wirtschaftliche Operieren kommunaler Unternehmen außerhalb ihres Gemeindeterritoriums wuchert seit der deutschen Wiedervereinigung aus, als viele westliche Kommunen mit staatlicher Unterstützung und auch staatlicher Veranlassung, Aufbauarbeit in den Kommunen der neuen Länder geleistet haben. Enorme, teils sonderbare Auswüchse nimmt die Kommunalwirtschaft an, wenn sie auch vor dem Telekommunikationssektor nicht Halt machen[737]. Beispielsweise bietet die AugustaKom in Augsburg ihre Telekommunikationsdienstleistungen nicht nur im Stadtgebiet von Augsburg, sondern darüber hinaus im ganzen Regierungsbezirk Schwaben und in den angrenzenden Landkreisen Neuburg an der Donau, Pfaffenhofen, Dachau, Fürstenfeldbruck, Weilheim und Landsberg, sowie Städteverbindungen nach München und Nürnberg über ein eigenes Netz an[738]. Ähnliche expansive Tendenzen sind auch bei NetCologne und anderen kommunalen Telekommunikationsunternehmen zu beobachten[739]. Daher stellt sich insbesondere aus der Sicht der privaten Konkurrenzunternehmen die Frage nach der kommunalrechtlichen Zulässigkeit dieser exterritorialen wirtschaftlichen Tätigkeit der kommunalen Telekommunikationsunternehmen.

Wann ein kommunales Unternehmen nicht auf das Gemeindegebiet beschränkt bleibt, ist gesetzlich nicht definiert. Von einer gebietsüberschreitenden wirtschaftlichen Tätigkeit kann jedoch nur dann die Rede sein, wenn Leistungen außerhalb des eigenen Gemeindegebietes bewirkt, nicht aber, wenn sie von dort bezogen werden. Letztlich kommt es darauf an, wo die eigentliche Wertschöpfung eines gemeindlichen Unternehmens erfolgt[740].

Es kann allerdings Fälle geben, in denen die Abgrenzung schwieriger ist, weil die Tätigkeiten örtliche und überörtliche Bezüge aufweisen. Das gilt etwa für den

736 *Hellermann*, Örtliche Daseinsvorsorge, S. 347

737 vgl. näher dazu *Ehlers*, DVBl. 1998, Heft 10, 497, 504 f.; *Schulz*, BayVBl. 1998, Heft 15, 449, 449

738 vgl. AugustaKom Pressemitteilung vom 2. August 1999

739 *Ehlers*, DVBl. 1998, Heft 10, 497, 504

740 *Cronauge*, der Gemeindehaushalt, 1997, 265, 268; *ders.*, Kommunale Unternehmen, Rdnr. 769s

im Zuge der Liberalisierung des Telekommunikationsmarktes denkbaren Betrieb kommunaler Telekommunikationsnetze, die als solche zwar auf das Gemeindegebiet beschränkt, aber mit der Außenwelt vernetzt sind[741]. Einzelne Länder halten die Vernetzung für das entscheidende Merkmal und nehmen deswegen eine grenzüberschreitende Tätigkeit an. Andere Länder, darunter auch Bayern, stellen nicht auf die Funktion ab, sondern bewerten örtliche und überörtliche Bezüge, und sehen den Schwerpunkt darin, daß das Netz als Institution – wenn auch verbunden mit anderen Netzen – nur in der Gemeinde zur Verfügung gestellt wird. Eine grenzüberschreitende Tätigkeit liegt nach dieser Auffassung erst dann vor, wenn die Gemeinde ihr eigenes Netz auf andere Gemeinden ausdehnt[742].

Dieser Auffassung ist zuzustimmen, da es nur durch verbundene Netze in Zusammenarbeit mit Mega-Carriern den kommunalen Telekommunikationsunternehmen möglich ist, ihren Kunden ein umfassendes Dienstleistungsangebot zu präsentieren, um sich im Wettbewerb überhaupt behaupten zu können. Letztlich entspricht dies dem zulässigen Vorgang, wenn ein kommunales Stromversorgungsunternehmen Strom von Lieferanten von außerhalb der Gemeinde bezieht, um die Nachfrage seiner Kunden befriedigen zu können.

Folglich ist im Telekommunikationssektor von einer grenzüberschreitenden Wirtschaftstätigkeit eines kommunalen Unternehmens dann auszugehen, wenn deren eigenes Telekommunikationsnetz die Gemeindegrenze überschreitet, und sie Gemeindeangehörigen in anderen Gemeinden ihre Telekommunikationsdienstleistungen anbietet.

Die gebietsüberschreitende wirtschaftliche Tätigkeit kommunaler Unternehmen ist rechtlich unproblematisch, solange sie im Rahmen kommunaler Zusammenarbeit in den hierfür von den entsprechenden Landesgesetzen zur Verfügung gestellten Rechtsformen stattfindet[743]. Bei den kommunalen Telekommunikationsunternehmen stehen allerdings die Grenzüberschreitungen in privatrechtlicher Form im Vordergrund der rechtlichen Untersuchung.

Art. 1 Abs. 3 BayKommZG und ähnliche Regelungen in den entsprechenden Gesetzen anderer Länder unterstellen immerhin, daß die Kommunen sich gemeinsam mit anderen und damit über ihre Grenzen hinweg privatrechtlich betätigen können; danach bleiben Vorschriften anderer Gesetze über die gemeinsame

741 *Hellermann*, Örtliche Daseinsvorsorge, S. 348

742 *Schulz*, BayVBl. 1998, Heft 15, 449, 450

743 Allgemein zur verfassungsrechtlichen Legitimation von Kooperation und Gemeinschaftsunternehmen *Schauwecker*, HkWP V, S. 317, 324 f.

Wahrnehmung der Aufgaben in privatrechtlicher Form unberührt. Öffentlich-rechtliche Voraussetzungen für eine derartige Zusammenarbeit werden allerdings nicht genannt.

Auffällig ist ferner in diesem Zusammenhang, dass die Gemeindeordnungen aller Länder den notwendigen Ortsbezug jeder gemeindlichen Tätigkeit besonders hervorheben. In Bayern haben die Gemeinden das "Recht die örtlichen Angelegenheiten im Rahmen der Gesetze zu ordnen und zu verwalten", vgl. Art. 1 Satz 1 BayGO, oder ihnen "steht in ihrem Gebiet die Erfüllung aller Aufgaben zu", vgl. Art. 6 Abs. 1 Satz 1 BayGO.

Die Länder Brandenburg, Nordrhein-Westfalen und Niedersachsen betonen den Ortsbezug darüber hinaus explizit in ihren Vorschriften über die wirtschaftliche Betätigung. Diese ist nach § 107 Abs. 1 GO-NW beispielsweise nur zur Erledigung von Angelegenheiten der örtlichen Gemeinschaft zulässig. Einzig die bayerische und thüringische Gemeindeordnung lassen trotz des in den allgemeinen Vorschriften hervorgehobenen Ortsbezuges erkennen, dass die Gemeindegrenzen für wirtschaftliche Betätigungen nicht undurchlässig sind. So heißt es in § 71 Abs. 4 ThürKO: „Unternehmen einer Gemeinde, die nicht auf das Gemeindegebiet beschränkt bleiben, bedürfen der Genehmigung.". In Bayern können die Unternehmen außerhalb des Gemeindegebietes tätig werden, wenn die Voraussetzungen der Wirtschaftsklauseln gegeben sind und die berechtigten Interessen der betroffenen kommunalen Gebietskörperschaften gewahrt sind, vgl. Art. 87 Abs. 2 Satz 1 BayGO[744].

Aus diesen landesgesetzlichen Regelungen läßt sich eine gewisse Tendenz zur grundsätzlichen Möglichkeit der grenzüberschreitenden Tätigkeit von kommunalen Unternehmen ablesen. Was der Bezug auf die örtlichen Angelegenheiten allerdings konkret bedeutet, kann nur mit Hilfe der verfassungsrechtlichen Grundlagen geklärt werden. Hierdurch kann letzlich auch die Frage, welchen Spielraum der Landesgesetzgeber hat, um Beschränkungen durch diesen Bezug zu lockern, und ob die oben genannten bereits bestehenden Regelungen in Thüringen und Bayern dem entsprechen, beantwortet werden.

---

744 Die erwähnten kommunalrechtlichen Vorschriften binden die Gemeinden, nicht aber gemeindliche Unternehmen in den Rechtsformen des Privatrechts. Soweit allerdings den Entscheidungen einer kommunalen Gesellschaft Entscheidungen der Gemeinde vorangehen, unterliegt diese den Vorschriften des Kommunalrechts; andernfalls könnten sich Kommunen durch den Wechsel der Rechtsform ihrer öffentlich-rechtlichen Verpflichtungen entziehen. Das gilt auch für Entscheidungen für die Ausdehnung unternehmerischer Aktivitäten über das Gemeindegebiet hinaus.

I. Verfassungsrechtlicher Meinungsstand

Art. 28 Abs. 2 Satz 1 GG gewährleistet den Gemeinden das Recht, alle Angelegenheiten der örtlichen Gemeinschaft im Rahmen der Gesetze in eigener Verantwortung zu regeln. Fraglich ist daher, ob gerade die überörtliche Wirtschaftstätigkeit der Kommunen bzw. ihrer Unternehmen dadurch ausgeschlossen ist, insbesondere unter dem Gesichtspunkt, dass jede grenzüberschreitende Aktivität der einen Gemeinde einen Verlust an dem Recht der betroffenen Gemeinde, alle örtlichen Angelegenheiten selbst zu regeln, mit sich bringt. Dies ist in der Literatur heftig umstritten.

1. Theorie vom reinen wirtschaftlichen Handeln

Im Schrifttum wird vereinzelt die Auffassung vertreten, dass die öffentliche Hand bei der Teilnahme am wirtschaftlichen Wettbewerb nicht an das bundesstaatliche Kompetenzgefüge der Art. 30, 83 ff GG gebunden sei, also extra constitutionem tätig werden dürfe[745]. Für die Kommunen bedeutet diese These, dass die Art. 28 Abs. 2 GG und die entsprechenden landesverfassungsrechtlichen Bestimmungen keine Beschränkungen der gemeindlichen Wirtschaftstätigkeit enthalten. Denn nur hoheitliches, nicht wirtschaftliches Handeln setze Kompetenzen voraus. Daher sei die Gemeinde in ihrem wirtschaftlichen Handeln nicht auf das Gemeindegebiet beschränkt. *Otting* modifiziert diese Ansicht dahingehend, dass die Kommunen jedenfalls im Rahmen der Erwerbswirtschaft jenseits des örtlichen Wirkungskreises tätig werden dürfen[746]. Auch der Städtetag Nordrhein-Westfalen hat sich ebenfalls bei der Neuregelung des § 107 GO-NW dafür ausgesprochen, die Gemeindewirtschaft nicht mehr an die Erledigung von Angelegenheiten der örtlichen Gemeinschaft zu binden[747].

2. Theorie des Verbots der Doppelverwaltung

Die zahlreichen Vertreter der sog. "Theorie des Verbots der Doppelverwaltung" sind der Gegenauffassung. Danach gilt Art. 28. Abs. 2 GG für die Gesamtheit staatlichen Wirkens und somit ebenfalls für die Teilnahme am Wirtschaftsleben.

---

[745] *Klein*, Die Teilnahme des Staates am Wirtschaftlichen Wettbewerb, S. 195; *Dickersbach*, WiVerw. 1983, 187, 192 ff; *Ossenbühl*, Bestand und Erweiterung des Wirkungskreises der Deutschen Post, S. 131; *Hellermann*, Örtliche Daseinsvorsorge, S. 157 f. u. 210; Blümel, HdStR IV, § 108 Rdnr. 8

[746] *Otting*, Neues Steuerungsmodell, S. 198 f.

[747] *Diekmann*, Wirtschaftliche Betätigung der Kommunen, Hrsg.: SPD-Lantagsfraktion NRW, S. 21, 23.

Ferner werde durch Art. 28 Abs. 2 GG und in den entsprechenden Regelungen der Länderverfassungen und durch die Kommunalgesetze der Grundsatz aufgestellt, dass die Kommunalwirtschaft der Gemeinden ausschließlich auf ihr Gebiet beschränkt sei[748].

Das kommunale Selbstverwaltungsrecht nach Art. 28 Abs. 2 GG enthalte nicht nur eine vertikale Zuständigkeitsgliederung zwischen dem Staat und den Gemeinden, mit Art. 28 Abs. 2 GG sei vielmehr auch das horizontale Nebeneinander von Gemeinden gemeint. Eine Gemeinde sei deshalb durch Art. 28 Abs. 2 GG nicht nur gegen Zugriffe des Landes und des Bundes geschützt, sondern auch gegen die Übergriffe anderer Gemeinden[749]. Dieses System der überschneidungslosen territorialen Abgrenzung der Zuständigkeitsbereiche von Verwaltungsträgern bedinge das sog. "Verbot der Doppelverwaltung", d.h. die Verhinderung konkurrierender Betätigung zweier oder mehrerer Verwaltungsinstitutionen mit identischem Handlungsauftrag in einem Gebiet[750]. Der einfache Gesetzgeber könne an dieser Kompetenzabgrenzung wenig ändern, weil die Kompetenzerweiterung einer Gebietskörperschaft aus dem innerstaatlichen Blickwinkel heraus betrachtet immer zu Lasten einer anderen gehe. Denn man könne nicht den Wirkungskreis einer Gemeinde erweitern, ohne gleichzeitig denjenigen einer anderen Gemeinde zu schmälern. Diese Schmälerung bedürfe allerdings der verfassungsrechtlichen Rechtfertigung[751].

Diese Verbandskompetenz gilt auch für den problematischen Fall, wenn Kommunen an gemischt wirtschaftlichen Unternehmen, wie dies im Telekommunikationssektor üblich ist, beteiligt sind, obwohl diese nicht der Staatssphäre zugerechnet werden können. Dies bedeutet, dass Kommunen, selbst wenn sie einen beherrschenden Einfluß auf das Unternehmen besitzen, nicht an die öffentlichrechtlichen Bestimmungen gebunden sind[752]. Jedoch dürfen sich die Kommunen grundsätzlich an gemischt-wirtschaftlichen Unternehmen nur dann beteiligen, wenn dies mit den für sie geltenden Kompetenzvorschriften vereinbar ist. Ansonsten wäre nämlich die Gemeinde als "Mutter" in der Lage, sich durch die Bildung von "Töchtern" grundlegenden verfassungsrechtlichen Bestimmungen

---

748 *Burmeister*, HkWP S. 3, 42; *Ehlers*, DVBl.1998, 497, 504; *ders.*, Verwaltung in Privatrechtsform, S. 113 ff.; *Erichsen*, Kommunalrecht, S. 274; *Held*, Organisation kommunaler Aufgabenerfüllung, Hrsg.: H.-G. Henneke, S. 113, 124; *ders.*, WiVerw. 1998, 264, 266; *ders.*, NWVBl. 1995, 325,328; Kluth, Grenzen kommunaler Wettbewerbsteilnahme, S. 38; *Lerche*, Maunz/Dürig/Herzog/Scholz, Komm. z. GG", Art. 3 GG, Rdnr. 42

749 *Held*, WiVerw. 1998, Heft 4, 264, 266

750 *Burmeister*,HkWP V, S. 3, 42

751 *Ehlers*, DVBl.1998, Heft 10, 497, 504

752 *Ehlers*, JZ, 1990, 1089, 1096

zu entziehen[753]. Daher ist es einer Kommune nach der hier dargestellten Auffassung verboten, Anteile an einer Gesellschaft zu erwerben, die sich überwiegend an Gebietsfremde wendet[754].

3. Theorie der "örtlichen Radizierung"

Nach den Vertretern der sog. Theorie "der örtlichen Radizierung" ist die kommunale Wirtschaft nicht streng auf das Territorium der Gemeinde beschränkt[755]. Hauptargument dieser Auffassung ist, dass sich aus Art. 28 Abs. 2 Satz 1 GG zwar ein vertikales, hingegen aber kein horizontales Kompetenzverteilungssystem ergebe. Dies resultiere daraus, dass das Merkmal "örtlich" i.S.d. Art. 28 Abs. 2 Satz 1 GG ein materielles, aber kein räumliches "Örtlichkeitsprinzip" festlege. Denn nach der Definition des Bundesverfassungsgerichts[756] seien Angelegenheiten des örtlichen Wirkungskreises "nur solche Aufgaben, die in der örtlichen Gemeinschaft wurzeln oder auf die örtliche Gemeinschaft einen spezifischen Bezug haben würden und von der örtlichen Gemeinschaft eigenverantwortlich und selbständig bewältigt werden könnten". Der Begriff "örtliche Angelegenheit" statuiere folglich keine kartographische Begrenzung der Reichweite kommunalen Handelns im Sinne einer räumlichen Fixierung auf das Gemeindegebiet, sondern diene vielmehr zur Bestimmung der Gemeinschaft, deren Angelegenheiten von der Gemeinde wahrzunehmen sind[757].

II. Diskussion

Auch wenn der Teilnahme am Wirtschaftsleben eine Tendenz zur Expansion und Grenzüberschreitung immanent ist, und dies durch die Brille der Kommunalwirtschaft betrachtet auch wünschenswert ist, ist m.E. die Theorie vom "reinen wirtschaftlichen Handeln", die davon ausgeht, dass die Verbandskompetenz des Art. 28 Abs. 2 GG grundsätzlich für die wirtschaftliche Betätigung nicht gilt und die Gemeindegrenzen folglich hierfür generell ohne Bedeutung sind, abzulehnen. Für diese Ansicht bietet weder das Grundgesetz noch das kommunale Verfas-

---

753 *Cronauge*, Kommunale Unternehmen, S. 241, Rdnr. 769v

754 *Ehlers*, DVBl. 1998, Heft 10, 497, 504

755 *Albrecht*, ZUR 1995, 233, 235; *Heberlein*, DÖV 1996, 100, 102; *Schmidt-Jortzig*, Kommunalrecht, Rn. 66; *Moraing*, WiVerw. 1998, 233, 244 f.; *Otting*, Neues Steuerungsmodell, S. 134 –135; *Schulz*, BayVBl. 1998, 449, 451; *Bosse*, DÖV 1983, 74, 74 f.; BVerwG, DÖV 1983, 73, 73 f.; *Decker*, in: Held u.a. (Hrsg.), Kommunalverfassungsrecht NW, § 107 GO Erl. 4.1.

756 BVerfGE 8, 123, 134; 50, 195, 201

757 *Heberlein*, DÖV 1996, 100, 102

sungsrecht insoweit einen signifikanten Ansatz. Vielmehr bleibt grundsätzlich die öffentliche Verwaltung auch dann Verwaltung, wenn sie wirtschaftet[758].

Somit ist es nicht verständlich, einerseits die wirtschaftliche Betätigung der Kommunen als materielle Verwaltung zu begreifen, andererseits die Bindung an die Zuständigkeitsregelungen für die Verwaltungskompetenz der Gemeinden, zu negieren. Träger von Staatsgewalt dürfen aber, gerade auch in einer privatrechtlichen Organisationsform, nur innerhalb ihres Wirkungskreises tätig werden[759]. Dies gilt für die Gesamtheit staatlichen Wirkens und damit ebenfalls für die Teilnahme am Wirtschaftsleben. Ein Splitting kommunaler Territorialkompetenz in einen wirtschaftlichen und einen nicht wirtschaftlichen Bereich würde zudem dem Grundsatz widersprechen, dass die von einer Gemeinde verselbständigten Organisationseinheiten keine weitergehenden kommunalverfassungsrechtlichen Kompetenzen für sich in Anspruch nehmen können als die Kommune selbst. Anderenfalls wäre nämlich die Kommune als "Mutter" in der Lage, sich durch die Bildung von Töchtern grundlegenden verfasssungsrechtlichen Bindungen entziehen zu können[760].

Ferner ist es sicherlich inkonsequent, die Selbstverwaltungsgarantie zwar für die wirtschaftliche Betätigung der Kommunen in Anspruch zu nehmen, die mit dem Selbstverwaltungsrecht verbundenen Begrenzungen auf die örtlichen Angelegenheiten dagegen generell in Abrede zu stellen.

Folglich ist Art. 28 Abs. 2 Satz 1 GG auch für die gemeindliche Wirtschaftstätigkeit anwendbar. Es stellen sich daher zwei weitere Fragen: ob, und wenn ja inwieweit und unter welchen Voraussetzungen kommunale Unternehmen jenseits der Gemeindegrenzen wirtschaften dürfen.

1. Grundsätzliche Zulässigkeit grenzüberschreitender kommunaler Wirtschaftstätigkeit

Ob die Kommune grundsätzlich über ihre Gemeindegrenzen hinaus wirtschaftlich tätig sein darf, entscheidet sich zwischen der Theorie des Verbots der Doppelverwaltung und der Theorie der "örtlichen Radizierung". Entscheidendes Differenzierungskriterium ist dabei, ob Art. 28 Abs. 2 Satz 1 GG neben der unstrittigen vertikalen Kompetenzverteilung zwischen den Gemeinden und dem

758 *Ehlers*, DVBl. 1998, Heft 10, 497, 504

759 *Held*, Organisation kommunaler Aufgabenerfüllung, Hrsg.: H.-G. Henneke, S. 113, 124

760 *Cronauge*, Kommunale Unternehmen, S. 241, Rdnr. 769v

Staat (Bund und Land), sowie den Gemeinden und den Landkreisen, auch eine horizontale Abgrenzung von Zuständigkeiten zwischen den kommunalen Gebietskörperschaften gleicher Ebene untereinander fordert.

Die Definition der örtlichen Angelegenheiten durch das Bundesverfassungsgericht macht mit den Worten "wurzeln" und "Bezug haben" zwar die Notwendigkeit eines örtlichen Ursprungs, also einer gewissen Rückführung auf die territorial definierte Gemeinschaft, deutlich, stellt aber ersichtlich nicht auf eine schlichte kartographische Abgrenzung der örtlich begründeten Aktivitäten ab[761]. Offensichtlich befassen sich die Bundesverfassungsgerichtsentscheidungen, in denen die örtlichen Angelegenheiten definiert werden, ausschließlich mit Fragen der vertikalen Kompetenzverteilung und dem Örtlichkeitsprinzip im materiellen Sinne, nicht dagegen mit der horizontalen Zuständigkeitsverteilung[762].

Eine Veränderung erfuhr die Definition der örtlichen Angelegenheiten durch die sog. Rastede-Entscheidung[763], die nicht mehr auf die Möglichkeit eigenverantwortlicher und selbständiger Bewältigung, sondern darauf abstellt, dass die Angelegenheiten "den Gemeindeeinwohnern gerade als solchen gemeinsam sind, indem sie das Zusammenleben und -wohnen der Menschen in der Gemeinde betreffen; auf die Verwaltungskraft der Gemeinde kommt es hierfür nicht an". Durch den Verzicht auf die Leistungsfähigkeit als konstituierendes Merkmal der Örtlichkeit einer Aufgabe läßt sich letztlich die notwendige überörtliche Zusammenarbeit über die eigenen Gemeindegrenzen hinweg durch gemeindliche Zusammenarbeit grundsätzlich ermöglichen[764]. Die Rastede-Entscheidung macht ferner deutlich, dass die genaue Bestimmung der örtlichen Angelegenheiten letztlich eine Einzelfallentscheidung darstellt[765], so dass die örtliche Radizierung nicht an einer Meßlatte schematisch abgegriffen werden kann[766].

Die gegenteilige Auffassung der Theorie des Verbots der Doppelverwaltung erscheint demgegenüber als zu starr und einseitig[767]. Sie begrenzt nämlich die kommunale Verwaltungserfüllung einschließlich der Wirtschaftsbetätigung i.S.d. Daseinsvorsorge im geordneten Nebeneinander streng abgegrenzter Zuständigkeitsbereiche strikt auf das Gemeindegebiet. Diese Ansicht stützt sich auf eine

761 *Heberlein*, DÖV 1996, 100, 102
762 vgl. BVerfGE 8, 122, 123,134; 50, 195, 201; 79, 127, 151 f.
763 BVerfGE 79, 127, 151 f.
764 *Waechter*, in: "Kommunalrecht", Hrsg.: ders., 3. Aufl., Rdnr. 630
765 BVerfGE 79, 127, 152
766 *Faber*, in: "Alternativkommentar zum Grundgesetz", 2. Aufl., 1989, Art. 28 GG, Rdnr. 34
767 so auch *Hellermann*, Örtliche Daseinsvorsorge, S. 157 f.

Entscheidung des Bundesverwaltungsgerichtes zum interkommunalen Abstimmungserfordernis im Zusammenhang mit der kommunalen Planungshoheit[768]. Art. 28 Abs. 2 Satz 1 GG kommt in diesem Bereich sicherlich eine horizontale interkommunale Zuständigkeitswirkung zu. Daraus läßt sich allerdings keine generelle horizontale Zuständigkeitswirkung begründen, da die Kernaussagen der Entscheidung zur kommunalen Planungshoheit nicht auf wirtschaftliche Betätigungen kommunaler Unternehmen im Wettbewerb übertragen werden können. Hier stoßen nämlich konkurrierende Wirtschaftsunternehmen nicht, wie bei der kommunalen Planungshoheit, hoheitliche Befugnisse gegeneinander[769].

Ferner spricht auch das Sparkassenrecht gegen eine strenge Begrenzung der örtlichen Angelegenheiten auf das Gemeindegebiet. Wegen der kommunalen Verwurzelung der Sparkassen und der von ihnen zu erfüllenden öffentlichen Aufgaben ist die Problematik mit der im kommunalen Wirtschaftsrecht verwandt und somit vergleichbar. Dies ergibt sich vor allem daraus, dass die Sparkassen eine Anstalt des Gewährträgers sind und die Gewährträger ausschließlich kommunale Gebietskörperschaften sein können[770]. Im Sparkassenrecht sind die Gesetzgeber einiger Länder davon ausgegangen, dass das kommunale Selbstverwaltungsrecht dem Regionalprinzip, also einer grenzüberschreitenden Tätigkeit, nicht entgegensteht[771]. Dies wird auch von der einschlägigen Rechtsprechung getragen[772].

Für die Möglichkeit der grenzüberschreitenden Wirtschaftstätigkeit der Kommunen spricht ferner die Wertung, dass bei der Bestimmung der örtlichen Angelegenheiten auch sozioökologische Verflechtungen über die Gemeindegrenzen hinaus zu berücksichtigen sind. Aus diesem Grund können Verkehrsprojekte mit regionaler Bedeutung für die Ballungsräume noch zu den Angelegenheiten der örtlichen Gemeinschaft gehören[773]. Der Gesichtspunkt der sozioökonomischen Verflechtung ist gerade für ein orts- bzw. regionalspezifisches Angebot an Telekommunikationsdienstleistungen von Bedeutung, da hierdurch sowohl die menschlich, als auch ökonomisch gewachsenen Kontakte der Gemeindeeinwohner zu den Menschen im Umland zu annehmbaren Konditionen aufrechterhalten

---

768 BVerwGE 40, 323, 329 f.; BVerwG, DVBl. 1990, 427, 429

769 *Moraing*, WiVerw. 1998, 233, 246.; *Schulz*, BayVBl. 1998, Heft 15, 449, 452

770 BFH, WM 1974, 25, 25

771 vgl. § 2 Abs. 4 BaySpkO, § 1 Abs. 3 HessSpkG, § 1 Abs. 2 SpG NRW, § 1 Abs. 3 SpG-RP

772 OVG Koblenz, NVwZ -RR 1992, 240,240; BVerwG, DÖV 1983, 73, 73 f.; *Bosse*, DÖV 1983, 74, 74

773 *Faber*, in: "Alternativkommentar zum Grundgesetz", 2. Aufl., 1989, Art. 28 GG, Rdnr. 34

werden können[774]. Hierfür spricht hauptsächlich die sehr günstige Preisgestaltung vieler kommunaler Telekommunikationsunternehmen im Ortsbereich, der oft bis zu 20 km über die Stadtgrenzen hinausragt. Hiervon profitieren auch die Nachbargemeinden und deren Einwohner, da auch sie dieses Angebot nutzen können. Solange die Aufgabe, wie hier, auch unmittelbar in die Ortsinstanz der Nachbargemeinde hineinragt, geht der räumliche Bezug hierdurch nicht verloren[775].

Schließlich ist zu berücksichtigen, dass der Begriff der örtlichen Gemeinschaft durch die wirtschaftliche, auch versorgungswirtschaftliche, soziale und kulturelle Entwicklung viel von seiner Kohärenz verloren hat, so dass es schon deswegen schwierig geworden ist, im Einzelfall exakt zwischen örtlichen und überörtlichen Bezügen zu differenzieren[776].

Zusammenfassend ist daher festzustellen, dass ein Örtlichkeitsprinzip im Sinne einer schlichten, durch das Gemeindegebiet definierten, räumlichen Begrenzung gemeindlichen Handelns außerhalb des hoheitlichen Tätigkeitsbereichs nicht besteht. Die Theorie des Verbots der Doppelverwaltung ist somit abzulehnen. Denn die Gebietsüberschreitung als solche bedeutet nicht zwingend, dass der Bereich der örtlichen Angelegenheiten verlassen wird. Es unterliegt vielmehr der Einzelfallentscheidung[777] unter Berücksichtigung der historischen Entwicklung und der für das Bild der Gemeinde typusbestimmenden faktischen Entwicklung, ob die Überschreitung noch örtlich radiziert ist[778]. Hierbei steht den Kommunen eine von der Kommunalaufsicht und Rechtsprechung zu respektierende Einschätzungsprärogative zu[779].

Sicherlich ist die Telekommunikation bei ausschließlicher historischer Betrachtung keine örtliche Angelegenheit der Kommunen, da sie niemals in ihrem Zuständigkeitsbereich lag. Wenn man dagegen den Bestand von derzeit 83 kommunalen Telekommunikationsunternehmen betrachtet und den Maßstab einer dynamischen Auslegung, die nicht starr am Status-Quo festhält, der Prüfung zu Grunde legt, gehören die kommunalen Telekommunikationsunternehmen fak-

---

774 *Hellermann*, Örtliche Daseinsvorsorge und gemeindliche Selbstverwaltung, S. 347 f.

775 *Stern*, Bonner Komm. zum Grundgesetz, Band 4, Art. 28, Rdnr. 90

776 *Maunz*, Komm. zum Grundgesetz, Hrsg.: Maunz/Dürig/Herzog/Scholz; Art. 28 GG, Rdnr. 61 bis 63

777 *Faber*, in: "Alternativkommentar zum Grundgesetz", 2. Aufl., 1989, Art. 28 GG, Rdnr. 34

778 BVerfGE 11, 266, 274; stärker historisierend BVerfGE 6, 342, 345; 18, 135, 142; *Jarass/Pieroth*, Komm z. Grundgesetz, Art. 28 GG, Rdnr. 6; *Löwer*, Grundgesetz- Komm., Hrsg.: Münch/Kunig, Art. 28, Rdnr. 45; *Waechter*, Kommunalrecht, Rdnr. 65

779 *Cronauge*, Kommunale Unternehmen, S. 241, Rdnr. 769r; *ders.*, der Gemeindehaushalt 1997, 265, 268

tisch zum typusbestimmenden Bild der Gemeinde. Somit ist davon auszugehen, dass die Telekommunikation grundsätzlich zu den örtlichen Angelegenheiten zählt. Das grenzüberschreitende Wirtschaftshandeln der kommunalen Telekommunikationsgesellschaften läßt sich auch örtlich radizieren. Denn Leitungssyteme, wie die eines gemeindeeigenen Strom- aber auch Telekommunikationsnetzes wurzeln, im wahrsten Sinne des Wortes dort, wo sie ihren Ursprung nehmen, also im eigenen Gemeindegebiet. Somit besteht unweigerlich ein Bezug auf die örtliche Gemeinschaft der Betreibergemeinde. Insoweit ist also von einer örtlichen Radizierung der grenzüberschreitenden wirtschaftlichen Betätigung kommunaler Telekommunikationsunternehmen auszugehen.

2. *Konkrete Zulässigkeitsvoraussetzungen für das grenzüberschreitende Wirtschaftshandeln der Kommune*

Damit ist allerdings noch nichts darüber ausgesagt, inwieweit und unter welchen konkreten Voraussetzungen die grenzüberschreitende Tätigkeit der Kommunen konkret zulässig ist.

a) Öffentliche Zweckbindung der gebietsüberschreitenden wirtschaftlichen Betätigung von Kommunen

Hinsichtlich jeder wirtschaftlichen Betätigung der Kommunen ist grundsätzlich entscheidend, ob sie einem öffentlichen Zweck dient oder durch ihn gerechtfertigt ist. Daher ist eine grenzüberschreitende Wirtschaftstätigkeit nur dann zulässig, wenn ein öffentlicher Zweck auch die Überschreitung erfordert oder rechtfertigt.

Unter Zugrundelegung der bisher ganz herrschenden Meinung stellt die alleinige oder vorrangige Absicht der Gewinnerzielung keinen derartigen öffentlichen Zweck für Rechtfertigung der Grenzüberschreitung dar. Dieser Zweck stellt allerdings meistens bei der Entscheidung für eine wirtschaftliche Betätigung über das Gemeindeterritorium hinaus den eigentlichen Antrieb dar. Aus diesem Grund ist die deutlich zu weitgehende Auffassung, dass eine über das Gemeindegebiet hinausgehende wirtschaftliche Tätigkeit dann zulässig sei, wenn nach der Natur der Betätigung nicht nur Gemeindeeinwohner berücksichtigt werden können, oder aus wirtschaftlichen Gründen eine Leistung für mehrere Gemeinden notwendig ist[780], abzulehnen.

Als öffentliche Zwecke, die ein Ausgreifen erfordern bzw. rechtfertigen, sind in diesem Zusammenhang u.a. die Erhaltung oder Steigerung der Rentabilität vorhandener Anlagen durch bessere Auslastung[781], die Reduzierung des in die Kernstadt einfließenden Individualverkehrs durch Betrieb "grenzüberschreitender" Verkehrslinien[782], die bessere Ausnutzung der Bezugsverträge eines kommunalen Stromversorgungsunternehmens durch Aquirierung von Kunden in Nachbargemeinden oder die Beteiligung an Unternehmen anderer Kommunen, um durch Vergrößerung der Marktmacht verbesserte Bezugsbedingungen zu erreichen[783], zu nennen.

aa) Besonderheiten bei kommunalen TK-Unternehmen

Sicherlich können die öffentlichen Zwecke, die kommunale Telekommunikationsunternehmen bzw. die Beteiligungen an ihnen innerhalb des Gemeindegebietes rechtfertigen, auch ebenso gut eine Grenzüberschreitung rechtfertigen. Hierbei sei ein besonderes Augenmerk auf den öffentlichen Zweck der Wirtschaftsförderung gerichtet, der per se wesentlich effektiver im Sinne des Wohls der eigenen Gemeindeeinwohner betrieben werden kann, wenn er auch auf das Umland der Kommune bezogen werden kann[784].

Für die wirtschaftliche Betätigung auf dem Telekommunikationssektor sind jedoch die Besonderheiten des liberalisierten und wettbewerbsorientierten Marktes bei der Frage der Grenzüberschreitung zu berücksichtigen. Insoweit ist bei der Telekommunikation, auch wenn sie nicht zum klassischen Aufgabengebiet der Gemeinden und zum Kernbereich der Selbstverwaltungsgarantie des Art. 28 Abs. 2 Satz 1 GG zählt, eine Orientierung an dem Stromversorgungsunternehmen wegen der Parallele der Problemstellungen angezeigt. Gerade wenn

---

780 *Decker*, in: Held u.a. (Hrsg.) "Kommunalverfassungsrecht NW", § 107 GO, Anm. II.2; *Moraing*, "Beiträge zur kommunalen Versorgungswirtschaft", Heft 84, 1995, S. 31; *Otting*, Neues Steuerungsmodell, S.135; *Pünder*, DVBl. 1997, 1353, 1359; *Hellermann*, Örtliche Daseinsvorsorge, S. 347

781 *Schmidt-Jortzig*, HkWP V, S. 63

782 *Schulz*, BayVBl. 1998, Heft 15, 449, 452

783 *Moraing*, WiVerw. 1998, Heft 4, 233, 246; *Kühne*, RdE 1998, 41, 48

784 *A.A Faber*, in: "Alternativkommentar zum Grundgesetz", 2. Aufl., 1989, Art. 28 GG, Rdnr. 34, der die Wirtschaftsförderung grundsätzlich als überregional ausgerichtet betrachtet und daher generell eine örtliche Radizierung jeglicher Wirtschaftsförderung ablehnt, allerdings ohne Begründung.

kommunale Telekommunikationsunternehmen verfassungsrechtlich nach Art. 87 f Abs. 2 Satz 1 GG und bundesrechtlich nach § 50 TKG zulässig sind und im Sinne des hierdurch gebotenen Wettbewerbs, vor allem im lokalen und regionalen Bereich, sogar dringend erforderlich sind, erscheint eine verfassungskonforme Auslegung bei den kommunalrechtlichen Voraussetzungen der Gebietsüberschreitung dahingehend notwendig, dass, wie bei der Energieversorgung[785], ein lediglich mittelbarer Bezug zur jeweiligen örtlichen Gemeinschaft auch für eine erforderliche öffentliche Zweckbindung im Telekommunikationssektor ausreicht. Somit ist in jedem Fall eine Rechtfertigung der gebietsüberschreitenden Wirtschaftstätigkeit kommunaler Telekommunikationsunternehmen durch den öffentlichen Zweck, der lokalen und regionalen Wirtschaftsförderung, die nur mittelbar durch die kommunalen Telekommunikationsunternehmen erzielt werden kann, gedeckt.

bb) Spannungsfeld zwischen rein erwerbswirtschaftlichen Motiven und den Erfordernissen des Rentabilitätsgebotes

Die gerade skizzierte öffentliche Zweckbindung der grenzüberschreitenden Wirtschaftsaktivitäten der kommunalen Telekommunikationsunternehmen ist dann hinfällig, wenn die einzige Motivation hierfür die Gewinnmaximierung ist, der Unternehmenszweck folglich rein erwerbswirtschaftlich ist. Für eine dahingehende Vermutung spricht im Telekommunikationsbereich die Tatsache, dass die technischen und personellen Voraussetzungen zum Betrieb eines auf das Gemeindegebiet beschränkten Tätigkeitsbereichs die gleichen sind, wie die für eine Ausdehnung auf die Region. Zudem können mit der Ausdehnung des Geschäftsgebietes mehr Kunden angesprochen werden und somit kann letztlich ein höherer Gewinn mit relativ geringem Mehraufwand für die zusätzliche Infrastruktur erwirtschaftet werden[786].

Andererseits gebietet gerade das Rentabilitätsgebot und der Rationalitätsgrundsatz, dass die Gemeinden mit ihren vorhandenen Kapazitäten effektiv und wenn möglich gewinnbringend wirtschaften sollen[787].

Die öffentliche Zweckbindung der gebietsüberschreitenden Wirtschaftstätigkeit steht also in einem Spannungsfeld zwischen rein erwerbswirtschaftlichen Motiven und den Anforderungen des Rentabilitätsgebotes. Entscheidend ist daher, wo

---

785 vgl. insoweit *Kühne*, RdE 1998, 41, 48

786 so auch *Schulz*, BayVBl. 1998, Heft 15, 449, 451; *Hellermann*, Örtliche Daseinsvorsorge, S. 347

787 *Glauben*, ZG 1997, 148, 160 f.

der vom Rentabilitätsgebot legitimierte Tätigkeitsbereich endet und wo die rein erwerbswirtschaftlich unzulässig motivierte Tätigkeit beginnt.

Geboten ist insofern eine wirtschaftliche Betrachtungsweise. Dies ergibt sich letztlich schon allein aus dem Faktum, dass es sich hier um eine Beurteilung handelt, die im öffentlichen Wirtschaftsrecht angesiedelt ist. Einzig durch die wirtschaftliche Betrachtungsweise läßt sich ein flexibles und den modernen Anforderungen liberalisierter Märkte entsprechendes Tätigkeitsgebiet abgrenzen. M. E. ist daher die Grenze zwischen der von rein erwerbswirtschaftlicher Motivation geprägten und der vom Rentabilitätsgebot erfaßten grenzüberschreitenden Wirtschaftstätigkeit an dem Punkt erreicht, wo der wirtschaftliche Schwerpunkt des kommunalen Telekommunikationsunternehmens nicht mehr auf dem Gebiet der Kommune liegt, sondern im darüber hinausgehenden Umland[788]. Entscheidend für die räumliche Zuordnung ist hierbei der Wohnort des Kunden, der die Angebote der kommunalen Telekommunikationsgesellschaften wahrnimmt. Der wirtschaftliche Schwerpunkt ist m.E. von der Höhe des Umsatzes in den zwei genannten Teilbereichen abhängig. Dies bedeutet, dass dann, wenn der Umsatz mit Telefonkunden außerhalb des Gemeindegebietes den Umfang des Umsatzes mit Gemeindeeinwohnern übersteigt, m.E. von einer ausschließlich erwerbswirtschaftlichen Motivation der gebietsüberschreitenden Tätigkeit auszugehen ist, die nicht mehr vom Rentabilitätsgebot erfasst wird.

Ferner müssen die für die gebietsüberschreitende kommunale Wirtschaftstätigkeit erforderlichen Investitionen, beispielsweise für den hierfür nötigen Infrastrukturaufbau, durch die hierdurch zu erzielenden Einnahmen finanziert werden, nicht etwa durch die Einnahmen, die im Gemeindegebiet erzielt werden. Kurzum, die grenzüberschreitende wirtschaftliche Tätigkeit muß sich selbst finanziell tragen, damit ihre örtliche Radizierung sichergestellt ist.

Das grenzüberschreitende wirtschaftliche Engagement ist daher dann nicht rein erwerbswirtschaftlich motiviert und somit per se von einem öffentlichen Zweck gerechtfertigt, wenn der außerhalb des Gemeindegebietes erzielte Umsatz den innerhalb der Gemeinde erzielten nicht übersteigt bzw. übersteigen wird und die für die Grenzüberschreitung erforderlichen Investitionen sich selbst tragen.

---

[788] im Ergebnis auch *Cronauge*, Kommunale Unternehmen, S. 241, Rdnr. 769s, der allerdings auf die "Wertschöpfung" an sich als Differenzierungskriterium abstellt; noch weitergehend *Hellermann*, Örtliche Daseinsvorsorge, S. 213, nach dem die kommunale Wirtschaftstätigkeit dort endet, wo kein sachlicher Bezug mehr zur Versorgungstätigkeit im eigenen Gemeindegebiet besteht

b) Zustimmungserfordernis der betroffenen Nachbargemeinden

Als weitere Zulässigkeitsvoraussetzung zur öffentlichen Zweckbindung wird von einem Teil im Schrifttum gefordert, dass eine gebietsüberschreitende Wirtschaftstätigkeit einer Kommune gem. Art. 28 Abs. 2 Satz 1 GG immer der Zustimmung der betroffenen (Nachbar-) Gemeinden bedarf[789]. So generell kann dieser Ansicht jedoch nicht zugestimmt werden.

aa) Normiertes Zustimmungsgebot

Ein Zustimmungserfordernis für die Gebietsüberschreitung ist jedenfalls dann unproblematisch, wenn ohnehin das Einvernehmen der betroffenen Gemeinde nötig ist. Dies gilt hauptsächlich in den monopolistisch geordneten Verwaltungstätigkeiten, für die auch ein Recht zur Ausübung des Anschluß- und Benutzungszwanges besteht, wie z.B. bei Abwasser- und Abfallentsorgung, sowie für Tätigkeiten, für die Konzessionsverträge nötig sind, etwa die Versorgung von Stromabnehmern über direkte Leitungen[790]. Für den Telekommunikationssektor schreibt der Bundesgesetzgeber in § 50 Abs. 3 Satz 1 TKG insoweit lediglich vor, dass die Verlegung neuer Telekommunikationslinien[791] und die Änderung vorhandener Telekommunikationslinien der Zustimmung der Träger der Wegebaulast, also der Gemeinden bei Gemeindestraßen, bedürfen. Hiervon wird allerdings nur der grenzüberschreitende Tätigkeitsbereich kommunaler Telekommunikationsunternehmen erfaßt, der den Aufbau eines eigenen Telekommunikationsnetzes auf einem fremden Gemeindeterritorium beinhaltet. Dieses Zustimmungserfordernis in § 50 Abs. 3 Satz 1 TKG beruht ausschließlich auf der Planungshoheit der Gemeinden und berührt nicht den Schutzbereich des Art. 28 Abs. 2 GG[792]. Eine Verweigerung der Zustimmung in diesem Zusammenhang ist gem. § 50 Abs. 3 Satz 3 TKG ausschließlich aus technischen Gesichtspunkten möglich.

---

789 Vgl. hierzu: Bericht des Unterausschusses "Kommunale Wirtschaft" des AK III der Innenministerkonferenz, Wirtschaftliche Betätigung der Kommunen in neuen Geschäftsfeldern, März 1998, S. 36 f.; *Held*, WiVerw. 1998, 264, 266 f.; *Schönershofen/Binder-Falcke*, VR 1997, 109, 111; *Spannowsky*, RdE 1995, 135, 137

790 *Schulz*, BayVBl. 1998, Heft 15, 449, 452

791 Unter Telekommunikationslinien versteht man gem. § 3 Nr. 20 TKG unter- oder oberirdisch geführte Telekommunikationskabelanlagen einschließlich ihrer zugehörigen Schalt- und Verzweigungseinrichtungen, Masten und Unterstützungen, Kabelschächte und Kabelrohre.

792 Vgl. BVerfGE 56, 298, 320 ff; BVerfG NVwZ 1996, 261, 261; BVerfG Beschluß vom 7.1.1999 – 2 BvR 929/97, MMR 1999, 355, 356 f.; Anmerkungen hierzu von *Müller-Terpitz*, MMR 1999, 357, 358

bb) Allgemeines Zustimmungsgebot

Hiervon sind allerdings die Fälle zu unterscheiden, in denen kommunale Telekommunikationsunternehmen der Gemeinde A einen Kunden in der Gemeinde B über das Netz eines Dritten mit Telekommunikationsdienstleistungen versorgen. Hier fordert die oben angeführte Ansicht ebenfalls eine ausdrückliche Zustimmung der betroffenen Gemeinde. Diese Auffassung ist jedoch strikt abzulehnen. Sie basiert auf der Rechtsprechung zum interkommunalen Abstimmungsgebot im Zusammenhang mit der kommunalen Planungshoheit[793]. Dies läßt sich allerdings nicht auf die wirtschaftliche Betätigung übertragen, da hier nicht hoheitliche Befugnisse, sondern wirtschaftliche Konkurrenten aufeinander stoßen[794]. Zudem ist eine Verweigerung der Zustimmung in diesem Bereich ausschließlich aus planungsrechtlichen Gesichtspunkten möglich.

Für die Ablehnung dieser Ansicht spricht ferner, dass die Gruppe von Gebietsüberschreitungen, bei denen das Einvernehmen der betroffenen Gemeinde nicht gesetzlich vorausgesetzt wird, zunimmt. So ist ein kommunaler Energieversorger, wenn er Kunden in einer anderen Gemeinde über das Netz eines Dritten mit Strom versorgt, nach der Reform des Energiewirtschaftsgesetzes nicht von der Zustimmung der betroffenen Gemeinde abhängig. Gleiches gilt nach dem BayÖPNVG, wenn ein kommunales Unternehmen eine Eisenbahnlinie durch das Gebiet anderer Gemeinden auf den Strecken der DB betreibt. Auch im, dem kommunalen Wirtschaftsrecht verwandten, Sparkassenrecht ist die grenzüberschreitende Tätigkeit entweder schon nach Anhörung der betroffenen Gemeinde auch ohne deren Zustimmung möglich[795] oder, wenn eine Zustimmung gesetzlich erforderlich ist, dann nur mir einer Zustimmung von der Aufsichtsbehörde bzw. vom zuständigen Ministerium[796].

Wenn Art. 28 Abs. 2 GG tatsächlich ein Zustimmungserfordernis enthalten würde, würde er eine Norm zum Nachteil der Kommunen darstellen und dies nicht nur, weil er einen fairen Wettbewerb verhindern würde. Hierdurch wäre nämlich kein kommunales Wirtschaftsunternehmen in der Lage, wenn private Konkurrenten im Strom- oder Telekommunikationssektor auf dem Gemeindegebiet Kunden abwerben, zum Ausgleich für ihre verlorenen Kunden, dem Konkurrenten in dessen Tätigkeitsgebiet außerhalb der Gemeinde ihrerseits Kunden abzu-

---

793 BVerwGE, 40, 323, 329 f.; BVerwG, DVBl. 1990, 427, 429

794 *Moraing,* WiVerw. 1998, Heft 4, 233, 246; *Schulz,* BayVBl. 1998, Heft 15, 449, 452

795 vgl. § 2 Abs. 4 BaySpkO, § 1 Abs. 3 HessSpkG, § 1 Abs. 2 SpG NRW, § 1 Abs. 3 SpG-RP

796 vgl. zum Ganzen *Schulz,* BayVBl. 1998, Heft 15, 449, 452

werben. Die betroffenen Gemeinden werden nämlich, wenn sie mit dem Konkurrenten einen Konzessionsvertrag im Stromsektor abgeschlossen haben oder in einem Vertragsverhältnis bezüglich der eigenen Versorgung mit Telekommunikationsdienstleistungen stehen, schon aus Rücksicht auf ihren Vertragspartner die nötige Zustimmung verweigern. Dies hätte unweigerlich zur Folge, dass die Tochterunternehmen der Stadtwerke nicht nur im Energie- und Telekommunikationsbereich, sondern auch auf den liberalisierten Märkten generell auf die Dauer nicht bestehen könnten und somit die durch Art. 28 Abs. 2 GG gerade geschützte kommunale Wirtschaftstätigkeit weitgehend zugunsten der Privatwirtschaft beschnitten würde. Dieses Ergebnis ist nicht mit dem eigentlichen Schutzcharakter der kommunalen Selbstverwaltungsgarantie gem. Art. 28 Abs. 2 GG vereinbar[797]. Folglich wäre bei einer grenzüberschreitenden Wirtschaftstätigkeit kommunaler Unternehmen ein generelles Zustimmungserfordernis der betroffenen Gemeinden nur dann denkbar, wenn den Gemeinden auch ein Abwehrrecht gegenüber privaten Wettbewerbern auf ihrem Gemeindegebiet aufgrund der Selbstverwaltungsgarantie zustünde[798]. Dies ist aber mit der h. M. nicht vereinbar[799], würde die Wirtschaftsfreiheit in ihren Grundfesten erschüttern und zudem den Sinn und Zweck jeglicher Liberalisierung ad absurdum führen.

Es ist also festzustellen, dass eine Zustimmung der von einer Gebietsüberschreitung eines kommunalen Unternehmens betroffenen Gemeinden nach Art. 28 Abs. 2 GG nicht erforderlich ist.

cc) Allgemeines Rücksichtnahmegebot

Hiervon zu unterscheiden ist jedoch die Möglichkeit für die Landesgesetzgeber als Minus zum allgemeinen Zustimmungserfordernis, ein allgemeines Rücksichtnahmegebot[800] zu statuieren, indem man die Gemeinden wechselseitig verpflichtet, bei wirtschaftlichen Betätigungen außerhalb des Gemeindegebietes, jeweils die Interessen der hiervon betroffenen Kommune zu berücksichtigen, vgl. insoweit Art. 87 Abs. 2 Satz 1 1. Halbsatz BayGO. Dies ist nur möglich, weil hierdurch im Gegensatz zum generellen Zustimmungsgebot kein einseitiger Nachteil für die Kommunalwirtschaft gegenüber der privaten Konkurrenz entsteht. Das Interesse einer Gemeinde, als unbestimmter Rechtsbegriff, ist unstreitig dann verletzt, wenn sich die von der Ausdehnung betroffene Gemeinde in

---

797 so auch *Hellermann*, Örtliche Daseinsvorsorge, S. 157 f. generell für die liberalisierten Märkte

798 *Friauf*, ET 1997, 765 ff. m.w.N.

799 vgl. insoweit *Ossenbühl*, ET 1997, 773 ff.

800 *Schaumwecker*, in: HKWP V, S. 317, 325; *Stern/Püttner*, Die Gemeindewirtschaft, S. 185

dem gleichen Wirtschaftsbereich unternehmerisch betätigt[801]. Hierdurch wird zum einen ein gnadenloser Verdrängungswettbewerb zwischen den Kommunen verhindert, zum anderen die Chancengleichheit zwischen kommunalen und privaten Unternehmen gewährleistet, weil sich die kommunalen Unternehmen, ebenso wie die private Konkurrenz, ebenfalls ohne Zustimmung der betroffenen Gemeinden ohne weiteres in ein fremdversorgtes Gebiet ausdehnen und somit sich dem Wettbewerb der privaten Konkurrenten mit gleichen Möglichkeiten stellen können.

dd) Sonderfall der bundesgesetzlichen Duldungspflicht im TKG

Auf der anderen Seite ist sehr zweifelhaft, ob ein landesrechtlich festgeschriebenes allgemeines Rücksichtnahmegebot für wettbewerbsrechtlich strukturierte Marktbereiche, wie die Energiewirtschaft oder die Telekommunikation, überhaupt möglich ist. Insoweit schreibt nämlich überlagerndes Bundesrecht den Kommunen bzw. deren Unternehmen eine Duldungspflicht für die Durchleitung vor, die sowohl gegenüber privaten Konkurrenten als auch anderen kommunalen Unternehmen als Wettbewerbern besteht[802]. Für den Telekommunikationsbereich ergibt sich diese Duldungspflicht der betroffenen Kommunen konkludent aus den Regelungen im vierten Teil des TKG zum offenen Netzzugang und zu Zusammenschaltungen, die andernfalls leerlaufen würden. Hiernach sind Unternehmen, die Telekommunikationsdienstleistungen für die Öffentlichkeit anbieten und über eine marktbeherrschende Stellung i.S.d. § 19 GWB (§ 22 a.F.) verfügen, verpflichtet, Wettbewerbern, wie den kommunalen Telekommunikationsgesellschaften, zu denselben Konditionen, die sie sich selbst für ihre eigene Nutzungen einräumen, Zugang zu ihren Telekommunikationsdienstleistungen und ihren Netzen zu gewähren, vgl. §§ 33 Abs. 1 Satz 1 u. 35 Abs. 1 Satz 1 TKG. Eine Zustimmungspflicht der hiervon betroffenen Gemeinden ist im TKG insoweit nicht normiert. Fraglich ist somit lediglich, wer eine marktbeherrschende Stellung auf dem Telekommunikationsmarkt besitzt.

(1) Eine marktbeherrschende Stellung[803] wird grundsätzlich nach § 19 Abs. 3 GWB schon bei einem Marktanteil von einem Drittel widerlegbar vermutet[804]. Daher ist davon auszugehen, dass auf absehbare Zeit einzig die Deutsche Telekom AG, die derzeit einen Marktanteil von ca. 86 % des Telekommunikations-

---

801 *Hölzel/Hien*, Gemeindeordnung für den Freistaat Bayern – Komm., Art. 87 BayGO, Anm. 3, S. 9 f

802 *Dedy/Sonnenschein*, Stadt und Gemeinde 1998, Beilage zu Heft 7-8, 1, 5

803 eine ausführliche Darstellung siehe unten Kap. 3. Teil, C) III. 2. b) aa), S. 149 f.

804 *Wiedemann/Wiedemann*, Hdb. Kartellrecht, § 11, Rdnr. 11, S. 48

marktes besitzt[805], sowohl auf dem nationalen als auch regionalen/lokalen Telekommunikationsmarkt über eine marktbeherrschende Stellung verfügt[806]. Außerdem strebt die NetCologne als Protagonist unter den kommunalen Telekommunikationsgesellschaften lediglich 20% des Telekommunikationsmarktes im Raum Köln bis im Jahre 2005 an[807]. Somit ist in näherer Zukunft nicht mit einer marktbeherrschenden Stellung der kommunalen Telekommunikationsunternehmen zu rechnen.

(2) Das kommunale Telekommunikationsunternehmen hat darüber hinaus sogar das Recht, von einem nicht marktbeherrschenden Netzbetreiber ein Angebot über eine Zusammenschaltung erstellen zu lassen, also auch von einem Telekommunikationsunternehmen einer anderen Kommune bezüglich deren Netz. Denn jeder Betreiber von öffentlichen Telekommunikationsnetzen ist hierzu gem. § 36 TKG mit dem Ziel, die Kommunikation der Nutzer verschiedener öffentlicher Telekommunikationsnetze untereinander zu ermöglichen und zu verbessern, verpflichtet[808]. Kommt es zu keiner Einigung, kann die Regulierungsbehörde nach Anhörung der Beteiligten die Zusammenschaltung und deren Bedingungen anordnen, vgl. § 37 Abs. 1 Satz 1 TKG i.V.m. § 9 NZV[809]. Hierbei muß sie die Interessen des Nutzers sowie die unternehmerische Freiheit jedes Netzbetreibers zur Gestaltung seines Netzes berücksichtigen. Hieraus ergibt sich, dass der Zusammenschluß bzw. die Mitbenutzung von Netzen anderer Wettbewerber und die damit verbundene Versorgung von Kunden außerhalb des Gemeindegebietes der kommunalen Telekommunikationsunternehmen ausschließlich von der Regulierungsbehörde angeordnet werden bzw. zwischen den Parteien vertraglich vereinbart werden. Ein Einverständnis der betroffenen Kommune ist hierfür

805 *Holznagel/Bysikiewicz/Enaux/Nienhaus*, Grundzüge des Telekommunikationsrechts, S. 48

806 *Emmerich*, Kartellrecht, S. 354; *Lampert*, WuW, 1998, Heft 1, 27, 32

807 vgl. insoweit http//www.netcologne.de

808 näher zum Recht auf Netzzugang nach dem TKG vgl. *Nolte*, BB 1996, Heft 51/52, 2629, 2631 ff.

809 Aus der Zusammenschlußpflicht ergibt sich aber für die betroffene Gemeinde auch die Möglichkeit der Einnahmeerzielung. Denn gem. § 39 TKG gelten die Vorschriften über die Entgeltregulierung entsprechend. Die Preise werden danach frei ausgehandelt. Die Regulierungsbehörde übernimmt lediglich eine Schlichtungsfunktion und übt - orientiert an den Kosten einer effizienten Leistungsbereitstellung gem. § 24 Abs. 1 TKG – eine Mißbrauchsaufsicht über die Netztarife aus. Nützlich ist, dass sowohl die Verträge, die mit einem marktbeherrschenden Unternehmen geschlossen werden, als auch die Zusammenschaltungsanordnungen der Regulierungsbehörde nach § 37 TKG veröffentlicht werden müssen und sogar im Fall des § 35 Abs. 1 TKG eingesehen weden können, § 35 Abs. 2 Satz 3 Abs. 5 i.V.m. § 6 Abs. 4 NZV bzw. § 37 Abs.3 Satz 3 TKG i.V.m. § 9 Abs. 6 TKG. Dadurch kann die Kommune bzw. das kommunale Telekommunikationsunternehmen durch Einsichtnahme von den Tarifen, die mit anderen Netzteilnehmern ausgehandelt wurden, Kenntnis erlangen und können daher diesen Verhandlungsvorteil ausnutzen.

nicht erforderlich, ebenso ist ein allgemeines kommunalrechtliches Rücksichtsnahmegebot in diesem Zusammenhang nicht zu beachten. Dies ergibt sich vor allem aus der Tatsache, dass gegebenenfalls die Telekommunikationsunternehmen der betroffen Kommunen zu einer Zusammenschaltung mit der eindringenden kommunalen Telefongesellschaft gezwungen sind. Dies wäre indes nach den Grundsätzen des allgemeinen Rücksichtnahmegebotes, da die berechtigten Interessen der betroffenen Gemeinde berührt wären, weil die Kommune selbst auf ihrem Gebiet ein Telekommunikationsnetz betreibt, unmöglich. Dies würde ferner den Zielen der Liberalisierung des Telekommunikationsmarktes, der Schaffung und Förderung des Wettbewerbs und die flächendeckend angemessene und ausreichenden Gewährleistung von Telekommunikationsdienstleistungen, gem. Art. 87 f Abs. 1 GG i.V.m. § 1 TKG entgegenstehen. Außerdem würde es den Zielen der Regulierung, nämlich die Wahrung der Interessen der Nutzer gem. § 2 Abs. 2 Nr. 1 TKG und Sicherstellung eines chancengleichen und funktionsfähigen Wettbewerbs auch in der Fläche auf den Märkten der Telekommunikation, gem. § 2 Abs. 2 Nr. 2 TKG, eindeutig widersprechen. Daher ist im Sinne der Zielsetzung des TKG insgesamt und speziell der §§ 33, 35-37 TKG von einer zwar nicht ausdrücklich formulierten, aber sich dennoch konkludent ergebenden Duldungspflicht bezüglich der Tätigkeit privater oder öffentlicher Konkurrenten mit kommunaler Beteiligung auf ihrem Gemeindegebiet auszugehen.

Folglich ist selbst die Festschreibung eines allgemeinen Rücksichtnahmegebots im Bereich der liberalisierten Märkte generell nicht uneingeschränkt möglich, sondern kann nur aufgrund von spezialgesetzlichen Vorschriften, die eine Einschränkung des Wettbewerbs zulassen, vgl. insoweit für den Energiewirtschaftssektor explizit Art. 87 Abs. 2 Satz 2 BayGO[810], erfolgen. Mangels derartiger Regelungen im TKG und dessen divergierender Zielsetzung ist eine Beachtung eines allgemeinen interkommunalen Rücksichtsnahmegebots speziell für den Telekommunikationssektor nicht möglich.

810 In der Strom- und Gasversorgung gelten nur solche Interessen als berechtigt i.S.d Art. 87 Abs. 1 Satz 1 BayGO, die nach dem Energiewirtschaftsrecht Abwehrmöglichkeiten begründen. Z. B. kann die begehrte Durchleitung von Strom für die betroffene Gemeinde unzumutbar sein, wenn dadurch technisch-wirtschaftlich sinnvolle gemeindliche Anlagen zur Kraft-Wärme-Kopplung verdrängt würden, vgl. § 6 Abs. 3 EnergiewirtschaftsG, *Widtmann/Grasser*, Bay. GO - Komm., Art. 87 BayGO, Rdnr. 13, S. 19

III. Zusammenfassung

Nach dem kommunalen Wirtschaftsrecht ist folglich einzige Zulässigkeitsvoraussetzung für eine gebietsüberschreitende Unternehmenstätigkeit auf dem Telekommunikationssektor die Rechtfertigung durch eine öffentliche Zwecksetzung, die wegen der diesbezüglichen Einschätzungsprärogative der Kommunen vorbehaltlich der nötigen Einzelfallentscheidung unter normalen Umständen gegeben sein dürfte. Ein Zustimmungserfordernis der betroffenen Gemeinde oder ein diesbezügliches allgemeines Rücksichtnahmegebot sind im Telekommunikationssektor nicht zu beachten.

Ungeachtet dessen liegt es allerdings nahe, Interessenkollisionen zwischen den verschiedenen Telekommunikationsunternehmen der betroffenen Gemeinden von vornherein durch interkommunale Kooperation zu verhindern[811].

Ideal wäre es, wenn sich die von der gebietsüberschreitenden Wirtschaftstätigkeit eines kommunalen Telekommunikationsunternehmens betroffene Gemeinde an diesem beteiligen würde. Dies ist entgegen der Auffassung von *Ehlers*[812] und den übrigen Vertretern der sog. "Theorie des Verbots der Doppelverwaltung", nach der es einer Kommune generell verboten ist, Anteile an einer Gesellschaft zu erwerben, die sich überwiegend an Gebietsfremde wendet, möglich[813]. Die "Theorie des Verbots der Doppelverwaltung" ist nämlich, wie bereits oben ausgeführt, wegen ihrer für einen liberalisierten Markt, wie den der Telekommunikation, zu starren Ergebnisse abzulehnen.

Eine derartige Beteiligung ist also grundsätzlich unter Beachtung der Wirtschaftsklauseln zulässig, vgl. insoweit Art. 87Abs. 3 Satz 1 BayGO. Ferner ist es nach der hier vertretenen wirtschaftlichen Betrachtungsweise erforderlich, dass das Ausmaß der Beteiligung der betroffenen Kommune an dem gebietsüberschreitenden Unternehmen in etwa dem auf ihr Gebiet entfallenden Anteil an den Leistungen des Unternehmens entspricht. Die Bezugsgröße ist demnach das Verhältnis des Umsatzes auf dem betroffenen Gemeindegebiet zum Gesamtumsatz des Unternehmens im Vergleich zur prozentualen Beteiligung am den betreffenden Unternehmen. Ein erhebliches Auseinanderklaffen zwischen dem Umfang der gemeindlichen Beteiligung und der Inanspruchnahme von Leistungen durch ihre Gemeindeangehörigen/Kunden muß zwangsläufig zu einer Kor-

---

811 *Weigt*, der gemeindehaushalt 1998, 74, 78

812 *Ehlers*, DVBl.1998, Heft 10, 497, 504

813 Im Ergebnis auch *Hellermann*, Örtliche Daseinsvorsorge, S. 347

rektur führen, bei der Beteiligung und Leistungsanteile wieder zur Deckung gebracht werden. Eine Ausnahme ist nur möglich, wenn diese Mehrbeteiligung durch die rechtlichen Voraussetzungen für eine grenzüberschreitende kommunale Wirtschaftstätigkeit erfüllt ist, vgl. insoweit Art. 87 Abs. 3 Satz 2 BayGO[814]. Im Telekommunikationssektor ist hierfür, wie oben dargestellt, lediglich das Erfordernis bzw. die Rechtfertigung durch einen öffentlichen Zweck nötig. Dieselben Regeln gelten im Übrigen auch, wenn sich eine Kommune an einem überregionalen Telekommunikationsunternehmen beteiligt.

814 insoweit *Hölzel/Hien*, GO für den Freistaat Bayern – Komm., Art. 87 BayGO, Anm. 3 S. 9 f.; *Masson/Samper*, Bay. Kommunalgestze – Komm., Art. 87 BayGO, Rdnr. 34 S. 12

Literaturverzeichnis

Albrecht, Matthias "Die Stellung der Gemeinde in der Energieversorgung – Der verfassungsrechtlich geschützte Wirkungskreis der Gemeinden in der Elektrizitätsversorgung", abgedruckt in: ZUR 1995, Heft 5, S. 233 ff.

Altenmüller, Reinhard "Direkte kommunale Wirtschaftsförderung", abgedruckt in: DVBl. 1981, Heft 13, S. 619 ff.

Altmannsperger, Hans-Joachim „Ursprung und Entwicklung der staatlichen Alleinrechte auf dem Gebiet des Postwesens", abgedruckt in: Jahrbuch des Postwesens 1969, S. 236 ff.

v. Arnauld, Andreas "Grundrechtsfragen im Bereich von Post und Telekommunikation – ein Beitrag zur Geltung der Grundrechte für und gegen gemischt-wirtschaftliche Unternehmen und staatliche Eigengesellschaften", abgedruckt in: DÖV 1998, Heft 11, S. 437 ff.

v. Arnim, Hans Herbert "Gemeindliche Selbstverwaltung und Demokratie"; abgedruckt in: AöR 1988, Band 113, S 1-29

v. Armin, Hans Herbert "Rechtsfragen der Privatisierung", Hrsg.: ders., Wiesbaden 1995

Autenrieth, Bernd "Gesetz gegen Wettbewerbsbeschränkung und europäisches Kartellrecht- Gemeinschaftskommentar", Hrsg.: H. Müller-Hommelburg, u.a., 5. Aufl., Köln

Backhaus, Jürgen "Öffentliche Unternehmen", Hrsg.: ders., 2. Auflage, Frankfurt/Main 1980

Backhaus, Klaus/Bauer, Matthias/Stadie, Ekkehard "TK-Marktstrukturanalyse für den lokalen TK-Markt Ulm/Neu-Ulm – Ergebnisse einer empirischen Analyse", Hrsg.: dies., Münster 1996

Backhaus, Klaus/Reinkemeier, Christoph/Stadie, Ekkehard "Marktstrukturanalyse für den lokalen TK-Markt – Ergebnisse einer empirischen Analyse am Beispiel der Stadt Lünen", Hrsg.: dies., Münster 1996

Backhaus, Klaus/Stadie, Ekkerhard/Voeth, Markus "Standortfaktor Telekommunikation und Multimedia – Ein Handlungskonzept für ländliche Regionen am Beispiel des Münsterlandes", Hrsg.: dies., Münster 1997

Backhaus, Klaus/Stadie, Ekkerhard/Voeth, Markus "Was bringt der Wettbewerb im Telekommunikationsmarkt, Erste Erfahrungen aus dem liberalisierten Markt", Hrsg.: dies, Münster 1998

Badura, Peter "Die Wirtschaftstätigkeit der öffentlichen Hand und die neue Sicht des Gesetzesvorbehalts", abgedruckt in: Festschrift für Ernst Steindorff zum 70. Geburtstag, Hrsg. J. F. Baur, K.J. Hopt, K.P. Mailänder, S. 835-855 , Berlin 1990

Badura, Peter "Wirtschaftliche Betätigung der Gemeinde zur Erledigung von Angelegenheiten der örtlichen Gemeinschaft im Rahmen der Gesetze", abgedruckt in: DÖV 1998, Heft 19, S. 818-823

Badura, Peter "Kommentierung zu Art. 87 f GG", abgedruckt in: Kommentar zum Bonner Grundgesetz, Hrsg.: R. Dolzer u. K. Vogel, Band 7, Stand: August 1999

Badura, Peter "Stellungnahme zum Entwurf einer Änderung des Grundgesetzes (BT-Drucks 12/6717)", abgedruck in: BT-RechtsA. Prot. 12/117 S. 3-8, 27-28, 28-29, 30-31, 31-33 u. 43-58

Baron, Michael "Das neue Kartellgesetz: Einführung in die 6. GWB-Novelle und das Vergaberecht", Hrsg. ders., Köln 1999

Battis, Ulrich "Kommentierung zu Art. 143 b GG", abgedruckt in: Grundgesetz Kommentar, Hrsg.: M. Sachs, S. 2250-2251, 2. Auflage, München 1999

Baumbach, Adolf/ Hefermehl, Wolfgang "Wettbewerbsrecht- Kommentar", Hrsg.: dies., 21. Aufl., München 1999

Beckmann, Martin/ David, Hans-Joachim "Kommunale Abfallwirtschaft als unlauterer Wettbewerb" abgedruckt in: DVBl. 1998, Heft 19 ,1041 S. ff.

Berg, Wilfried "Die wirtschaftliche Betätigung des Staates als Verfassungsproblem", abgedruckt in: GewArch. 1990, Heft 7, S. 225-234

Birk, Dieter/Inhester, Michael "Die verfassungsrechtliche Rahmenordnung des kommunalen Finanzausgleichs, dargestellt am Beispiel des Landes Nordrhein-Westfalen", abgedruckt in: DVBl. 1993, S. 1281 ff.

Blümel, Wilhelm "Gemeinden und Kreise vor den öffentlichen Aufgaben der Gegenwart", abgedruckt in: VVDStrL 1978, Band 36, S. 170-269

Blümel, Wilhelm „Wesensgehalt und Schranken des kommunalen Selbstverwaltungsrechts", abgedruckt in: A. v. Mutius (Hrsg.), „ Selbstverwaltung im Staat der Industriegesellschaft", Festgabe zum 70. Geburtstag von Georg Christoph von Unruh, Heidelberg 1983, S. 265 ff.

Blümel, Wilhelm „Verwaltungszuständigkeit", abgedruckt in: „Handbuch des Staatsrechts, Bd. IV, Hrsg.: J. Isensee/ P. Kirchhoff, Heidelberg 1990, S. 857 ff.

Böckenförde, Ernst-Wolfgang "Demokratie als Verfassungsprinzip", abgedruckt in: Handbuch des Staatsrechts, Band I: "Grundlagen von Staat und Verfassung", Hrsg.: J. Isensee/ P. Kirchhof, § 22, S. 887-952, Heidelberg 1987

Bös, Dieter/Schneider, Friedrich "Private public partnership: Gemeinschaftsunternehmen zwischen Privaten und der öffentlichen Hand", abgedruckt in: ZGR 1996, Heft 3, S. 519 ff.

Bosse, Reinhard "Anmerkung zu BVerwGE", abgedruckt in DÖV 1983, Heft 2, S. 74

Breuer, Jürgen "Die Pflicht zur strukturellen Separierung nach § 14 Abs. 1 TKG", abgedruckt in: ET 1996, Heft 12, S. 808 ff.

Broß, Siegfried "Ausgewählte Probleme des Wettbewerbs der öffentlichen Hand", abgedruckt in: VerwArch 1996, S. 731 ff.

Büssow, Jürgen/Schönershofen, Peter "Schritt in die Zukunft - Die wirtschaftliche Betätigung der Städte im Telekommunikationsbereich", abgedruckt in: Der Städtetag 1997, S.231-232

Bulla, Eckart "Kommunale Wohnungsvermittlung- unzulässige wirtschaftliche Betätigung der Gemeinden", abgedruckt in: DVBl. 1975, Heft 17, 643 ff.

Bullinger, Martin "Von administrativer Daseinsvorsorge zu privatwirtschaftlicher Leistung unter staatlicher Rahmengarantie - am Beispiel gemeindlicher Telekommunikation", Festschrift für Hans F. Zacher zum 70. Geburtstag, S. 85-93, Heidelberg 1998

Bullinger, Martin/ Mestmäcker, Ernst Joachim "Multimediadienste", Hrsg.: ders., Heidelberg 1996

Burmeister, Joachim "Der Begriff des "Fiskus" in der heutigen Verwaltungsrechtsdogmatik", abgedruckt in: DÖV 1975, Heft 20, S. 695-709

Burmeister, Joachim "Selbstverwaltungsgarantie und wirtschaftliche Betätigung der Kommunen" abgedruckt in: "Handbuch der kommunalen Wissenschaft und Praxis", Hrsg.: Püttner, 2. Auflage, Bd. 5, § 93 A) , S. 3 ff., Berlin 1984

Cronauge, Ulrich "Kommunale Unternehmen", 3.Aufl., Köln 1997

Cronauge, Ulrich "Benötigen die Kommunen ein neues Gemeindewirtschaftsrecht?" abgedruckt in: der Gemeindehaushalt 1997, S. 265 ff.

Cronauge, Ulrich "Welchen rechtlichen Rahmen braucht die kommunale Wirtschaft von morgen?", abgedruckt in: der Gemeindehaushalt 1998, Heft 6, S. 131 ff.

v. Danwitz, Thomas "Vom Verwaltungsprivat- zum Verwaltungsgesellschaftsrecht – Zur Begründung und Reichweite öffentlichrechtlicher Ingerenz in mittelbarer Kommunalverwaltung", abgedruckt in AöR 120 (1995), S. 595 ff.

Decker, Heinrich "Held u.a. (Hrsg.), "Kommunalverfassungsrecht Nordrhein-Westfalen – Kommentar", Wiesbaden 1994, Stand: Okt. 1999

Dedy, Helmut/ Sonnenschein, Ralph „Kommunale Wirtschaft vor neuen Herausforderungen! Thesen des Deutschen Städte- und Gemeindebundes zu einer Gemeindewirtschaft unter sich wandelnden Rahmenbedingungen", abgedruckt in: Stadt und Gemeinde 1998, Beilage zu Heft 7-8, S. 1 ff.

Degenhardt, Christoph "Staatsrecht I", Hrsg.: ders., 13. Auflage, Heidelberg 1997

Dieckersbach, Alfred "Die wirtschaftliche Betätigung der öffentlichen Hand im Verhältnis zur Privatwirtschaft aus öffentlichrechtlicher Sicht", abgedruckt in: WiVerw. 1983, S. 187 ff.

Diekmann, Jochen "Diskussionsbeitrag zur wirtschaftlichen Betätigung der Kommunen", abgedruckt in: "Wirtschaftliche Betätigung der Kommunen". Hrsg.: SPD-Landtagsfraktion NRW, 1997, S. 21 ff.

Diederichsen, Uwe "Innere Grenzen des Rechtsstaats", abgedruckt in: Der Staat 1995, S. 33 ff.

Dittmann, Armin "Bundesverwaltung: Verfassungsgeschichtliche Grundlagen", Tübingen 1983

Dreier, Horst "Kommentierung zu Art. 19 GG", abgedruckt in: Grundgesetz Kommentar, Hrsg.: Horst Dreier, Band I, Mohr 1996

Dreier, Horst "Kommentierung zu Art. 20 GG", abgedruckt in: Grundgesetz Kommentar, Hrsg.: Horst Dreier., Band II, Mohr 1998

Dreier, Horst "Das Demokratieprinzip des Grundgesetzes", abgedruckt in: Jura 1997, Heft 5, S. 249-247 , 256

Dürig, Günter "Kommentierung zu Art. 19 GG, abgedruckt" in: Kommentar zum Grundgesetz, Hrsg.: von Th.Maunz, G.Dürig, R. Herzog und R. Scholz, Band II, Stand: Juni 1998, München

Ebsen, Ingwer "Öffentlich-rechtliche Rahmenbedingungen einer Informationsordnung", abgedruckt in: DVBl. 1997, S.1039-1052

Ehlers, Dirk "Verwaltung in Privatrechtsform", Hrsg.: ders., Habilitationsschrift, Berlin 1984

Ehlers, Dirk „Die Entscheidung der Kommunen für eine öffentlich rechtliche oder privatrechtliche Organisation ihrer Einrichtungen und Unternehmen", abgedruckt in DÖV 1986, S. 897 ff.

Ehlers, Dirk "Die Rechtsprechung zum nordrhein-westfälischen Kommunalrecht" abgedruckt in: NWVBl. 1990, S. 80 ff.

Ehlers, Dirk "Die wirtschaftliche Betätigung der öffentlichen Hand in der Bundesrepublik Deutschland", abgedruckt in: JZ 1990, Heft 23, S. 1089-1100

Ehlers, Dirk "Interkommunale Zusammenarbeit in Gesellschaftsform", abgedruckt in: DVBl. 1997, Heft 3, S. 137-145

Ehlers, Dirk "Rechtsprobleme der Kommunalwirtschaft", abgedruckt in DVBl. 1998, Heft 10, S.497-508

Ehlers, Dirk "Mitbestimmung in der öffentlichen Verwaltung", abgedruckt in: Jura 1997, S. 180 ff.

Eifert, Martin "Grundversorgung mit Telekommunikationsleistungen im Gewährleistungsstaat", Dissetationsschrift, Baden-Baden 1998

Elsen, Klaus "Gemeindefinanzen und ifo-Gutachten", abgedruckt in: Der Städtetag 1996, 273, 273

Emde, Ernst "Die demokratische Legitimation der funktionalen Selbstverwaltung", Dissertationsschrift, Berlin 1991

Emmerich, Volker "Das Wirtschaftsrecht der öffentlichen Unternehmen", Hrsg., ders., Bad Homburg 1969

Emmerich, Volker "Die öffentliche Unternehmung im deutschen Konzern- und Wettbewerbsrecht", abgedruckt in: AG 1976, S. 224 ff.

Emmerich, Volker "Neues zur Zulässigkeit der wirtschaftlichen Betätigung der öffentlichen Hand", abgedruckt in: AG 1985, Heft 11, S. 293 ff.

Emmerich, Volker "Kommentierung zu § 98 GWB", abgedruckt in: "Immenga/Mestmäcker, GWB – Kommentar zum Kartellgesetz", Hersg.: dies., 2. Auflage, München 1992

Emmerich, Volker/Sonnenschein, Jürgen "Konzernrecht", 6. Auflage, München 1997

Emmerich, Volker "Kartellrecht", Hrsg.: ders., 8. Auflg., München 1999

Erbguth, Wilfried "Die Zulässigkeit der funktionalen Privatisierung im Genehmigungsrecht", abgedruckt in: UPR 1995, Heft 10, S.367-378

Erdmann, Joachim "Wirtschaftliche Betätigung von Wirtschaftskammern", abgedruckt in: DVBl. 1998, Heft 1, S. 13 ff.

Erichsen, Hans-Uwe "Kommunalrecht des Landes Nordrhein-Westfalen", Hrsg.: ders., 2. Auflage, Siegburg 1997

Erichsen, Hans-Uwe "Gemeinde und Private im wirtschaftlichen Wettbewerb", Hrsg.: ders., Heidelberg 1987

Faber, Heiko "Kommentierung zu Art. 28 GG", abgedruckt in: "Alternativkommentar zum Grundgesetz", 2. Aufl. 1989

Fangmann, Helmut "Das neue Telekommunikationsrecht- Texte und Kommentierung für die Praxis", Heidelberg 1997

Fiebig, Thomas “Telekommunikationsaktivitäten von Städten und Gemeinden” abgedruckt in: VR 1998, Heft 5, S. 161 ff.

Forsthoff, Ernst “Lehrbuch des Verwaltungsrechts, Allgemeiner Teil”, Band I , Hrsg.: ders., 10. Auflage, München 1973

Friauf, Karl-Heinrich „Kommunale Energieversorgung und Energierechtsreform“, abgedruckt in: ET 1997, Heft 12, S. 765 ff.

Fuhr, Karl-Michael/ Kerkhoff, Bärbel “Entbündelter Zugang-Vereinbarkeit mit der Eigentumsgarantie des Art. 14 GG?”, abgedruckt in: MMR 1998, Heft 1, S. 6-11

Galette, Alfons /Laux, Eberhard “Kommentar zur Gemeindeordnung von Schleswig-Holstein”, Hrsg.: dies., Stand: Okt. 1999, Kiel, 1960

Gamm, Otto-Friedrich Freiherr von “Das Verbot einer unbilligen Behinderung und einer sachlich nicht gerechtfertigten Diskriminierung”, abgedruckt in: NJW, 1980, S. 2489 ff.

Gamm, Otto-Friedrich Freiherr von „Verfassungs- und wettbewerbsrechtliche Grenzen des Wettbewerbs zwischen öffentlichen und privaten Unternehmen”, abgedruckt in: FIW-Schriftenreihe, Heft 108, Köln 1984, S. 31, zitiert: v. Gramm, FIW 108

Gamm, Otto-Friedrich Freiherr von “Wettbewerbs- und Wettbewerbsverfahrensrecht“, 5. Auflg., Band I u. II, 1987 Berlin

Gamm, Otto-Friedrich Freiherr von "Neuere Rechtsprechung zum Wettbewerbs-Warenzeichenrecht", abgedruckt in: GRUR 1990, 313 ff.

Gamm, Otto-Friedrich Freiherr von "Gesetz gegen den unlauteren Wettbewerb-Kommentar", 3. Aufl., Köln 1993, zitiert: v. Gamm, UWG-Komm.

Geffert, Kerstin "M"net in Zahlen und Aktivitäten", Informationsschrift, München 1999

Gerke, Jürgen "Die wirtschaftliche Betätigung der Gemeinden", abgedruckt in: Jura 1985, Heft 7, S. 349 ff.

Gern, Alfons "Deutsches Kommunalrecht", Hrsg.: ders., Baden-Baden, 1994

Gern, Alfons "Kommunalrecht - Baden-Württemberg", Hrsg.: ders., 7. Auflage, Baden-Baden 1998

Gersdorf, Hubertus "Chancengleicher Zugang zum digitalen Fernsehn", Berlin 1998

Gersdorf, Hubertus "Der Staat als Telekommunikationsunternehmer", abgedruckt in: AfP 1998, Heft 5, S. 470-475

Gersdorf, Hubertus "Öffentliche Unternehmen im Spannungsfeld zwischen Demokratie- und Wirtschaftlichkeitsprinzip. Eine Studie zur verfassungsrechtlichen Legitimation der wirtschaftlichen Betätigung der öffentlichen Hand", Habilitationsschrift, Hamburg November 1997

Giesen, Ernst/Gerbrand, Horst-Heinrich "Die Kommune als Partner im Telekommunikationsmarkt", abgedruckt in: Stadt und Gemeinde 1996, Heft 1, S. 15-20

Glauben, Paul J. "Wirtschaftliche Betätigung der Kommunen in Privatrechtsform – Zulässigkeit und gesetzliche Einrichtung einer Rechnungsprüfung", abgedruckt in ZG 1997, S. 148 ff.

Grabitz, Eberhard/ Hilf, Meinhard „ Kommentar zur Europäischen Union - Vertrag über die Europäische Union, Vertrag zur Gründung der Europäischen Gemeinschaft", Loseblatt, Stand: Mai 2000 München

Gutsch, Hans-Martin "Die Rechtsstellung der Postbank im nationalen und europäischen Bankenwettbewerb", Hrsg.: ders., Diss., Baden-Baden 1994

Habermehl, Kai "Wirtschaftliche Betätigung der Kommunen und Abwehrmöglichkeiten des privaten Konkurrenten", abgedruckt in: VR 1987, Heft 4, S. 105ff

Habersack, Mathias "Private-public partnership: Gemeinschaftunternehmen zwischen Privaten und der öffentlichen Hand", abgedruckt in ZGR 1996, Heft 3, S. 544 ff

Harms, Wolfgang "Unlauterer Wettbewerb durch wirtschaftliche Aktivitäten öffentlicher Hände – Bemerkungen zu den Augenoptiker-Urteilen des BGH", abgedruckt in: BB 1986, Heft 32, Beilage. 17, S. 1 ff.

Haverkate, Görk “Aussprache zum Thema: Gesetzesgestaltung und Gesetzesanwendung im Leistungsrecht”, abgedruckt in: VVDStRL 46 (1988) S. 229 f.

Heberlein, Horst “Grenznachbarschaftliche Zusammenarbeit auf kommunaler Basis” abgedruckt in DÖV 1996, S. 100 ff.

Hegele, Dorothea/ Ewert, Klaus-Peter “Kommunalrecht im Freistaat Sachsen”, Hrsg.: dies., 2. Aufl., Stuttgart 1997

Held, Friedrich-Wilhelm „Die Neufassung des NRW-Gemeindewirtschaftsrechts - Ziele und Wege“, abgedruckt in NWVBl. 1995, S. 325 ff.

Held, Friedrich-Wilhelm “Änderungsnotwendigkeiten und Änderungsmöglichkeiten des Gemeindewirtschaftsrechts”, abgedruckt in: “Organisation kommunaler Aufgabenerfüllung”, 1997, Hrsg.: H.-G. Henneke, S. 113 ff.

Held, Friedrich-Wilhelm “Ist das kommunale Wirtschaftsrecht noch zeitgemäß? – Zugleich ein Beitrag zur wirtschaftlichen und nicht wirtschaftlichen Betätigung der Gemeinden”, abgedruckt in: WiVerw. 1998, Heft 4 S. 264 ff.

Hellermann, Johannes „Örtliche Daseinsvorsorge und gemeindliche Selbstverwaltung - Zum kommunalen Betätigungs- und Gestaltungsspielraum unter den Bedingungen europäischer und staatlicher Privatisierungs- und Deregulierungspolitik“, Habilitation, Tübingen 2000

Hengstschläger, Johannes "Privatisierung von Verwaltungsaufgaben", abgedruckt in: VVDStRL 1995, Band 54, S. 165-198

Heun, Werner "Stellungnahme zum Entwurf einer Änderung des Grundgesetzes (BT-Drucks 12/6717)", abgedruck in: BT-RechtsA. Prot.12/117 S. 8-10, 33, 34-37, 59-67

Hidien, Jürgen "Gemeindliche Betätigung rein erwerbswirtschaftlicher Art und "öffentlicher Zweck" kommunaler wirtschaftlicher Unternehmen", Hrsg.: ders., Dissertationsschrift, Berlin 1981

Hidien, Jürgen "Die positive Konkretisierung der öffentlichen Zweckbindung kommunaler Wirtschaftsunternehmen", Hrsg.: ders., Frankfurt 1984

Hill, Hermann "In welchen Grenzen ist kommunalwirtschaftliche Betätigung Daseinsvorsorge" abgedruckt in: BB 1997, Heft 9, S. 425 ff.

Hölzel, Josef /Hien, Echart "Gemeindeordung für den Freistaat Bayern- Kommentar", Hrsg.: dies., Stand: Januar 1999

Hoeren, Thomas "Wegerechte auf dem Prüfstand", abgedruckt in: MMR 1998, Heft 1, S. 1-6

Holznagel, Bernd/Bysikiewicz, Axel/Enaux, Christop/Nienhaus, Christian "Grundzüge des Telekommunikationsrechts", Hrsg.: dies., Münster 2000

Hubmann, Heinrich "Der unlautere Wettbewerb der Öffentlichen Hand", abgedruckt in: WiVerw. 1982, S. 41 ff.

Hueck, Götz “Kommentierung zu § 6 GmbHG”, in: GmbH-Gesetz, Kommentar, Hrsg. : A. Baumbach/ A. Hueck, 16. Auflage, München 1996

Hueck, Götz “Kommentierung zu § 37 GmbHG”, in: GmbH-Gesetz, Kommentar, Hrsg.: A. Baumbach/ A. Hueck, 16. Auflage, München 1996

Hueck, Götz “Kommentierung zu § 46 GmbHG”, in: GmbH-Gesetz, Kommentar, Hrsg.: A.Baumbach/ A. Hueck, 16. Auflage, München 1996

Immega, Ulrich “Wettbewerbsrechtliche Grenzen von Standortvorteilen der öffentlichen Hand”, abgedruckt in: NJW 1995, Heft 30, S. 1921 ff.

Ipsen, Jörn “Niedersächsisches Kommunalrecht”, 2. Auflage., Stuttgart 1999

Jarass, Hans “Wirtschaftsverwaltungsrecht”, Hrsg.: H. Jarass, 3. Auflage, Berlin 1997

Jarass, Hans/ Pieroth, Bodo “Kommentierung zu Art. 143 b GG”, abgedruckt in: Grundgesetz für die Bundesrepublik Deutschland, S. 1030-1031, 3. Auflage München 1995

Jestaedt, Matthias “Demokratieprinzip und Kondominalverwaltung”, Berlin 1993

Katz, Alfred “Gemeindeordnung für das Land Baden-Württemberg- Kommentar”, Hrsg.: Kunze u.a., 2. Auflage, Stand: Okt. 1999, Stuttgart 1978

Klein, Hans “Die Teilnahme des Staates am Wirtschaftlichen Wettbewerb”, Hrsg.: ders., Stuttgart 1968

Kluth, Wilfried "Grenzen kommunaler Wettbewerbsteilnahme", Dissertationsschrift, Köln 1988

Knemeyer, Franz-Ludwig "Privatisierung öffentlicher Aufgaben", abgedruckt in: WiVerw. 1978, Heft 2, S. 65-77

Knemeyer, Franz-Ludwig "Kommunales Selbstverwaltungsrecht und Finanzausstattung der Städte", abgedruckt in: Der Städtetag 1988, S. 330 ff.

Knemeyer, Franz-Ludwig "Kommunales Wirtschaftsrecht", in: "Besonderes Verwaltungsrecht II", Hrsg.: N. Achterberg/ G. Püttner, Kapitel 5, Heidelberg 1992

Knemeyer, Franz-Ludwig "Bayerisches Kommunalrecht", Hrsg.: ders., 9. Aufl., Stuttgart 1996

Knemeyer, Franz-Ludwig/Rost-Haigis, Barbara "Kommunale Wirtschaftsförderung", abgedruckt in: DVBl. 1981, Heft 6, S. 241 ff.

Köhler, Helmut/ Piper Henning "UWG- Gesetz gegen den unlauteren Wettbewerb- Kommentar", Hrsg.: dies., München 1995

Königshofen, Thomas "Die Deutsche Telekom im Spannungsfeld der Ordnungspolitik", abgedruckt in: ArchPT 1995, Heft 2, S. 112-128

Konle, Hans "Die Telekommunikation in der Wirtschaft- Stadtwerke und kommunale Netze", abgedruckt in: Stadt im Netz, Reden-Vorträge-Folien, S. 31-41, Hrsg.: Bayerischer Städtetag, München 1998

Koppensteiner, Hans-Georg "Zur Grundrechtsfähigkeit von gemischtwirtschaftlichen Unternehmungen", abgedruckt in: NJW 1990, Heft 49, S.3105-3114

Koppensteiner, Hans-Georg "Kommentierung zu § 291 AktG", in: Kölner Kommentar zum Aktienrecht, Hrsg.: W. Zöllner, Band 6, §§ 291-328, 2. Auflage, Köln 1996

Krahn, Christoph/Stenner, Daniel/Werthmann, Christoph "Kommunen und Multimedia – Möglichkeiten und Grenzen kommunaler Informationsangebote im Internet am Beispiel "www.warendorf.de"", Hrsg.: Th. Hoeren/ B. Holznagel, Münster 1999

Kraft, Alfons "Kommentierung zu § 3 AktG", in: Kölner Kommentar zum Aktienrecht, Hrsg.: W. Zöllner, Band 1, §§ 1-75, 2. Auflage, Köln 1996

Kraft, Ernst Thomas "Das Verwaltungsgesellschaftsrecht: Zur Pflicht der kommunalen Körperschaften auf ihre Privatgesellschaften einzuwirken", Frankfurt 1982

Krebs, Walter "Notwendigkeit und Struktur eines Verwaltungsgesellschaftsrechts", abgedruckt in: Die Verwaltung 1996, 309-321

Kropff, Bruno "Kommentierung der §§ 394-396", abgedruckt in: "Geßler/ Hefermehl/ Eckardt/ Kropff, Kommentar zum Aktiengesetz", Hrsg.: dies., Band VI, München 1994

Kubicek, Herbert "Universaldienstleistungen in den USA und in Deutschland-Diskussionsdefizite und Versäumnisse in Deutschland", abgedruckt in: CR 1997, Heft 1, S. 1 ff.

Kühne, Gunther "Anmerkung zu BVerfG, Beschluß der 3. Kammer des 1. Senats v. 16.5.1989- 1 BvR 705/88", abgedruckt in: JZ 1990, 335 f.

Kühne, Gunther "Rechtsfragen der Kooperation in der Energiewirtschaft, abgedruckt in: RdE 1998, Heft 2, S. 41 ff.

Kunze/Bronner/Katz/ v. Rotberg "Gemeindeordnung von Baden-Württemberg – Kommentar", Hrsg.: dies., Stuttgart, Stand: Mai 2000

Lammich, Klaus "Kommentar zum Telekommunikationsgesetz", Hrsg.: ders., Stand: Dezember 1999, Bad Honnef

Lampert, Thomas "Der Begriff der Marktbeherrschung als geeignetes Kriterium zur Bestimmung der Normadressaten für das sektorspezifische Kartellrecht nach dem TKG", abgedruckt in WuW, 1998, Heft 1, 27ff.

Lehmann, Maik/Stolz, Dirk "Kommunale Telekommunikationsnetze im Wandel", abgedruckt in: CR 1997, Heft 2, S. 97-101

Leisner, Walter "Die Lenkungsauflage", 1. Auflage, Stuttgart 1982

Leisner, Walter "Der Vorrang der Gesellschaftsinteressen bei den Eigengesellschaften der öffentlichen Hand", abgedruckt in: WiVerw., 1983, Heft 4, S. 212- 225

Lerche, Peter "Kommentierung zu Art. 87f GG, abgedruckt in: Kommentar zum Grundgesetz, Hrsg.: Th. Maunz, G. Dürig, R. Herzog u. R. Scholz, Band IV, Art. 70-91b GG, Stand: Juni 1998, München

Lerche, Peter "Wirtschaftliche Agenda der Gemeinden und Klagerecht Privater" abgedruckt in: JurA 1970, S. 821 ff.

Lindner, Volker "Verwaltunggerichtliche Klagemöglichkeit gegen privatrechtliche kommunale Wirtschaftsbeteiligung", Hrsg.: ders., Würzburg 1974

Lissack, Gernot "Bayerisches Kommunalrecht", Hrsg.: ders., München 1997

Löwer, Wolfgang "Energieversorgung zwischen Staat, Gemeinden und Wirtschaft", 1989 Köln

Löwer, Wolfgang "Energieversorgung zwischen Staat, Gemeinde und Wirtschaft", abgedruckt in: DVBl. 1991, S. 132-142

Löwer, Wolfgang "Stellungnahme zur LT-Drs. 12/1497" abgedruckt in: Zuschriften 12/1506 und 12/1497

Löwer, Wolfgang "Kommentierung zu Art. 28 GG", abgedruckt, in: "Grundgesetz- Kommentar", Hrsg.: Münch/Kunig, Band II, 3. Auflage, München 1995

Lohmann, Wilhelm "Die neue Rolle der Kommunen als City-Carrier aus der Sicht der Stadt Gelsenkirchen" abgedruckt in: Jahrbuch Telekommunikation und Gesellschaft 1996, 81-85, Hrsg.: H. Kubicek, D.

Klumpp, G. Müller. K.-H. Neumann, E. Raubold u. A. Roßnagel, Heidelberg 1996

Ludl, Anton/Ludl,Andreas "Liberalisierung der Telekommunikation- Gesetze und Verordnungen", abgedruckt in: DZWir 1997, Heft 4, Seite 170-173

Lutter Marcus "Anmerkung zu OLG Hamm, Urt. v. 8.7.1985 – 8 U 295/832", abgedruckt in: ZIP 1986, Heft 18, S. 1188 ff.

Lutter, Marcus/Hommelhoff, Peter "GmbH-Gesetz", Kommentar, 14. Auflage, 1995 Köln

Lutter, Marcus/Timm, Wolfram "Zum VEBA/Gelsenberg-Urteil des Bundesgerichtshofs", abgedruckt in: BB 1978, Heft 17, S. 836 ff.

Maser, Siegfried "Geltung der Grundrechte für juristische Personen und teilrechtsfähige Verbände", Hrsg.: ders., Dissertationsschrift, Bonn 1964

Masson, Christoph/Samper, Rudolf "Bayerische Kommunalgesetze – Kommentar", Hrsg.: dies., München, Stand: August 1999

Maunz,Theodor "Kommentierung zu Art. 28 GG, abgedruckt" in: Kommentar zum Grundgesetz, Hrsg.: Th. Maunz, G. Dürig, R. Herzog und R. Scholz, Band III, Art. 20-69 GG, Stand: Juni 1998, München

Maurer, Helmut "Allgemeines Verwaltungsrecht", Hrsg.: ders., 10. Auflage, München 1995

Mayntz, Renate "Soziologie der öffentlichen Verwaltung", 4. Auflage, 1997, Heidelberg

Mestmäcker, Ernst-Joachim "Regulierende Mißbrauchsaufsicht", abgedruckt in: "Festschrift für Wolfgang Fikentscher zum 70. Geburtstag", Hrsg.: B. Großfeld u.a., Tübingen 1998, S. 557 ff.

Möstl, Markus "Zur Zulässigkeit kommunaler Telekommunikationsdienstleistungen", abgedruckt in: BayVBl. 1999, Heft 18, S. 547 ff.

Möstl, Markus "Grundrechtsbindung öffentlicher Wirtschaftstätigkeit", Hrsg.: ders., Dissertationsschrift, München 1999

Monopolkommission Hauptgutachten 1994/95, Baden-Baden 1995

Moraing, Markus "Möglichkeiten und Grenzen kommunalwirtschaftlicher Betätigung unter besonderer Berücksichtigung der Telekommunikation", abgedruckt in: Beiträge zur kommunalen Versorgungswirtschaft, (Hrsg.: VKU), 1995, Heft 84, S. 1-49

Moraing, Markus "Kommunale Telekommunikation - gemeinderechtliche Perspektiven", abgedruckt in: Der Städtetag 1995, S. 513-514

Moraing, Markus „Anmerkung zum Urteil des OLG Düsseldorfs vom 10. Okt. 1996 - 2 U 65/95", abgedruckt in: NWVBl. 1997, S. 355

Moraing, Markus "Kommunales Wirtschaftsrecht vor dem Hintergrund der Liberalisierung der Märkte", abgedruckt in: WiVerw. 1998, Heft 4, S. 233 ff.

Moryson, Klaus "Kommunale Kommunikationsnetze- Neue Nutzungsperspektiven der Kommunen in der Rolle als Wegerechtsinhaber und Netzbetreiber", abgedruckt in: Jahrbuch Telekommunikation und Gesellschaft 1996, S. 75-80, Hrsg.: H. Kubicek, D. Klumpp, G. Müller. K.-H. Neumann, E. Raubold u. A. Roßnagel, Heidelberg 1996

Müller, Martin "Zur verfassungsrechtlichen Problematik kommunaler Unternehmen auf dem Telekommunikationsmarkt, abgedruckt in: DVBl. 1998, S. 1256-1263

Müller, Martin "Urteilsanmerkung zu OLG Hamm, Urteil v. 23.9. 1997 – 4 U 99/97-", abgedruckt in: JZ 1998, Heft 11, S. 578 ff.

Müller-Terpitz, Ralf "Anmerkung zum Beschluß des BVerfG zur unentgeltlichen Nutzung öffentlicher Verkehrswege v. 7.1.1999 – 2 BvR 929/97-", abgedruckt in: MMR 1999, Heft 6, S. 357 ff.

v. Mutius, Albert "Kommunalrecht", Hrsg.: ders., München 1996

Neu, Sabine "Marktöffnung im nationalen und internationalen Postwesen", Dissertationsschrift , München 1999

Niederleithinger, Ernst "Die Aufsichtspraxis der Kartellbehörden gegenüber öffentlichen Unternehmen", abgedruckt in FIW-Schriftenreihe, Heft 108, S. 41 ff.

Noack, Ulrich "Gesellschaftsrechtliche Fragen kommunaler Beteiligung an Gesellschaften des Privatrechts", abgedruckt in: StuGR, 1995, S. 379 ff.

Nolte, Norbert “Das Recht auf Netzzugang nach dem Telekommunikationsgesetz”, abgedruckt in: BB 1996, Heft 51/52, 2629 ff.

Nordemann, Wilhelm/ Nordemann, Axel/ Nordemann, Jann Bernd “Wettbewerbs- und Markenrecht”, Hrsg.: dies., 8. Auflage , Baden-Baden 1996

Nordwig, Olaf/ Kemming, Herbert “Telekommunikation in nordrhein-westfälischen Kommunen”, abgedruckt in: Jahrbuch Telekommunikation und Gesellschaft 1996, S. 86-96, Hrsg.: H. Kubicek, D. Klumpp, G. Müller. K.-H. Neumann, E. Raubold u. A. Roßnagel, Heidelberg 1996

Oebbecke, Janbernd “Die Einheit der Verwaltung als Rechtsproblem”, abgedruckt in DVBl. 1987, S. 866-877

Oebbecke, Janbernd „Die kommunale Beteiligung nach der Reform des Nordrhein-Westfälischen Kommunalrechts“, abgedruckt in: StuRG 1995, 387 ff.

Oebbecke, Janbernd “Die unterfinanzierte Kommunalverwaltung”, abgedruckt in: Die Verwaltung 1996, S. 323 ff.

Oppermann, Thomas “Subsidiarität als Bestandteil des Grundgesetzes”, abgedruckt in: JuS 1996, Heft 7, S. 569 ff.

Ossenbühl, Fritz “Daseinsvorsorge und Verwaltungsprivatrecht”, abgedruckt in: DÖV 1971, S. 513 ff,

Ossenbühl, Fritz “Bestand und Erweiterung des Wirkungskreises der Deutschen Bundespost”, Hrsg.: ders., Berlin 1980

Ossenbühl, Fritz “Rechtliche Aspekte der Elektrizitätsversorgung in den neuen Bundesländeren”, abgedruckt in: DÖV 1992, Heft 1, S. 1-10

Ossenbühl, Fritz „Energierechtsreform und kommunale Selbstverwaltung“, abgedruckt in: ET 1997, Heft 12, S. 773 ff.

Osterloh, Lerke “Privatisierung von Verwaltungsaufgaben”, abgedruckt in: VVDStRL 1995, Band 54, 204-238

Otting, Olaf “Neues Steuerungsmodel und rechtliche Betätigungsspielräume der Kommunen”, Dissertationsschrift, Köln 1997

Otting, Olaf “Öffentlicher Zweck, Finanzhoheit und fairer Wettbewerb – Spielräume kommunaler Erwerbswirtschaft”, abgedruckt in: DVBl. 1997, Heft 21, S. 1258 ff.

Pagenkopf, Hans “Kommunalrecht- Wirtschaftsrecht”, Band II, 2. Auflage, Köln 1976

Piepenbrock, Hermann-Josef “Begriffe der Telekommunikation (Glossar)”, abgedruckt in: Telekommunikationsrecht, S. 357-417, Hrsg.: K.-D.Scheuerle, G.Lehr, Th. Mayen, München 1997

Pieroth, Bodo “Die Grundrechtsbindung gemischt-wirtschaftlicher Unternehmen”, abgedruckt in NWVBl. 1992, 84, 85

Piper, Henning "Zum Wettbewerb der öffentlichen Hand", abgedruckt in: GRUR 1986, S. 574 ff.

Penner, Wilfried "Stellungnahme zum Entwurf einer Änderung des Grundgesetzes (BT- Drucks. 12/6717)", abgedruck in: BT-RechtsA. Prot. 12/117, S. 13, 22-23, 27-28 u. 31

Pfeifer, Hans-Henning "Möglichkeiten und Grenzen der Steuerung kommunaler Aktiengesellschaften durch ihre Gebietskörperschaften", Hrsg.: ders., München 1991

Plagemann, Jürgen: "Die erwerbswirtschaftliche Betätigung der Deutschen Bundespost durch Eigengesellschaften", Berlin 1992

Pünder, Herrmann "Die kommunale Betätigung auf dem Telekommunikationssektor", abgedruckt in: DVBl. 1997, Heft 23, Seite 1353-1360

Püttner, Günter "Die Einwirkungspflicht", abgedruckt in DVBl. 1975, S. 353-357

Püttner, Günter „Öffentliche Unternehmen als Instrument der staatlichen Politik", abgedruckt in: DÖV 1983, S. 697 ff.

Püttner, Günter "Die öffentlichen Unternehmen- Handbuch zu Verfassungs- und Rechtsfragen der öffentlichen Wirtschaft", 2. Auflage, Habilitationsschrift, Stuttgart 1985

Püttner, Günter „Telekommunikation und Gemeindliches Wegerecht", abgedruckt in ArchPT 1996, S. 307 ff.

Püttner, Günter "Kommunalrecht Baden-Württemberg", Hrsg.: ders., 2. Auflage, Stuttgart 1999

v. Rechenberg, Wolf-Georg "Die Hauptversammlung als oberstes Organ der Aktiengesellschaft", Hrsg.: ders., Dissertationsschrift, Heidelberg 1986

te Reh, Peter „Betätigung kommunaler Unternehmen im Telekommunikationsbereich", abgedruckt in ZögU 1996, (19), S. 399 f.

te Reh, Peter "Die City-Carrier kommen- Kommunale Unternehmen im Telekommunikationsbereich", abgedruckt in: Der Städtetag 1997, Heft 5, S. 361-367

Rehn, Erich/Cronauge, Ulrich/ v. Lennep, Hans Gerd "Gemeindeordnung für das Land Nordrhein-Westfalen, Kommentar", Hrsg.: dies., Loseblatt, Siegburg, Stand: Januar 2000

Reidt, Olaf "Verfassungsrechtliche Aspekte der Mautfinanzierung von Fernstraßen", abgedruckt in: NVwZ 1996, Heft 12, S. 1156-1160

Reinhard, Rolf "Zulässigkeit kommunaler Wohnungsunternehmen" abgedruckt in: DÖV 1990, Heft 12, S. 500 ff.

Rittaler, Jan "Der Wettbewerb in der Telekommunikation", abgedruckt in: WUW 1996, Heft 6, S. 699-707

Rittner, Fritz "Wettbewerbs- und Kartellrecht", Hrsg.: ders., 4. Auflg., Heidelberg 1993

Rocke, Burghard "Nebentätigkeiten kommunaler wirtschaftlicher Unternehmen", Hrsg.: ders., Dissertationsschrift., Kiel 1973

Rottmann, Michael "Zu den verfassungsrechtlichen Aspekten der Postreform II", abgedruckt in: ArchPT 1994, Heft 3, S. 193-197

Rühl, Manfred "Die Telekommunikation in der Wirtschaft - Sadtwerke und kommunale Netze", abgedruckt in: Stadt im Netz - Reden - Vorträge - Folien", Hrsg.: Bay. Städtetag, 1998, S. 43 ff.

Schachtschneider, Karl-Eduard "Staatsunternehmen und Privatrecht- Kritik der Fiskustheorie, exemplifiziert an § 1 UWG", Hrsg.: ders., Berlin 1986

Schauwecker, Heinz "Kooperation und Gemeinschaftsunternehmen", abgedruckt in: "Handbuch der kommunalen Wissenschaft und Praxis", Hrsg.: Püttner, 2. Aufl., Bd. 5, Berlin 1984, § 100, S. 317 ff.

Scheuerle, Klaus-Dieter/Lehr, Gernot/Mayen, Thomas "Telekommunikationsrecht", München 1997

Schink, Alexander "Kommunalverfassungsrechtliche Grenten und Möglichkeiten für die Teilnahme der kommunalen Gebietskörperschaften an der Kreislaufwirtschaft" abgedruckt in: UPR 1997, Heft 6, S. 201 ff.

Schlick, Manfred "Ziele und Möglichkeiten der Privatisierung auf kommunaler Ebene", Bonn 1986

Schliesky, Utz "Öffentliches Wettbewerbsrecht - verwaltungsrechtliche Determination von wirtschaftsbezogenem Staatshandeln", Hrsg.: ders., Dissertation, Berlin 1997

Schmidt, Karsten "Gesellschaftsrecht", Hrsg.: ders., 3. Aufl., Berlin 1997

Schmidt, Reiner "Der Übergang öffentlicher Aufgabenerfüllung in private Rechtsform", abgedruckt in: ZGR 1996, Heft 3, S. 345 ff.

Schmidt, Reiner "Kompendium Öffentliches Wirtschaftsrecht", Berlin 1998

Schmidt, Reiner "Öffentliches Wirtschaftsrecht, Allgemeiner Teil", Berlin 1990

Schmidt-Aßmann, Eberhard "Kommunen und örtliche Energieversorgung", abgedruckt in: "Berg- und Energierecht vor den Fragen der Gegenwart- Festschrift für Fritz Fabricius zum 70. Geburtstag", Hrsg.: U. Hüffer, K. Ipsen u. P.J. Tettinger, S. 251 ff.; Stuttgart 1989

Schmidt-Aßmann, Eberhard "Grundrechtsschutz gemischt-wirtschaftlicher Unternehmen nach Art. 19 Abs. 3 GG", abgedruckt in: BB-Beilage zu Heft 34, 1990, S. 1-14

Schmidt-Aßmann, Eberhard "Verwaltungslegitimation als Rechtsbegriff", abgedruckt in; AöR 1991, Band 116, S. 329, 389,

Schmidt-Aßmann, Eberhard "Besonderes Verwaltungsrecht", Hersg.: ders., 1. Abschnitt: Kommunalrecht, 11. Auflage, Berlin 1999

Schmidt-Aßmann, Eberhard/ Röhl, Hans "Grundpositionen des neuen Eisenbahnverfassungsrechts (Art. 87 e GG)", abgedruckt in: DÖV 1994, Heft 14, 577-585

Schmidt-Bleibtreu, Bruno "Kommentierung" zu Art. 87 f GG, abgedruckt in: Schmidt-Bleibtreu./ Klein, Kommentar zum Grundgesetz, 8. Auflage, Berlin 1995

Schmitt-Glaeser, Walter "Verwaltungsprozeßrecht", Hrsg.: ders., 14. Aufl., Stuttgart 1997

Schmidt-Jortzig, Edzard „Subsidiarität und Kommunalordnung", Köln 1982

Schmidt-Jorzig, Edzard "Kommunalrecht", Stuttgart 1982

Schmidt-Jortzig, Edzard "Die Zulässigkeit kommunaler wirtschaftlicher Unternehmen im einzelnen", abgedruckt in: Handbuch der kommunalen Wissenschaft und Praxis, S.63 ff., Bd. 5, Hrsg.: G. Püttner, 2. Auflage, 1984 Berlin

Schneider, Manfred "Die Gebietskörperschaft als Konzernspitze", Dissertationsschrift, 1985 Frankfurt

Schoch, Friedrich "Der Beitrag des kommunalen Wirtschaftsrechts zur Privatisierung öffentlicher Aufgaben" abgedruckt in: DÖV 1993, S. 377 ff.

Schoch, Friedrich "Privatisierung von Verwaltungsaufgaben", abgedruckt in: DVBl. 1994, S. 962-977

Schön, Wolfgang "Der Einfluss öffentlich-rechtlicher Zielsetzungen auf das Statut privatrechtlicher Eigengesellschaften der öffentlichen Hand: - Gesellschaftsrechtliche Analyse-, abgedruckt in: ZGR 1996, Heft 3, 429, 445

Schönershofen, Peter/Binder-Falcke, Doris "Die wirtschaftliche Betätigung der Gemeinden", abgedruckt in: VR 1997, Heft 4, S. 109 ff.

Scholz, Rupert "Wettbewerbsrecht und öffentliche Hand", abgedruckt in: ZHR 132, S. 97 ff.

Scholz, Rupert "Grungrechtsschutz gemischt-wirtschaftlicher Unternehmen", abgedruckt in: Festschrift für Werner Lorenz zum 70. Geburtstag, Hrsg. B. Pfister u. M. R. Will, Tübingen 1991

Scholz, Rupert/Aulehner, Josef "Tochtergesellschaften und Unternehmensbeteiligungen der Deutschen Bundespost Telekom im Ausland", abgedruckt in: ArchPT 1993, Heft 2, S. 103 ff.

Scholz, Rupert/Aulehner, Josef "Postreform II und Verfassung - Zu Möglichkeiten und Grenzen einer materiellen oder formellen Privatisierung der Post", abgedruckt in: ArchPT 1993, Heft 3, S. 221-261

Scholz, Rupert/Pitschas, Rainer "Kriterien für die Wahl der Rechtsform", abgedruckt in: "Handbuch der kommunalen Wissenschaft und Praxis", Hrsg.: Püttner, Bd. 5, 2. Aufl., Berlin 1984, S. 128 ff.

Schricker, Helmut "Wirtschaftliche Tätigkeit der öffentlichen Hand und unlauterer Wettbewerb", Hrsg.: ders., 2. Aufl., Köln 1987, zitiert: Schricker, "wirtschaftliche Tätigkeit"

Schütz, Raimund "Kommentierung zu § 50 TKG", abgedruckt in: Beck'scher TKG-Kommentar, Hrsg.: W. Büchner, J. Ehmer, M. Geppert, B. Kerkhoff, H.-J. Piepenbrock, R. Schütz u. F. Schuster, München 1997

Schulz, Norbert "Anmerkungen zur Tätigkeit gemeindlicher Unternehmen außerhalb des Gemeindegebietes", abgedruckt in: BayVBl. 1998, Heft 15, S. 449 ff.

Schuppert, Gunnar "Stellungnahme zum Entwurf einer Änderung des Grundgesetzes (BT-Drucks 12/6717)", abgedruck in: BT-RechtsA. Prot. 12/117, S. 14-17, 39-42, 68-78

Schuppert, Gunnar "Die Erfüllung öffentlicher Aufgaben durch verselbständigte Verwaltungseinheiten", Habilitationsschrift, Göttingen 1981

Schwab, Siegfried "Kommunale Selbstverwaltung heute", Pfaffenweiler 1988

Schwarz, Kyrill-Alexander "Finanzverfassung und kommunale Selbstverwaltung. Ein Beitrag zur Frage der Finanzierung kommunaler Aufgaben", Hrsg.: ders., Dissertationsschrift, Baden-Baden 1996

Siegert, Reinhard "Das neue Telekommunikationsrecht", abgedruckt in: bayer. KommunalPraxis 1996, Heft 9, S. 287-289

Spannowsky, Wilhelm „Die Stellung der Kommunen im Wettbewerb der Energieversorgungsträger“, abgedruckt in: RdE 1995, S. 135 ff.

Spannowsky, Wilhelm "Der Einfluß öffentlich-rechtlicher Zielsetzungen auf das Statut privatrechtlicher Eigengesellschaften in öffentlicher Hand: Öffentlich-rechtliche Vorgaben, insbesondere zur Ingerenzpflicht", abgedruckt in: ZGR 1996, Heft 3, S. 400 ff.

Stern, Klaus "Stellungnahme zum Entwurf einer Änderung des Grundgesetzes (BT-Drucks 12/6717)", abgedruck in: BT-RechtsA. Prot. 12/117 S.1-3, 23-26, 27, 81-88

Stern, Klaus "Staatsrecht der Bundesrepublik Deutschland", Band III, Halbband 2, München 1994

Stern, Klaus „Rechtsgutachterliche Stellungnahme zur Frage, ob es der Deutschen Post AG aus Rechtsgründen verwehrt ist, Anteile am Grundkapital der Deutschen Postbank AG zu erwerben“, abgedruckt in: ArchPT 1996, Heft 2, S. 148 ff.

Stern, Klaus "Postreform zwischen Privatisierung und Infrastrukturgewährleistung", abgedruckt in: DVBl. 1997, S. 309-316

Stern, Klaus "Kommentierung zu Art. 28 GG", abgedruckt in: Bonner Kommentar zum Grundgesetz, Band 4, Hrsg.: R. Dolzer u. K.Vogel, Stand: August 1999

Stern, Klaus/Baur, Werner "Postrecht der Bundesrepublik Deutschland", Kommentar, Hrsg.: K. Stern, Heidelberg 1997

Stern, Klaus/ Püttner, Günter “Die Gemeindewirtschaft - Recht und Realität”, Hrsg.: dies., Stuttgart 1965

Stober, Rolf „Zur verfassungsrechtlichen Lage der kommunalen Wirtschaftsverwaltung (Wirtschaftsbewachung, -förderung und -planung)“, abgedruckt in: JZ 1984, S.105 ff.

Stober, Rolf “Die privatrechtlich organisierte Verwaltung”, abgedruckt in: NJW 1984, Heft 9, 449-457

Stober, Rolf „Eigenwirtschaftliche Betätigung der öffentlichen Hand - Zulässigkeit und Grenzen“, abgedruckt in: BB 1989, S. 716 ff.

Stober, Rolf “Stellungnahme zum Entwurf einer Änderung des Grundgesetzes (BT-Drucks 12/6717)”, abgedruck in: BT-RechtsA. Prot. 12/117 S. 11-13,14, 38-39, 89-98

Stober, Rolf “Kommunalrecht in der Bundesrepublik Deutschland”, Hrsg.: ders., 3. Auflage, Stuttgart 1996

Stober, Rolf “Wirtschaftsverwaltungsrecht”, 10. Auflage, München 1996

Stober, Rolf “Allgemeines Wirtschaftsverwaltungsrecht”, 11. Auflage, Stuttgart 1998

Stober, Rolf “Besonderes Wirtschaftsverwaltungsrecht, Gewerberecht und andere Wirtschaftszweige, Subventionsrecht”, 11.Auflage, Stuttgart 1998

Stopka, Ulrike “Chancen und Risiken - Kommunen auf dem Weg vom privilegierten Nutzer zum regionalen Telekommunikationsanbieter”, abgedruckt in: Jahrbuch Telekommunikation und Gesellschaft 1996, S. 65-74, Hrsg.: H. Kubicek, D. Klumpp, G. Müller. K.-H. Neumann, E. Raubold u. A. Roßnagel, Heidelberg 1996

Stüer, Bernhard "Kommunalrecht Nordrhein-Westfalen in Fällen", Stuttgart 1997

Suren, Friedrich-Karl/Loscheleder, Wilhelm "Deutsche Gemeindeordnung – Kommentar", Hrsg.: dies., Band 2, Berlin 1940

Tettinger, Peter "Rechtliche Markierungen für kommunale Energiepolitik", abgedruckt in: NWVBl. 1989, 1-8,

Tettinger, Peter "Besonderes Verwaltungsrecht", Hrsg.: ders., 3. Auflage, Heidelberg 1993

Tettinger, Peter "Rechtsschutz gegen kommunale Wettbewerbsteilnahme", abgedruckt in: NJW 1998, Heft 47, S. 3473 f.

Thieme, Werner "Kommunalrechtliche Grenzen wirtschaftlicher Tätigkeiten der kommunalen Selbstverwaltungskörperschaften", abgedruckt in: "Grundfragen des Verwaltungsrechts und Privatisierung", Hrsg.: S. Biernat, Stuttgart 1994, S. 366 ff.

v. Trott z. Solz, Jost "Die staatlich beeinflußte Aktiengesellschaft als Instrument der öffentlichen Verwaltung, Dissertationsschrift, Berlin 1975

Trute, Hans-Heinrich „Öffentlich-rechtliche Rahmenbedingungen einer Informationsordnung“, abgedruckt in: VVDStRL 1998, S. 216 ff.

Uerpmann, Robert: “Kommentierung zu Art. 87 f GG”, abgedruckt in: Grundgesetzkommentar, Hrsg.: v. Münch I./Kunig Ph., 3. Band, 3. Auflage, München 1996

Ulmer, Peter “Die Anwendung von Wettbewerbs- und Kartellrecht auf die wirtschaftliche Tätigkeit der öffentlichen Hand beim Angebot von Dienstleistungen und Waren”, abgedruckt in: ZHR 146 (1982), S. 466-506

Vesting, Thomas “Kommentierung zu Art. 87 f GG”, abgedruckt in: “Alternativkommentar zum Grundgesetz”, Hrsg. Azzola u.a., Band 2, 3. Auflage, Neuwied 2000 (im Erscheinen)

Vesting, Thomas “Zwischen Gewährleistungsstaat und Minimalstaat”, abgedruckt in: “Verwaltungsrecht (in) der Informationsgesellschaft”, Hrsg.: Hoffmann-Riem, Schmidt-Aßmann, 2000, S. 101 ff.

Vitzthum, Graf, Wolfgang “Gemeinderechtliche Grenzen der Privatisierung kommunaler Wirtschaftsunternehmen”, abgedruckt in: AöR, 1979, Band 104, S. 580-632

Voeth, Markus „Telekommunikation und kommunale Unternehmen - Zur Notwendigkeit lokaler Marktanalysen“, abgedruckt in: Der Städtetag 1996, S. 97 ff.

Waechter, Kay “Kommunalrecht”, 3. Auflage, Köln 1997

Weigt, Norbert Die Stellung der kommunalen Unternehmen im neuen Energiewirtschaftsrecht – eine Bilanz-", abgedruckt in: der Gemeindehaushalt 1998, Heft 4, S. 74 ff.

Weiland, Heinrich "Chancen und Risiken der Telekommunikation für Kommunen und kommunale Unternehmen, abgedruckt in: Der Bayerische Bürgermeister 1998, S. 380, 382

Widtmann, Julius/Grasser Walter "Bayerische Gemeindeordnung- Kommentar" , Hrsg.: dies., 5. Aufl., Stand: 1. Juni 1999, München

Wiedemann, Gerhard "Handbuch des Kartellrechts", Hrsg.: ders., München 1999

Wiedemann, Herbert "Gesellschaftsrecht", Hrsg.: ders., Bd. 1, 6. Auflage, München 1999

Wieland, Joachim "Der Wandel von Verwaltungsaufgaben als Folge der Postprivatisierung", abgedruckt in: Die Verwaltung, 1995, Band 28, S. 315-335

Wieland, Joachim "Diskussionsbeitrag zur wirtschaftlichen Betätigung der Kommunen", abgedruckt in: "Wirtschaftliche Betätigung der Kommunen". Hrsg.: SPD-Landtagsfraktion NRW, 1997, S. 8 ff.

Windthorst, Kay "Der Universaldienst im Bereich der Telekommunikation", Dissertationsschrift, München 1997

Windthorst, Kay “Kommentierung zu Art. 87 f GG”, abgedruckt in: Grundgesetz Kommentar, Hrsg.: M. Sachs. S. 1458-1469, 2. Auflage, München 1999

Winkler, Carmen “Rechtsfragen zu gemeindlichen Internet-Auftritten”, abgedruckt in bayer. KommunalPraxis 1998, Heft 10, S. 342

Zedick, Axel “Internet-Ökonomie: Strategien für die digitale Wirtschaft“, Hrsg.: ders., Berlin 1999

Zöllner, Wolfgang “Kommentierung zu § 179 AktG”, in: Kölner Kommentar zum Aktienrecht, Hrsg.: W. Zöllner, Band 5/1, §§179- 240, 2. Auflage, Köln 1994

Zöllner, Wolfgang “Kölner Kommentar zum Aktiengesetz”, Hrsg.: ders., 2. Auflage, Band 7, Köln 1996

Zöllner, Wolfgang “Kommentierung zu § 53 GmbHG”, in: GmbH-Gesetz, Kommentar, Hrsg.: A. Baumbach/ A. Hueck, 16. Auflage, München 1996

Kolibri 360 GmbH
Ferdinand-Jühlke-Straße 7
99095 Erfurt, Deutschland
produktsicherheit@kolibri360.de

Druck:
CPI Druckdienstleistungen GmbH
im Auftrag der
Kolibri 360 GmbH
Ferdinand-Jühlke-Str. 7
99095 Erfurt